# Der Mann mit dem Klumpfuß

Valentine Williams

**Writat**

Cette édition parue en 2024

ISBN : 9789359947747

Publié par
Writat
email : info@writat.com

Selon les informations que nous détenons, ce livre est dans le domaine public. Ce livre est la reproduction d'un ouvrage historique important. Alpha Editions utilise la meilleure technologie pour reproduire un travail historique de la même manière qu'il a été publié pour la première fois afin de préserver son caractère original. Toute marque ou numéro vu est laissé intentionnellement pour préserver sa vraie forme.

# Inhalt

# KAPITEL I

## ICH SUCHE EIN BETT IN ROTTERDAM

Der Rezeptionist blickte von der Hotelkasse auf und schüttelte entschieden den Kopf. „Es tut mir sehr leid, Saire ", sagte er, „kein Bett im Haus." Und er schloss das Buch mit einem Knall.

Draußen prasselte der Regen heftig vom Himmel. Jeder , der den hell erleuchteten Hotelvorraum betrat, betrat den Raum mit einem Schwall Wasser. Ich hatte das Gefühl, ich würde lieber sterben, als mich wieder den windgepeitschten Straßen Rotterdams zu stellen.

Ich wandte mich noch einmal an den Angestellten, der jetzt am Schlüsselbrett beschäftigt war.

„Hast du nicht wirklich eine Ecke? Es würde mir nichts ausmachen, wo sie ist, da sie nur für die Nacht ist. Komm jetzt ..."

„Es tut mir sehr leid, Saire . Wir haben bereits zwei Herren, die in den Badezimmern schlafen. Wenn Sie reserviert hätten..." Und er zuckte mit den Schultern und beugte sich zu einem Besucher, der seinen Schlüssel verlangte.

Ich wandte mich mit Wut im Herzen ab. Was für ein verdammter Idiot war ich gewesen, nicht aus Groningen zu telegrafieren! Das hatte ich durchaus vorgehabt, aber das außergewöhnliche Gespräch, das ich mit Dicky Allerton geführt hatte, hatte alles andere aus meinem Kopf verbannt. In jedem Hotel, das ich ausprobiert hatte, war es das Gleiche – Cooman's , das Maas, das Grand, alle waren bis auf die Toiletten voll. Wenn ich nur verkabelt hätte...

Veranda hinausging, dachte ich an den Pförtner. Ein Hotelportier hatte mir vor Jahren in Breslau aus einer ähnlichen Notlage geholfen. Dieser Portier mit seinem roten, alkoholgetränkten Gesicht und dem angelaufenen Goldzopf versprach nichts Gutes, was eine Empfehlung für eine Übernachtungsmöglichkeit betraf. Trotzdem...

Ich vermute, dass es meine Gedanken an mein Erlebnis in Breslau waren, die mich dazu brachten, den Mann auf Deutsch anzusprechen. Wenn man von Kindesbeinen an mit einer fremden Sprache vertraut ist, bedarf es nur eines sehr geringen geistigen Impulses, sich darauf einzulassen. Aus so kleinen Anfängen entstehen große Unternehmen. Wenn ich gewusst hätte, welche enormen Auswirkungen das Abenteuer haben würde, das sich aus dieser einfachen Frage entwickeln würde, wäre mein Herz meiner Meinung nach im Stich gelassen worden und ich wäre in die Nacht und in den Regen gerannt und wäre bis zum Morgen durch die Straßen gewandert.

Nun, ich fragte den Mann auf Deutsch, ob er wüsste, wo ich ein Zimmer für die Nacht bekommen könnte.

Er warf mir unter seinen geröteten Augenlidern einen kurzen Blick zu.

„Dem Herrn würde zweifellos ein deutsches Haus gefallen?" fragte er.

Man mag es kaum glauben, aber mein Interview mit Dicky Allerton an diesem Nachmittag hatte den Krieg einfach aus meinem Kopf verbannt. Wenn man viel unter fremden Völkern gelebt hat, schlüpft die Mentalität automatisch in deren Haut. Ich dachte jetzt auf Deutsch – so kommt es mir zumindest vor, wenn ich an jene Nacht zurückdenke – und antwortete ohne nachzudenken.

„Es ist mir egal, wo es ist, solange ich außerhalb dieses höllischen Regens irgendwo schlafen kann!"

„Der Herr kann im Hotel Sixt in der kleinen Straße, die sie Vos in't nennen, ein gutes, sauberes Bett haben Tuintje , am Kanal hinter der Börse. Die Inhaberin ist eine gute Deutsche, jawohl ... Frau Anna Schratt heißt sie. Der Herr braucht nur zu sagen, dass er vom Franz vom Bopparder Hof stammt."

Ich gab dem Mann einen Gulden und bat ihn, mir ein Taxi zu besorgen.

Es regnete immer noch. Während wir über das glitzernde Kopfsteinpflaster davonrasselten, wanderten meine Gedanken zurück zu den überraschenden Ereignissen des Tages. Mein Gespräch mit dem alten Dicky hatte mich geistig so erschüttert, dass es mir zunächst fast unmöglich war, meine Gedanken zu konzentrieren. Das ist der schlimmste Schock. Du denkst, du seist geheilt, fühlst dich fit und wohl, und dann kommt plötzlich die Maschinerie deines Geistes ins Stocken, stoppt und knarrt. Seitdem ich das Krankenhaus als Rekonvaleszenter nach einer Verwundung an der Somme verlassen hatte („Schusswunde im Kopf und Gehirnerschütterung", wie die Ärzte es nannten), hatte ich mir beigebracht, wann immer mein Gehirn *en panne war* , zum Anfang der Dinge zurückzukehren und arbeiten Sie sich in methodischen Schritten langsam bis zur Gegenwart vor.

Mal sehen – ich wurde bei Millbank „untergebracht" und bekam drei Monate Urlaub; Dann verbrachte ich einen Monat im Bungalow der Little Johns in Cornwall. Dort erhielt ich den Brief von Dicky Allerton, der vor dem Krieg mit meinem Bruder Francis im Automobilgeschäft in Coventry zusammengearbeitet hatte. Dicky war bei der Marinedivision in Antwerpen gewesen und wurde zusammen mit dem Rest der Menge interniert, als sie in jenen katastrophalen Oktobertagen 1914 die niederländische Grenze überquerten.

Dicky hat aus Groningen geschrieben, nur eine Zeile. Würde ich, wenn ich reisefähig wäre, jetzt, da ich beurlaubt war, nach Groningen kommen und ihn besuchen? „Ich hatte eine merkwürdige Kommunikation, die offenbar mit dem armen Francis zu tun hat", fügte er hinzu. Das war alles.

Mein Gehirn stockte immer noch, also wandte ich mich an Francis. Auch hier musste ich zurück. Francis, der von allen Seiten für den aktiven Dienst abgelehnt wurde, weil er das „Krankheitsleiden der Drückeberger" – wie er es verächtlich nannte – Krampfadern nannte, hatte sich nach Dickys Eintritt rundweg geweigert, sein Automobilgeschäft weiterzuführen, obwohl die Firma in der Regierung tätig war arbeiten. Schließlich war er im Schlund des Kriegsministeriums verschwunden, und alles, was ich wusste, war, dass er „etwas vom Geheimdienst" war. Mehr als das wollte mir nicht einmal *er sagen, und als er schließlich aus London verschwand, gerade zu der Zeit, als ich mit meinem Bataillon die Brustwehr in* Neuve Chapelle sprengte , hinterließ er mir seine Londoner Gemächer als seine einzige Adresse für Briefe.

Ah! Jetzt kam alles zurück – Francis' seltene Briefe an mich, in denen es um überhaupt nichts ging, dann sein Testament, das ich zur sicheren Aufbewahrung an mich weiterleitete, als ich letztes Weihnachten auf Urlaub zu Hause war, und danach Stille. Kein weiterer Brief, kein Wort über ihn, nicht die Spur einer Information. Er war völlig verschwunden.

Ich erinnerte mich an meine hektischen Nachforschungen, meine vergeblichen Besuche im Kriegsministerium, meine Verwirrung über das unerschütterliche Schweigen der verschiedenen Beamten, die ich um Neuigkeiten über meinen armen Bruder bat. Dann war da noch das Mittagessen im Bath Club mit Sonny Martin von den Heavies und einem Freund von ihm, einer Art Stabskapitän in roter Uniform. Ich glaube nicht, dass ich seinen Namen gehört habe, aber ich weiß, dass er im Kriegsministerium war, und kurz darauf legte ich ihm bei Zigarren und Kaffee die mysteriösen Fakten über den Fall meines Bruders vor.

„Vielleicht kannten Sie Francis?" Ich sagte abschließend. „Ja", antwortete er, „ich kenne ihn gut." „ *Kennen Sie* ihn", wiederholte ich, „ *kennen Sie* ihn dann ... dann denken Sie ... Sie haben Grund zu der Annahme, dass er noch lebt ...?"

Red Tabs blickte schräg auf das vergoldete Deckengesims und blies einen Ring aus seiner Zigarre. Aber er sagte nichts.

Ich blieb bei meinen Fragen, aber es half nichts. Red Tabs lachte nur und sagte: „Ich weiß überhaupt nichts, außer dass dein Bruder ein äußerst entzückender Kerl ist, mit all deiner eigenen Liebe, seinen eigenen Willen durchzusetzen."

Dann mischte sich Sonny Martin, der die Perfektion in Takt und Diplomatie verkörpert – wahrscheinlich aus diesem Grund hat er bei der Auszeichnung „Diplomatisch" durchgefallen – mit einer Anekdote über einen Mann ein, der den Kellner an einem Nebentisch bewertete, und ich schwieg. Aber als Red Tabs sich etwas später erhob, um zu gehen, hielt er eine Minute lang meine Hand in seiner und sagte mit seinem neugierigen Blick langsam und bedeutungsvoll:

„Wenn sich eine Nation im Krieg befindet, müssen Offiziere im *aktiven Dienst* gelegentlich verschwinden, manchmal im Interesse ihres Landes, manchmal im eigenen Interesse."

Er betonte die Worte „im aktiven Dienst".

Im Nu wurden mir die Augen geöffnet. Wie blind war ich gewesen! Francis war in Deutschland.

# KAPITEL II

## DIE CHIFFRE MIT DER RECHNUNG

Die sphinxartige Erklärung von Red Tabs war für mich kein Rätsel. Ich wusste sofort, dass Franziskus im Geheimdienst im Land des Feindes und in diesem Land Deutschland sein musste. Die außergewöhnlichen Kenntnisse meines Bruders über die Deutschen, ihre Bräuche, ihr Leben und ihre Dialekte machten ihn für eine solch gefährliche Mission ideal geeignet. Franziskus hatte schon immer ein außergewöhnliches Talent für Sprachen: Er schien sie alle ohne geistige Anstrengung zu erlernen, aber im Deutschen war er der Überlegene. Während des Jahres, das er und ich im Haus des Konsistorialrats von Mayburg in Bonn verbrachten, überholte er mich schnell, und obwohl ich am Ende unserer Zeit Deutsch wie ein Deutscher sprechen konnte, war Franziskus darüber hinaus in der Lage, zu sprechen Bonner und Kölner *Patois* wie ein Eingeborener dieser antiken Städte – ja, und er konnte eine Gruppe Rekruten in ihrer eigenen Sprache trainieren wie der klügste *Leutnant*, der jemals aus Groß- Lichterfelde hervorgegangen ist.

Es fiel ihm nie schwer, sich als Deutscher auszugeben. Nun, ich erinnere mich an seine Freude, als er von einem deutschen Offizier, den wir trafen, einen Sommer vor dem Krieg als Rheinländer -Landsmann beansprucht wurde, als er bei Cromer Golf mit ein wenig nützlicher Spionage verband.

Ich glaube nicht, dass Franziskus bei seinem Deutschstudium irgendwelche Hintergedanken hatte. Er stellte einfach fest, dass er über diese Fähigkeit zur Nachahmung verfügte; Philologie hatte ihn schon immer interessiert, und so vergnügte er sich auch nach seinem Einstieg ins Automobilgewerbe auf Geschäftsreisen nach Deutschland mit dem Erwerb neuer Dialekte.

Seine deutschen Imitationen waren außerordentlich lustig. Eine seiner „Sternchen" war eine lautstarke Reichstagssitzung mit Reden des Fürsten Bülow und August Bebel und „Unterbrechungen"; ein anderes, eine patriotische Rede eines alten preußischen Generals beim Geburtstagsessen eines Kaisers. Francis verfügte nicht nur über die wunderbare Fähigkeit, deutsch *zu wirken*, sondern sogar fast wie ein Deutscher auszusehen, sodass er durchaus in der Lage war, in die Haut dieser Rolle zu schlüpfen.

Doch selbst in meinen wildesten Momenten hätte ich mir nicht träumen lassen, dass er versuchen würde, im Krieg nach Deutschland zu gelangen, in dieses Land, in dem jeder Bürger von der Wiege an katalogisiert und in eine Schublade gesteckt wird. Aber die orakelhafte Äußerung von Red Tabs hatte mir alles klar gemacht. Warum eine Mission nach Deutschland genau das wäre, wofür Franziskus seine Augen opfern würde! Francis mit seiner völligen Missachtung von Gefahren, seiner Liebe zum Eingehen von Risiken, seiner schelmischen Freude daran, sich aus dem schwerfälligen Hunnen zu erheben – warum, wenn es Engländer gäbe, die mutig genug wären, ein solches Risiko einzugehen, wäre Francis der erste gewesen, der sich freiwillig gemeldet hätte.

Ja, wenn Franziskus irgendwo auf Mission wäre, dann in Deutschland. Aber welche Aussicht hatte er, jemals zurückzukehren – wenn die Grenzen geschlossen waren und selbst für deutschfreundliche Neutrale die Ein- und Ausreise praktisch verwehrt war? In vielen Nächten in den Schützengräben hatte ich vor meinem geistigen Auge das Bild von Franziskus, so elegant und furchtlos, wie er einem Erschießungskommando preußischer Soldaten gegenüberstand.

Vom Tag des Mittagessens im Bath Club bis zum heutigen Nachmittag hatte ich keine Ahnung mehr vom Aufenthaltsort oder Schicksal meines Bruders. Die Behörden zu Hause beteuerten ihre Unwissenheit, wie ich aus Pflichtgefühl wusste, und ich hatte keine Theorie, an der ich mich festhalten konnte, bis Dicky Allertons Brief kam. Ashcroft vom FO reparierte meine Pässe für mich und ich verlor keine Zeit, die weißen Möwen und roten Klippen Cornwalls gegen die Windmühlen und gepflegten Kanäle Hollands einzutauschen.

Und jetzt lag in meiner Brusttasche, auf einem kleinen Stück billigem ausländischem Briefpapier geschrieben, die Nachricht, nach der ich nach Groningen gekommen war. Doch so trivial, so unsinnig, so verwirrend war die Botschaft, dass ich meine Reise nach Holland bereits als fruchtlosen Auftrag empfand.

Ich fand Dicky fett und voller Gesundheit in seinem Quartier im Internierungslager. Er wusste nur, dass Francis verschwunden war. Als ich ihm von meinem Treffen mit Red Tabs im Bath Club, von dessen Abschiedsworten und meiner eigenen Überzeugung in der Angelegenheit erzählte, pfiff er und blickte ernst.

Er kam mit seiner bluffigen, direkten Art direkt auf den Punkt.

„Ich werde dir zuerst eine Geschichte erzählen, Desmond“, sagte er zu mir, „dann zeige ich dir ein Stück Papier. Ob beides zusammen zu deiner Theorie über das Verschwinden des armen Francis passt, bleibt dir überlassen.“ Bis jetzt muss ich gestehen – ich hatte das Gefühl, den einzigen Hinweis, den dieses Dokument auf Ihren Bruder zu geben scheint, als bloßen Zufall der Namen abzutun, aber was Sie mir erzählt haben, macht die Sache interessant – bei Gott, das ist es allerdings . Nun, hier ist zunächst einmal das Garn.

„Ihr Bruder und ich hatten in der Vergangenheit Geschäfte mit einem Niederländer aus der Automobilbranche in Nymwegen , namens Van Urutius . Er war früher oft zu Besuch bei uns in Coventry, und Francis war ein oder zwei Mal bei ihm in Nymwegen zweimal auf dem Rückweg aus Deutschland – Nymwegen liegt, wissen Sie, nahe der deutschen Grenze. Der alte Urutius war sehr anständig zu mir, seit ich hier im Gefängnis war und mehrere Male dort war, meist mit ein oder zwei Kisten davon schöne holländische Zigarren.

„Dicky", unterbrach ich ihn, „mach weiter mit der Geschichte. Was zum Teufel hat das alles mit Francis zu tun? Das Dokument –"

„Sei ruhig, mein Junge!" war die unerschütterliche Antwort: „Lass mich mein Garn auf meine eigene Art spinnen. Ich komme zum Stück Papier …"

„Nun, der alte Urutius kam vor zehn Tagen zu mir. Alles, was ich über Francis wusste , hatte ich ihm erzählt, nämlich, dass Francis in die Armee eingetreten war und vermisst wurde. Es ging den alten Mynheer nichts an, wenn Francis in der Armee war Intelligenz, also habe ich ihm das nicht gesagt. Van U. ist ein überzeugter Freund der Engländer, aber Sie kennen das Sprichwort: Wenn ein Mann es nicht weiß, kann er sich nicht trennen.

„Mein alter holländischer Kumpel ist also vor zehn Tagen hier aufgetaucht. Er sprühte vor Aufregung. ‚Mr. Allerton‘, sagt er, ‚ich habe ein Schreiben, ein äußerst geheimnisvolles Schreiben – ein, glaube ich, von Francis Okewood …‘

„Ich saß still. Wenn es irgendwelche Enthüllungen gäbe , wären es niederländischer und nicht britischer Art. Darin war ich fest entschlossen."

„‚Ich habe erhalten;‘ Der alte Holländer fuhr fort: „Von Gairemany ein Paket mit Metallschilden, Platten – wie nennt man sie ? " aus Zinn, nicht *wahr ?* Was muss ich tun , um für mein Geschäft zu werben? Sie kommen letzte Woche an – ich öffne das Paket selbst und lege es oben drauf ist der Umschlag mit der Rechnung.'

„Mynheer machte eine Pause; er hat ein gutes Gespür für das Dramatische.

„‚ Nun ‘, sagte ich, ‚hat es dich gebissen oder gesagt: „Gott strafe England?" Oder was?‘

„Van Urutius ignorierte meine Leichtfertigkeit und fuhr fort: ‚Ich öffne den Umschlag und da auf der Rechnung finde ich diese Schrift – hier!‘

„Und hier", sagte Dicky und griff in seine Tasche, „ist die Schrift!"

Und er drückte mir eifrig ein halbes Blatt ausländisches Briefpapier in die Hand, das man in Cafés auf dem Kontinent bekommt, wenn man nach Schreibmaterial fragt.

Drei Zeilen Deutsch, geschrieben in fließenden deutschen Schriftzeichen mit violetter Tinte, unter dem Namen und der Adresse von Mynheer van Urutius ... das war alles.

Mein Herz sank vor Enttäuschung und Elend, als ich die Inschrift las.

Hier ist das Dokument:

---

Herr Willem van Urutius ,
Automobilgeschäft ,
Nymwegen .
*Alexandrtr-Straat* 81 bis.

Berlin, Iten 16. Juli .

O Eichenholz ! O Eichenholz !
Wie leer sind dein Blätter .

Wie Achiles in dem Zelte .

Wo zweie sich zanken
Erfreut sich der Dritte .

---

(Übersetzung.)

Herr Willem van Urutius ,
Automobilvertreter,
Nymwegen .
81 bis *Alexander- Straße* .

Berlin, 1. Juli, 16.

O Eiche! O Eiche,
wie leer sind deine Blätter.

Wie Achiles im Zelt.

Wenn sich zwei zerstreiten,
freut sich der Dritte.

---

Ich starrte schweigend auf dieses unsinnige Dokument. Meine Gedanken waren fast zu bitter, um sie in Worte zu fassen.

Endlich sprach ich .

„Was hat dieses ganze Geschwätz mit Francis zu tun, Dicky?" fragte ich und versuchte vergeblich, die Bitterkeit in meiner Stimme zu unterdrücken. „Das sieht aus wie eine Liste von Leitsätzen für die Werbekarten Ihres niederländischen Freundes …"

Aber ich wandte mich wieder dem Studium des Blattes zu.

„Nicht so schnell, alter Vogel", antwortete Dicky kühl, „lass mich meine Geschichte zu Ende bringen. Der alte Stock-im-Schlamm ist viel schlauer, als wir denken."

„,Wenn ich die Schrift lese', sagte er mir, ‚glaube ich, dass er ganzer Blödsinn ist , aber dann frage ich mich: Wer soll Blödsinn in meine Rechnungen schreiben? Und dann lese ich die Schrift immer wieder, und dann sehe ich er ist eine Botschaft.'"

„Hör auf, Dicky!" Ich weinte: „Natürlich, was für ein Arsch ich bin! Warum *Eichenholz* …"

„Genau", erwiderte Dicky, „wie der alte Mynheer als erster sah, bedeutet *Eichenholz* ins Englische übersetzt ‚Oak-tree' oder ‚Oak-wood' – mit anderen Worten: Francis."

„Dann, Dicky…", unterbrach ich ihn.

„Einen Moment", sagte Dicky und hob die Hand. „Ich gestehe, ich dachte, als ich diese Nachricht oder was auch immer zum ersten Mal sah, dass es einfach eine Namensübereinstimmung sein muss und dass irgendjemandes müßiges Gekritzel seinen Weg in die Rechnung des alten van U. gefunden hat. Aber jetzt, wo Sie es mir erzählt haben dass Franziskus tatsächlich nach Deutschland gelangt sein könnte, dann muss ich sagen, es sieht so aus, als ob dies ein Versuch von ihm sein könnte, mit der Heimat zu kommunizieren.

„Woher kam das Paket mit den Sachen des Holländers?" Ich fragte.

„Von den Berliner Metallwerken in Steglitz , einem Vorort von Berlin: Mit ihnen beschäftigt er sich seit Jahren."

„Aber was bedeutet dann der ganze Rest … all das über Achilles und den Rest?"

„Ah, Desmond!" war Dickys Antwort: „Da hast du nicht nur mich, sondern auch Mynheer van Urutius ."

„,O Eichenholz! O Eichenholz, wie leer sind deine Blätter!'… Das klingt nach einer Verspottung, findest du nicht auch, Dicky?" sagte ich.

„ *Oder* ein Geständnis des Versagens von Franziskus … um uns wissen zu lassen, dass er nichts getan hat, und hinzufügt, dass er dementsprechend schmollt ‚wie Achilles in seinem Zelt'."

„Aber sehen Sie, Richard Allerton", sagte ich, „Francis würde ‚Achilles' niemals mit einem ‚l' buchstabieren … oder?"

"Von Jove!" sagte Dicky und schaute noch einmal auf das Papier, „niemand würde es tun, außer einer sehr ungebildeten Person. Ich weiß nichts über Deutsch, aber sagen Sie mir, ist das die Handschrift eines gebildeten Deutschen? Ist es die Handschrift von Francis?"

„Sicher, es ist eine gebildete Handschrift", antwortete ich, „aber ich bin enttäuscht, wenn ich sagen kann, ob es sich um die deutsche Handschrift von Franziskus handelt: Das kann kaum der Fall sein, weil er, wie ich bereits bemerkt habe, „Achilles" mit eins buchstabiert 'l.'"

Dann senkte sich erneut der Nebel über uns. Wir saßen hilflos da und starrten auf das schicksalhafte Papier.

„Da hilft nur eins, Dicky", sagte ich schließlich, „ich nehme das blühende Ding mit nach London und übergebe es dem Geheimdienst. Schließlich hat Francis vielleicht einen Code bei sich. Möglicherweise haben sie einen." Sehen Sie Licht, wo wir in der Dunkelheit tappen.

„Desmond", sagte Dicky und reichte mir die Hand, „das ist der vernünftigste Vorschlag, den du bisher gemacht hast. Geh nach Hause und wünsche dir viel Glück. Aber versprich mir, dass du hierher zurückkommst und mir sagst, ob das Stück Papier bringt." die Nachricht, dass der liebe alte Francis am Leben ist.

Also habe ich Dicky verlassen, bin aber nicht nach Hause gegangen. Es war mir nicht bestimmt, mein Zuhause viele erschöpfende Wochen lang wiederzusehen.

# KAPITEL III

## EIN BESUCHER IN DER NACHT

Eine Salve von Beschimpfungen aus dem Kasten des Taxis – schlechte Sprache auf Niederländisch ist furchtbar wirksam – riss mich aus meinen Grübeleien. Das Taxi, ein kleiner, unbequemer Kasten mit einem muffigen Geruch, hielt mit einem Ruck an, der mich nach vorne schleuderte. Aus der äußeren Dunkelheit hallten wütende Auseinandersetzungen über dem Plätschern des Regens. Ich spähte durch das strömende Glas der Fenster, konnte aber nichts erkennen außer dem gelben Schein einer Lampe. Dann schien sich ein Fahrzeug vor uns zu entfernen, denn ich hörte das Knarren von Rädern am Bordstein und mein Taxi fuhr auf den Bürgersteig.

Als ich ausstieg, befand ich mich in einer engen, dunklen Straße mit hohen Häusern auf beiden Seiten. Über meinem Kopf hing eine schmutzige Lampe mit der Aufschrift „Hôtel" in halb verwischten Buchstaben und verkündete, dass ich mein Ziel erreicht hatte. Als ich den Taxifahrer bezahlte, fuhr ein weiteres Taxi vorbei. Es war offenbar derjenige, mit dem mein Jehu gesprochen hatte, denn er drehte sich um und schrie Beschimpfungen in die Nacht.

Mein Taxifahrer fuhr los, ließ mich mit meiner Tasche zu meinen Füßen auf dem Bürgersteig zurück und starrte auf eine schmale, schmutzige Tür, deren obere Hälfte mit Milchglas ausgefüllt war. Endlich wurde mir bewusst, dass ich, ein Engländer, die Nacht in einem deutschen Hotel verbringen würde, das mir ein deutscher Gepäckträger ausdrücklich empfohlen hatte, vorausgesetzt, ich sei Deutscher. Ich wusste, dass mein Pass nach den niederländischen Neutralitätsbestimmungen zur Kontrolle bei der Polizei abgegeben werden musste und ich mich daher nicht als Deutscher ausgeben durfte.

„Bah!" Um mir Mut zu machen, sagte ich: „Dies ist ein freies Land, ein neutrales Land. In einem Hunnenhotel mögen sie beleidigend sein, vielleicht überfordern sie dich, aber sie können dich nicht fressen. Außerdem, jedes Bett in einer Nacht wie dieser." !" und ich stieß die Tür auf.

Innen erwies sich das Hotel als deutlich besser, als sein wenig einladendes Äußeres versprach. Es gab einen kleinen Vorraum mit einem kleinen Glaskäfig in Form eines Büros auf einer Seite und dahinter eine altmodische Treppe mit einem Glasknauf am Pfosten am Fuß, die zu den oberen Stockwerken führte.

Als ich meine Schritte auf dem Mosaikboden hörte, kam ein Kellner aus einem kleinen Abstellraum unter der Treppe. Er hatte eine blaue Schürze um die Taille gegürtet, ansonsten trug er den kurzen Mantel und die weiße Krawatte des Continental-Hotelkellners. Seine Hände waren voller schwarzer Flecken, ebenso seine Schürze. Er hatte offenbar Stiefel geputzt.

Er war ein großer, dicker, blonder Mann mit schmalen, grausamen kleinen Augen. Sein Haar war so kurz geschnitten, dass sein Kopf aussah, als wäre er rasiert. Er kam schnell auf mich zu und fragte mich auf Deutsch mit widerspenstiger Stimme, was ich wollte.

Ich antwortete in derselben Sprache, ich wollte ein Zimmer.

Er warf mir durch seine kleinen Schlitzaugen einen Blick zu, als er meinen guten Bonner Akzent hörte, aber sein Verhalten änderte sich nicht.

„Das Hotel ist voll. Der Herr kann hier kein Bett bekommen. Die Wirtin ist zur Zeit nicht da. Ich bedaure ...“ Er spuckte das alles in der beiläufigen, unverschämten Art des preußischen Beamten aus.

„Es war Franz vom Bopparder Hof, der mir empfohlen hat, hierher zu kommen“, sagte ich. Ich würde nicht noch einmal für eine ganze Armee preußischer Kellner in den Regen hinausgehen.

„Er sagte mir, dass Frau Schratt es mir sehr bequem machen würde“, fügte ich hinzu.

Das Verhalten des Kellners änderte sich sofort.

„So, so“, sagte er, diesmal ganz freundlich, „es war Franz, der den Herrn zu uns geschickt hat. Er ist ein guter Freund des Hauses, ist Franz. Ja, Frau Schratt ist leider gerade nicht da, aber bald Sobald die Dame zurückkommt , werde ich ihr mitteilen, dass Sie hier sind. In der Zwischenzeit werde ich dem Herrn ein Zimmer geben.“

Er gab mir einen Kerzenständer und einen Schlüssel.

„Also“, grunzte er, „Nr. 31, der dritte Stock.“

Irgendwo in der Ferne schlug eine Uhr die volle Stunde.

„Schon zehn Uhr“, sagte er. „Die Papiere des Herrn können bis morgen warten, es ist so spät. Oder vielleicht gibt der Herr sie der Besitzerin. Sie muss jeden Moment kommen.“

Als ich die Wendeltreppe hinaufstieg, hörte ich ihn erneut murmeln:

„So, so, Franz hat ihn hierher geschickt! Ach, der Franz!“

Sobald ich außer Sichtweite der beleuchteten Halle war , befand ich mich in völliger Dunkelheit. Bei jedem Treppenabsatz warf ein niedrig eingestellter Gasstrahl ein schwaches, flackerndes Licht ein paar Meter umher. Im dritten Stock konnte ich durch die Gasstrahlen eine kleine Tafel erkennen, die an der Wand befestigt war und auf der über den Zahlen ein nach rechts zeigender Pfeil stand: 46-30.

Ich blieb stehen, um ein Streichholz anzuzünden und meine Kerze anzuzünden. Das ganze Hotel schien in Stille gehüllt zu sein, das einzige Geräusch war das Rauschen des Wassers in den Dachrinnen draußen. Dann hörte ich aus der Dunkelheit des schmalen Korridors, der sich vor mir erstreckte, das Klappern eines Schlüssels in einem Schloss.

Ich ging den Korridor entlang und der blasse Schimmer meiner Kerze zeigte mir, wie ich an einer Reihe gelber Türen vorbeikam, auf denen jeweils ein weißes Porzellanschild mit einer schwarzen Nummer stand. Nr. 46 war das erste Zimmer auf der rechten Seite, vom Treppenabsatz aus gezählt: die geraden Nummern befanden sich rechts, die ungeraden links: Daher rechnete ich damit, mein Zimmer als letztes links am Ende des Korridors zu finden.

Der Korridor machte plötzlich eine scharfe Kurve. Als ich um die Kurve kam, hörte ich erneut das Geräusch eines Schlüssels und dann das Klappern eines Türknaufs, aber als der Korridor sich erneut bog, konnte ich den Urheber des Geräusches erst erkennen, als ich um die Ecke gebogen war.

Ich traf direkt auf einen Mann, der an einer Tür auf der linken Seite des Gangs herumfummelte, der vorletzten Tür. Ein Spiegel am Ende des Korridors fing das Spiegelbild meiner Kerze ein und warf es zurück.

Der Mann blickte auf, als ich näher kam. Er trug einen weichen schwarzen Filzhut und einen schwarzen Mantel und an seinem Arm hing ein Regenschirm, aus dem der Regen strömte. Sein Kerzenständer stand zu seinen Füßen auf dem Boden. Es war offenbar gerade erst gelöscht worden, denn meine Nase roch den Geruch von verbranntem Talg.

„Haben Sie Licht?" sagte der Fremde auf Deutsch mit seltsam atemloser Stimme. „Ich bin gerade nach oben gekommen und der Wind hat meine Kerze ausgeblasen und ich konnte die Tür nicht öffnen. Vielleicht könntest du ..." Er brach keuchend ab und legte seine Hand auf sein Herz.

„Erlauben Sie mir", sagte ich. Das Türschloss war umgedreht und um die Tür zu öffnen, musste man den Schlüssel verkehrt herum hineinstecken. Ich tat es und die Tür öffnete sich leicht. Als es zurückschwenkte, bemerkte ich, dass die Nummer des Zimmers neben meinem Zimmer 33 war.

„Kann ich Ihnen behilflich sein? Geht es Ihnen nicht gut?" Sagte ich, während ich gleichzeitig meine Kerze hob und die Gesichtszüge des Fremden musterte.

Er war ein junger Mann mit kurzgeschnittenem schwarzem Haar, schönen dunklen Augen und einer Adlernase mit einer tiefen Falte zwischen den Augenbrauen. Sein krauses Haar und die hohen Wangenknochen ließen an jüdisches Blut denken. Sein Gesicht war sehr blass und seine Lippen waren bläulich. Ich sah den Schweiß auf seiner Stirn glitzern.

„Danke, es ist nichts", antwortete der Mann mit derselben atemlosen Stimme. „Ich bin nur ein bisschen außer Atem, weil ich meine Tasche nach oben trage. Das ist alles."

„Sie müssen kurz vor mir angekommen sein", sagte ich und erinnerte mich an das Taxi, das beim Vorfahren vom Hotel weggefahren war.

„Das ist so", antwortete er und stieß beim Sprechen die Tür auf. Er verschwand in der Dunkelheit des Zimmers und plötzlich schloss sich die Tür mit einem Knall, der durch das Haus hallte.

Wie ich berechnet hatte, lag mein Zimmer neben seinem, am Ende des Flurs. Es roch furchtbar stickig und muffig, und das erste, was ich tat, war, zu den Fenstern zu schreiten und sie weit aufzureißen.

Ich blickte über einen dunklen und schmalen Kanal, auf dessen stehendem Wasser die schwarzen Umrisse großer Lastkähne aufragten, in die Fenster der dürren und verwitterten Häuser am anderen Ende des Weges. In keinem Fenster schien ein Licht. In der Ferne schlug dieselbe Uhr, die ich zuvor gehört hatte, das Viertel – ein einziger, deutlicher Schlag.

Es war das normale Schlafzimmer des *Hauses meublée* – abgenutzter Teppich, verfärbte und schmuddelige Tapeten, verblasste Ripsvorhänge und Mahagoni-Bettgestell mit einem riesigen *édredon* , wie ein riesiges Nadelkissen. Meine Kerze, die wild in der ungewohnten Brise flackerte, die feucht durch die Kammer wehte, war das einzige Leuchtmittel. Es gab weder Gas noch elektrisches Licht.

Im Haus war es wieder still geworden. Das Schlafzimmer sah böse aus, und dies, kombiniert mit der feuchten Luft aus dem Kanal, verlieh meinen Gedanken einen düsteren Ton.

„Nun", sagte ich zu mir selbst, „Sie sind ein netter Arsch! Hier sind Sie, ein britischer Offizier, der sich als Hunnenbruder in einem mörderischen Hunnenhotel ausgibt, mit einem Kellner, der wie der offizielle preußische Henker aussieht." . Was wird mit dir passieren, mein Junge, wenn Madame vorbeikommt und feststellt, dass du einen britischen Pass hast? Ein sehr hübscher Kessel, muss ich sagen!

„Und angenommen, Madame nimmt es sich in den Kopf, heute Abend hier oben herumzutrotteln, Ihren Bluff aufzudecken und den sanften Hans oder Fritz oder wie auch immer dieser rüpelhafte Kellner heißt, herbeizurufen, um nach oben zu kommen und Ihren Hasch zu begleichen! Was für ein Streit sind Sie denn? Willst du in diesem engen Korridor da draußen unterkommen, mit einem Hunnen nebenan und wahrscheinlich auf jeder Seite von dir, und an diesem Ende gibt es keinen Ausgang? Du kennst keine lebende Seele in Rotterdam und niemand wird auch nur einen Cent klüger sein als du vom Erdboden verschwinden ... jedenfalls niemand auf dieser Seite des Wassers.

Als ich mich gerade auszog, bemerkte ich eine kleine Tür auf der linken Seite des Bettes. Ich fand heraus, dass es zu einem kleinen *Toilettenschrank* führte , einem schmalen Vorraum mit einem Waschbecken und einem sehr schmutzigen, mit gelbem Papier bedeckten Fenster. Ich öffnete dieses Fenster mit großer Mühe – es konnte seit Jahren nicht mehr geöffnet werden – und stellte fest, dass es auf einen sehr kleinen und tiefen Innenhof hinausging, nur einen Luftschacht, um den herum das Haus gebaut war. Unten befand sich ein winziger, gepflasterter Hof, der nicht größer als fünf Quadratmeter war und völlig isoliert war, bis auf eine Seite, wo sich ein Kellerfenster mit einer Treppe befand, die durch ein Eisengitter vom Hof hinunterführte. Aus diesem Fenster war ein schwacher gelber Lichtstreifen sichtbar. Die Luft war feucht und kalt, und durch den Schacht stiegen scheußliche Gerüche einer schmutzigen Küche auf. Also schloss ich das Fenster und machte mich daran, einzutreten.

Ich zog meinen Mantel und meine Weste aus und dachte dann an das mysteriöse Dokument, das ich von Dicky erhalten hatte. Noch einmal schaute ich mir diese rätselhaften Worte an:

*O Eichenholz! O Eichenholz* (denn so viel war klar),
*wie leer sind deine Blätter.*
*Wie Achiles* (mit einem „l") *im Zelt.*
*Wenn sich zwei Menschen zerstreiten, freut sich der Dritte.*

Was hatte das alles zu bedeuten? Hatte sich Franziskus mit einem Verbündeten überworfen, der, nachdem er sich gerächt hatte, indem er meinen Bruder denunzierte, nun diesen außergewöhnlichen Schritt unternahm, um dessen Freunden das Schicksal seines Opfers mitzuteilen? „Wie Achilles im Zelt!" Warum nicht „in *seinem* Zelt"? Sicherlich ...

Ein seltsames, ersticktes Geräusch, das Geräusch eines erstickten Hustens, durchbrach plötzlich die tiefe Stille des Hauses. Mein Herz schien für einen Moment stehen zu bleiben. Ich wagte kaum, den Blick von der Zeitung zu heben, die ich las, während ich mich in Hemd und Hose über den Tisch beugte.

Das Geräusch hielt an, ein abscheuliches, tiefes Gurgeln. Dann hörte ich im Korridor draußen ein leises Geräusch.

Ich hob meinen Blick zur Tür.

Jemand oder etwas kratzte wütend und hektisch an den Paneelen.

Der Türknauf wurde laut gerüttelt. Der Lärm brach heiser in das schreckliche Gurgeln draußen ein. Es löste den Zauber, der mich fesselte.

Ich ging entschlossen zur Tür. Schon als ich vortrat, löste sich das Gurgeln in einen erstickten Schrei auf.

„Ach! ich sterbe " waren die Worte, die ich hörte.

Dann sprang die Tür krachend auf, Wind und Regen strömten durch den Raum, die Vorhänge flatterten wild vor den Fenstern.

Die Kerze flammte wild auf.

Dann ging es raus.

Etwas fiel schwer in den Raum.

# KAPITEL IV

## Das Schicksal klopft an die Tür

Die moderne Kriegsführung lehrt einen zumindest zwei Dinge: Das eine ist, im Notfall einen kühlen Kopf zu bewahren, das andere, keine Angst vor einer Leiche zu haben. Deshalb war ich kaum überrascht, dass ich im Dunkeln stand und ruhig die außergewöhnliche Situation Revue passieren ließ, in der ich mich nun befand. Das ist das Merkwürdige an einem Granatenschock: Wenn danach ein Motor nach hinten losgeht oder ein Reifen platzt, rührt man einen Menschen zu Tränen, aber im Angesicht der Gefahr wird er wahrscheinlich völlig bei Verstand sein, solange es nicht zu einem plötzlichen Schock kommt und damit verbundener heftiger Lärm.

So kurz die Geräusche draußen auch gewesen waren, konnte ich beim Nachdenken dieses keuchende Gurgeln, dieses schnelle Klappern der Hände erkennen. Wer einen Mann sterben sah, kennt sie schnell. Dementsprechend vermutete ich, dass zum Zeitpunkt meines Todes jemand an meine Tür gekommen war, wahrscheinlich um Hilfe zu suchen.

Dann dachte ich an den Mann von nebenan, an seine schmerzhafte Atemlosigkeit, seine bläulichen Lippen, als ich ihn mit seinem Schlüssel ringen sah, und ich ahnte, wer mein nächtlicher Besucher war, der bäuchlings im Dunkeln zu meinen Füßen lag.

Ich schirmte die Kerze mit meiner Hand ab und zündete sie erneut an. Dann kämpfte ich mit den flatternden Vorhängen und schloss die Fenster. Dann hob ich nur meine Kerze, bis ihre Strahlen auf die schweigende Gestalt fielen, die auf der anderen Seite der Zimmerschwelle lag.

Es war der Mann von Nr. 33. Er war ziemlich tot. Sein Gesicht war bleich und verzerrt, seine Augen waren glasig zwischen den halb geschlossenen Lidern, während seine Finger, die immer noch steif umklammerten, Farbe, Lack und Staub unter den Nägeln zeigten, wo er in seinem Todeskampf an Tür und Teppich gescharrt hatte.

Man musste kein Arzt sein, um zu erkennen, dass ihn ein Herzinfarkt schnell und plötzlich niedergeschlagen hatte.

Jetzt, da ich das Schlimmste wusste, handelte ich entschlossen. Ich zog den Körper an den Schultern in den Raum, bis er mitten auf dem Teppich lag. Dann schloss ich die Tür ab.

Die Vorahnung des Bösen, die seit dem Betreten der Schwelle dieses finsteren Hotels ihren schwarzen Schatten auf meine Gedanken geworfen hatte, überkam mich erneut. Tatsächlich war meine Position, gelinde gesagt, kaum beneidenswert. Hier war ich, ein britischer Offizier mit britischen Ausweispapieren, kurz davor, in einem deutschen Hotel entdeckt zu werden, in das ich mich unter Vorspiegelung falscher Tatsachen eingeschlichen hatte , mitten in der Nacht, allein mit der Leiche eines Deutschen oder Österreichers (also der Toten). Mann war es offenbar)!

Es war zweifellos eine äußerst umständliche Lösung.

Ich hörte.

Alles im Hotel war totenstill.

Ich wandte mich von meinen düsteren Vorahnungen ab und sah den Fremden erneut an. In seinem krausen schwarzen Haar und den leicht hervortretenden Wangenknochen konnte ich wieder den Hinweis auf jüdische Abstammung erkennen, den ich zuvor bemerkt hatte. Jetzt, da die Augen des Mannes – seine großen, nachdenklichen Augen, die mich aus der Dunkelheit des Korridors angestarrt hatten – geschlossen waren, wirkte er weitaus weniger fremdartig als zuvor: Tatsächlich hätte man ihn fast für einen Engländer halten können.

Er war ein junger Mann – ungefähr in meinem Alter, schätzte ich – ( nächsten Geburtstag werde ich achtundzwanzig) und ungefähr so groß wie ich, nämlich 1,70 Meter. Es gab etwas an seinem Aussehen und Körperbau, das sich ganz schwach in meiner Erinnerung eingeprägt hatte.

Hatte ich den Kerl schon einmal gesehen?

Ich erinnerte mich jetzt daran, dass mir etwas seltsam Vertrautes an ihm aufgefallen war, als ich ihn für diesen kurzen Moment im Korridor zum ersten Mal sah.

Ich sah wieder auf ihn herab, als er auf dem Rücken auf dem verblassten Teppich lag. Ich brachte die Kerze näher an ihn heran und musterte seine Gesichtszüge.

Er sah auf jeden Fall weniger fremdländisch aus als zuvor. Vielleicht ist er doch kein Deutscher, sondern eher ein Ungar oder ein Pole, vielleicht sogar ein Niederländer. Sein Deutsch war für einen Franzosen zu fehlerfrei gewesen – für einen Ungarn übrigens auch.

Ich lehnte mich auf die Knie zurück, um meine verkrampfte Position zu lockern. Dabei erhaschte ich einen flüchtigen Blick auf das Dreiviertelgesicht des Fremden.

Warum! Er erinnerte mich ein wenig an Francis!

Das Aussehen des Mannes deutete sicherlich auf meinen Bruder hin. War es das dichte schwarze Haar, der kleine dunkle Schnurrbart? War es der wohlgeformte Mund ? Es war eher eine Anspielung auf Francis als eine Ähnlichkeit mit ihm.

Der Fremde war vollständig bekleidet. Die Jacke seines blauen Serge-Anzugs war aufgefallen und ich sah eine Mappe in der inneren Brusttasche. Ich dachte, hier könnte ein Hinweis auf die Identität des Toten liegen. Ich kramte die Mappe heraus und strich dann schnell mit den Fingern über die anderen Taschen des Fremden.

Ich habe das Portfolio bis zuletzt verlassen.

In den Jackentaschen befand sich nichts anderes als ein weißes, unbeschriftetes Seidentaschentuch. In der rechten oberen Tasche der Weste befand sich ein hübsches silbernes Zigarettenetui, völlig schlicht, mit einem halben Dutzend Zigaretten. Ich nahm eins heraus und schaute es mir an. Es war eine Melania, eine Zigarette, die ich zufällig kenne, denn sie gibt es in einem meiner Clubs, dem Dionysus, und es ist wahrscheinlich der einzige Ort in London, wo man diese Marke bekommen kann.

Es sah aus, als wäre mein unbekannter Freund aus London gekommen.

Es gab auch eine schlichte silberne Uhr aus der Schweiz.

In der Hosentasche befand sich etwas Kleingeld, etwas englisches Silber und Kupfer, etwas niederländisches Silber und Papiergeld. In der rechten Hosentasche befand sich ein Schlüsselbund.

Das war alles.

Ich lege die verschiedenen Artikel neben mich auf den Boden. Dann stand ich auf, stellte die Kerze auf den Tisch, zog den Stuhl heran und öffnete die Mappe.

In einer kleinen Tasche der Innenklappe befanden sich Visitenkarten. Bei manchen wurde einfach der Name in Kleinbuchstaben eingraviert:

Dr. Semlin

Andere waren detaillierter:

Dr. Semlin , Brooklyn, NY
The Halewright Mfg. Co., Ltd.

Es gab auch ein halbes Dutzend Privatkarten:

Dr. Semlin , 333 E. 73rd St., New York.
Rivington Park House.

In dem Kartenpaket befand sich ein einzelnes Exemplar, größer als die anderen, ein teures Exemplar auf dickem, stark glasiertem Pappkarton, auf dem in gotischen Buchstaben der Name stand:

Otto von Steinhardt.

Auf dieser Karte stand mit Bleistift über dem Namen:

„Hotel Sixt , Vos in't Tuintje ‚" und in Klammern also: „(Mme. Anna Schratt .)"

In einer anderen Tasche der Mappe befand sich ein amerikanischer Reisepass, auf dem ein flammender Adler prangte und der mit einem riesigen roten Siegel versiegelt war. Er sandte Grüße an alle und jeden im Namen von Henry Semlin , einem US-Bürger, der nach Europa reiste. Aus den Einzelheiten im Hauptteil des Dokuments geht hervor, dass Henry Semlin am 31. März 1886 in Brooklyn geboren wurde, dass sein Haar schwarz war, seine Nase gebogen und sein Kinn fest war und dass er keine besonderen Merkmale hatte. Die Beschreibung war gut genug, um mir zu zeigen, dass es sich zweifellos um die Leiche von Henry Semlin handelte , die zu meinen Füßen lag.

Der Pass war drei Monate zuvor in Washington ausgestellt worden. Das einzige darin enthaltene *Visum* war das der amerikanischen Botschaft in London, das zwei Tage zuvor ausgestellt worden war. Beigefügt war eine britische Genehmigung, ausgestellt an den Fabrikanten Henry Semlin , die ihm die Erlaubnis erteilte, das Vereinigte Königreich zu verlassen, um nach Rotterdam zu reisen, außerdem eine Rechnung für ein Mittagessen, das an Bord des niederländischen Postdampfers *Koningin ausgestellt wurde Regentes* zum gestrigen Datum.

In den langen und qualvollen Wochen, die auf diese bange Nacht im Hotel des Vos in't folgten Tuintje , ich habe mich oft gefragt, welchen bösen Einflüsterungen, welchem wahnsinnigen Impuls ich die Idee verdankte, die plötzlich in meinem Gehirn keimte, als ich in diesem schäbigen Zimmer am Briefkasten des Toten herumfingerte. Der Impuls schoss wie ein Blitz in mein Gehirn und wie ein Blitz reagierte ich darauf, obwohl ich kaum glauben konnte, dass ich ihn bis zu seinem logischen Ende verfolgen wollte, bis ich wieder vor der Tür meines Zimmers stand.

Die Prüfung der Papiere des Toten hatte mir ergeben, dass es sich um einen amerikanischen Geschäftsmann handelte, der gerade aus London gekommen war und erst kürzlich aus den Vereinigten Staaten nach England gereist war.

Was mich wunderte, war, warum ein amerikanischer Fabrikant, der scheinbar etwas substanziell und anständig gekleidet war, auf Empfehlung eines Deutschen, nach seinem Namen und dem Stil seiner Visitenkarte, eines Mannes aus gutem Hause, in ein deutsches Hotel gehen sollte.

Semlin könnte natürlich, wie ich, ein in Rotterdam umnachteter Reisender gewesen sein , weil er das Hotel einem deutschen Bekannten in der Stadt empfohlen hatte. Dennoch sind Amerikaner vorsichtige Menschen, und ich hielt es für ziemlich unwahrscheinlich, dass sich dieser amerikanische Geschäftsmann mit einer großen Geldsumme bei sich in dieses hässlich aussehende Haus wagen sollte – er hatte mehrere hundert Pfund Geld in niederländischen Banknoten in einer dicken Tasche Bündel in seinem Portfolio.

in Kriegszeiten zwischen England und Deutschland hin und her reisten, soweit sie konnten, davon abhielten . Möglicherweise wollte Semlin auf seiner Europareise sowohl in Deutschland als auch in England Geschäfte machen. Da er die Haltung der britischen Behörden kannte, traf er möglicherweise in Holland Vorkehrungen für die Einreise nach Deutschland, damit die britische Polizei nicht von seinem Vorhaben erfuhr und ihn an der Überfahrt nach Rotterdam hinderte.

Aber sein Deutsch war so makellos, ohne jede Spur von Amerikanismus in der Stimme oder im Akzent. Und ich wusste, welchen guten Nutzen der deutsche Geheimdienst in der Vergangenheit aus neutralen Pässen gemacht hatte. Deshalb beschloss ich, nach nebenan zu gehen und einen Blick auf Dr. Semlins Gepäck zu werfen. In meinem Hinterkopf war immer dieser hirnrissige Entschluss, noch zur Hälfte geformt, aber dennoch fest in meinem Kopf verankert.

Ich nahm meine Kerze wieder und schlich mich aus dem Zimmer. Als ich im Flur stand und mich umdrehte, um die Schlafzimmertür hinter mir zu verschließen, fing der Spiegel am Ende des Flurs das Spiegelbild meiner Kerze ein.

Ich schaute und sah mich selbst im Glas, ein weißes, starrendes Gesicht.

Ich habe noch einmal nachgeschaut. Dann ergründete ich das Rätsel, das mich im toten Gesicht des Fremden in meinem Zimmer verwirrt hatte.

Es war nicht das Gesicht von Francis, was seine Gesichtszüge vermuten ließen.

Es war meines!

---

Im nächsten Moment befand ich mich in Nr. 33. Ich konnte kein Zeichen des Zimmerschlüssels erkennen; Semlin musste es bei seinem Sturz fallen lassen, also musste ich mich beeilen, aus Angst vor einer ungünstigen Unterbrechung. Ich hatte noch nicht gehört, wie die Uhr elf schlug .

Hut und Mantel des Fremden lagen auf einem Stuhl. Der Hut war von Scott's; in den Taschen des Mantels befand sich nichts außer einem Paar Lederhandschuhen.

Eine Tasche, deren Größe etwa zwischen einer kleinen Reisetasche und einer großen Handtasche lag, stand offen auf dem Tisch. Es enthielt ein paar Toilettenartikel, einen Schlafanzug , ein sauberes Hemd, ein Paar Hausschuhe, ... nichts Wichtiges und kein Stück Papier irgendeiner Art.

Ich ging noch einmal alles durch, schaute in die Schwammtasche, öffnete das Rasierhobeletui, schüttelte das Hemd heraus und nahm schließlich alles aus der Tasche und stapelte die Sachen auf dem Tisch.

Am Boden der Tasche machte ich eine seltsame Entdeckung. Das Innere der Tasche war mit dem dünnen gelben, leinenähnlichen Material ausgestattet, mit dem fast alle billigen Taschen wie diese gefüttert sind. An der Unterseite der Tasche war offenbar ein längliches Stück Futter herausgerissen worden. Durch den Schlitz kam das Leder der Tasche zum Vorschein. Doch die Auskleidung an den Rändern des Spalts zeigte keine Ausfransungen, keine Spur grober Beanspruchung. Im Gegenteil, die Kanten waren sauber auf das Leder geklebt.

Ich hob die Tasche hoch und untersuchte sie. Dabei sah ich auf dem Tisch daneben ein längliches Stück gelbe Leinwand liegen. Ich hob es auf und stellte fest, dass die Unterseite mit Kleister befleckt war und dass das Leder braun war.

Es war das fehlende Stück Futter und es war steif und darin knisterte etwas.

Ich schlitze das Stück Leinwand mit meinem Taschenmesser an einer Seite auf. Es enthielt drei lange Papierfragmente, ein dickes, teures, stark glasiertes Papier. Die Oberseite, die Unterseite und die linke Seite waren sauber und glänzend; die vierte Seite wies eine gebrochene Kante auf, als wäre sie grob mit einem Messer geschnitten worden. Bei den drei Zetteln handelte es sich um die Hälften von drei Quartoblättern, die der Länge nach von oben nach unten in zwei Teile zerrissen waren.

Oben auf jedem Zettel befand sich ein Teil einer Art Wappen aus Gold, was sich nicht genau bestimmen ließ, da sich das Wappen in der Mitte des Blattes befunden hatte und der Schnitt direkt durch das Blatt hindurchgegangen war.

Der Brief war auf Englisch geschrieben, aber auf der fehlenden Hälfte standen der Name des Empfängers und das Datum.

Irgendwo in der Stille der Nacht hörte ich ein Türknallen. Ich steckte die mit Segeltuch umhüllten Zettel in die Hosentasche. Ich darf in diesem Raum nicht gefunden werden. Mit zitternden Händen begann ich, die Sachen wieder in die Tasche zu stecken. Diese Zettel, dachte ich während ich arbeitete, zerrissen zumindest den Schleier des Geheimnisses, der die Leiche umhüllte, die erstarrt im Nebenzimmer lag. Dies war jedenfalls sicher: Deutscher oder Amerikaner oder Bindestrich, Henry Semlin , Fabrikant und Spion, war nicht aus Handelsgründen von Amerika nach England gereist, sondern um an das verstümmelte Dokument zu gelangen, das jetzt in meiner Tasche schlummerte. Warum er nur die Hälfte des Briefes bekommen hatte und was mit der anderen Hälfte passiert war, war mehr als ich sagen konnte ... es genügte mir zu wissen, dass seine Bedeutung für jemanden ausreichte, um in seinem Namen eine Reise von einer Seite zur anderen zu rechtfertigen andere des Atlantiks.

Als ich den Beutel öffnete, stießen meine Finger auf eine harte Substanz, etwa aus Metall, die in der schlaffen Auskleidung der Mundgelenke steckte. Zuerst dachte ich , es wäre eine Münze, dann spürte ich eine Art Spange oder Verschluss dahinter und es schien eine Brosche zu sein. Ich zog wieder mein Taschenmesser hervor und da lag ein kleiner silberner Stern, etwa so groß wie ein Regimentsmützenabzeichen, in die dünne Leinwand eingebettet. Es trug eine Inschrift. In Schablonenbuchstaben las ich:

O2                                                                     G
Abt. VII.

Hier war Dr. Semlins echte Visitenkarte.

In meiner Hand hielt ich ein Abzeichen der deutschen Geheimpolizei.

Man kann in Deutschland nicht weit hinter die Kulissen vordringen, ohne auf die Spuren der Abteilung Sieben des Berliner Polizeipräsidiums zu stoßen, die beschönigend als die der Politischen Polizei bezeichnet wird. Angeblich dient es der Sicherheit des Monarchen und angesehener Persönlichkeiten im Allgemeinen, und zu der zahlreichen Suite, die den Kaiser bei seinen Besuchen in England zu begleiten pflegte, gehörten ausnahmslos zwei oder drei Vertreter der Sektion mit Zylindern.

Die Auswirkungen der *Abteilung Sieben* sind in Wirklichkeit viel umfassender. Sie leistet im Zusammenhang mit den Zeitungen solche Arbeit, die selbst für das Auswärtige Amt zu schmutzig ist, und reicht von der Durchführung persönlicher Angriffe in obskuren Erpressungsblättern gegen unbequeme Politiker bis hin zur Begleitung unangenehm wahrheitsgetreuer Auslandskorrespondenten an die Grenze. Es ist die gehorsame Dienerin der Geheimdienstabteilung sowohl des Kriegsministeriums als auch der Admiralität in Deutschland und leistet treue Dienste bei der Spionage, die in diesem Land der sorgfältigen Organisation ständig gegen Beamte, Politiker, Geistliche und die breite Öffentlichkeit ausgeübt wird .

Abschnitt Sieben ist eine riesige unterirdische Abteilung. Da er stets im Dunkeln agiert, ist sein politischer Teint ein praktischer Deckmantel für schwärzere und finsterere Aktivitäten. Ihm werden häufig Aufträge anvertraut, von denen es für das offizielle Deutschland unzweckmäßig wäre, Kenntnis davon zu haben, und von denen das offizielle Deutschland daher jederzeit getrost zurücktreten kann, wenn es die Gelegenheit erfordert.

Ich steckte die Nadel des Abzeichens in meine Hosenträger und befestigte sie dort, stopfte den Rest der Habseligkeiten des Toten in seine Tasche, setzte mir seinen Hut auf den Kopf und warf mir seinen Mantel über den Arm, nahm seine Tasche und kroch davon. Eine Minute später war ich wieder in meinem Zimmer, mein Gehirn brannte vom Feuer eines großen Unternehmens.

Hier, in meiner Hand, lag der Schlüssel zu diesem verschlossenen Land, das das Geheimnis meines verlorenen Bruders birgt. Die Frage, die ich mir gestellt hatte, seit ich zum ersten Mal die amerikanischen Identitätspapiere des Toten entdeckt hatte, war diese. Hatte ich den Mut, Semlins amerikanischen Pass zu benutzen, um nach Deutschland einzureisen? Die Antwort auf diese Frage lag in dem kleinen silbernen Abzeichen. Ich wusste, dass kein deutscher Beamter, ganz gleich, welchen Status er hatte oder welche Befehle er hatte, ihm die Durchreise zum silbernen Stern der Sektion Sieben verweigern würde. Es muss auch nur als letzte Ressource genutzt werden, denn ich hatte meine Papiere als Neutraler. Hätte ich Deutschland erst einmal betreten können, wäre ich durchaus bereit, mich auf meinen Verstand zu verlassen, um durchzukommen. Ich wusste, auf einen Vorteil muss ich verzichten. Das war der Halbbrief in seiner Leinenhülle.

Wenn dieses Dokument für die Abteilung Sieben der deutschen Polizei von Bedeutung war, dann war es für mein Land von gleicher, wenn nicht sogar größerer Bedeutung. Wenn ich hinginge, sollte das sicher zurückbleiben. Da war ich fest entschlossen.

„Noch nie seit Kriegsbeginn", sagte ich mir, „kann einem Engländer eine solche Gelegenheit geboten werden, leicht und sicher in dieses eifersüchtig bewachte Land zu gelangen wie jetzt! Sie haben viel Geld, was mit Ihrem besitzen und das ..." und ich befingerte Semlins Bündel Notizen, „und vorausgesetzt, Sie können einen klaren Kopf behalten, um sich immer daran zu erinnern, dass Sie ein Deutscher sind, sollten Sie, sobald Sie die Grenze überquert haben, in der Lage sein, den Hunnen zu entkommen und es zu versuchen Folgen Sie den Spuren des armen Franziskus.

„Und vielleicht", argumentierte ich weiter (so leicht verliert man sein besseres Urteilsvermögen, wenn man jung und fest entschlossen ist), „vielleicht bekommt man in deutscher Umgebung einen Sinn für den mysteriösen Jingle, den man von Dicky Allerton als Einzige bekommen hat." vorhandenen Hinweis auf das Verschwinden von Francis."

Trotzdem schwankte ich. Die Risiken waren schrecklich. Ich musste in der Gestalt von Dr. Semlin aus diesem bösen Hotel herauskommen , mit dieser leichten und möglicherweise fantasievollen Ähnlichkeit zwischen ihm und mir, als einzigen Schutz vor Enttarnung, sollte ich mich den Arbeitgebern oder Freunden des Toten anschließen: Ich Ich musste Maßnahmen ergreifen, um zu verhindern, dass der Betrug aufgedeckt wurde, als die Leiche im Hotel entdeckt wurde: Vor allem musste ich, bevor ich mich endgültig zur Weiterreise nach Deutschland entschließen konnte, feststellen, ob Semlin den Leuten dort bereits bekannt war im Hotel oder ob es – wie ich vermutete – auch sein erster Besuch im Haus im Vos in't war Tuintje .

Semlins Dokument ohne erhebliche Unannehmlichkeiten, wenn nicht sogar große Gefahr, herauszukommen, darin bestehen würde, seine Identität und seine Auswirkungen auf mich zu übertragen und umgekehrt. Als ich den Weg etwas klarer sah , konnte ich entscheiden, ob ich das größte Risiko eingehen und mich in das Land des Feindes wagen sollte.

Was auch immer ich tun würde, es blieben nicht mehr viele Stunden der Nacht zum Handeln, und ich war entschlossen, dieses Haus des Unglücks zu verlassen, bevor der Tag anbrach. Wenn ich das Hotel verlassen und gleichzeitig feststellen konnte, dass Semlin dort genauso fremd war wie ich, konnte ich in der größeren Freiheit der Straßen Rotterdams über mein weiteres Vorgehen entscheiden. Eines war sicher: Der Kellner hatte die Frage nach Semlins Papieren bis zum Morgen ruhen lassen, wie er es in meinem Fall getan hatte, denn Semlin hatte seinen Pass immer noch bei sich.

Wenn Semlin im Hotel unbekannt war, hatte der Kellner ihn schließlich nur für denselben kurzen Moment gesehen wie mich.

So überlegte und argumentierte ich mit mir selbst, aber in der Zwischenzeit handelte ich. Ich hatte nichts Bedenkliches in meinem Koffer, sodass es keine Schwierigkeiten bereitete. Meinen britischen Pass und meine britische Erlaubnis sowie alles, was irgendeinen Bezug zu meiner Persönlichkeit hatte, etwa meine Uhr und mein Zigarettenetui, in beide waren meine Initialen eingraviert, steckte ich in die Taschen des Toten. Als ich mich über die steife, kalte Gestalt mit ihrem fahlen Gesicht und den umklammernden Fingern beugte, spürte ich, wie eine Schwierigkeit, der ich bisher entschlossen ausgewichen war, sich direkt in den Vordergrund meines Geistes drängte.

Was sollte ich mit der Leiche tun?

In diesem Moment ertönte ein leises Klopfen.

Mit einem plötzlichen Tief im Herzen fiel mir ein, dass ich vergessen hatte, die Tür abzuschließen.

# KAPITEL V

## DIE DAME DER VOS IN'T TUINTJE

Da klopfte Destiny an die Tür. In diesem Moment stand meine Entscheidung fest. Im Moment hatte ich jedenfalls jede Karte in der Hand. Ich würde diese schwerfälligen Hunnen bluffen: Ich würde es unverschämt herausstellen: Ich würde Semlin sein und es bis zum bitteren Ende durchziehen, ja, und wenn es mich bis zu den Toren der Hölle führen würde.

Das Klopfen wurde wiederholt.

„Darf jemand reinkommen?" sagte eine Frauenstimme auf Deutsch.

Ich trat über die Leiche und öffnete die Tür etwa einen halben Meter.

Da stand eine Frau mit einer Lampe. Sie war eine Frau mittleren Alters mit einem eiförmigen Gesicht, fett und weiß und geschwollen, und blassen, listigen Augen. Sie trug ihre Outdoor-Kleidung, einen riesigen, vulgär aussehenden Hut und einen altmodischen Umhang aus Robbenfell mit hohem Kragen. Der vom Regen glitzernde Umhang war halb geöffnet und zeigte einen riesigen Busen, der eng in eine weiße Seidenbluse gepresst war. In einer Hand trug sie eine Öllampe.

„Frau Schratt ", sagte sie einleitend und hob die Lampe, um mich genauer anzusehen.

Dann sah ich, wie sich ihr Gesicht veränderte. Sie schaute an mir vorbei in den Raum und ich wusste, dass das Lampenlicht das grässliche Ding, das auf dem Boden lag, voll beleuchtete.

Mir wurde klar, dass die Frau gleich schreien würde, also packte ich sie am Handgelenk. Sie hatte ekelhafte Hände, fett und pummelig und mit Ringen bedeckt.

"Ruhig!" Ich flüsterte heftig in ihr Ohr, ohne meinen Griff um ihr Handgelenk zu lockern. „Du wirst ruhig sein und hier reinkommen, verstehst du?"

Sie wollte vor mir zurückschrecken, aber ich hielt sie fest und zog sie in den Raum.

Sie stand regungslos mit ihrer Lampe am Kopf der Leiche. Sie schien ihre Selbstbeherrschung wiedererlangt zu haben. Die Frau hatte keine Angst mehr. Ich hatte instinktiv das Gefühl, dass ihre Ängste nur ihr selbst galten und nicht dem wütenden Entsetzen, das auf dem Boden lag. Als sie sprach, war ihre Art fast sachlich.

„Mir wurde nichts davon erzählt", sagte sie. „Wer ist da? Was soll ich tun?"

Von allen Empfindungen dieser Nacht hat keine einen unangenehmeren Geruch in meiner Erinnerung hinterlassen als das Verhalten dieser Frau in der Sterbekammer. Ihre Stimme war unglaublich hart. Ihre matten Basiliskenaugen, die in meinen nach Antworten auf ihre Fragen suchten, lösten in mir ein unheimliches Gefühl aus, das mir das Blut in den Adern gefrieren lässt, wenn ich an sie denke.

Dann plötzlich veränderte sich ihr Verhalten, arrogant, unverschämt, grausam. Sie wurde höflich. Sie war unterwürfig. Von den beiden gefiel ihr die erste Art deutlich besser. Sie sah mich neugierig an, fast mit Ehrfurcht, wie es mir vorkam. Sie sagte mit schnurrender Stimme:

„Ach, so! Ich habe es nicht verstanden. Der Herr muss mich entschuldigen."

Und sie schnurrte erneut:

"Also!"

Da bemerkte ich, dass ihr Blick auf meine Brust gerichtet war. Ich folgte ihrer Anweisung.

Sie ruhten auf dem silbernen Abzeichen, das ich in meine Zahnspange gesteckt hatte.

Ich verstand es und schwieg. Schweigen war mein einziger Trumpf, bis ich wusste, wie das Land lag. Wenn ich diese Frau in Ruhe ließe, würde sie mir alles sagen, was ich wissen wollte.

Tatsächlich begann sie wieder zu sprechen.

„Ich habe *dich erwartet* ", sagte sie, „aber nicht... *das* . Wer ist es dieses Mal? Ein Franzose, nicht wahr?"

Ich schüttelte den Kopf.

„Ein Engländer", sagte ich knapp.

Ihre Augen öffneten sich verwundert.

„Ach, nein !" Sie schrie – und man hätte sagen können, dass ihre Stimme vor Vergnügen vibrierte – „Ein Engländer! Ei , ei !"

Wenn es jemals einem Menschen gelang, sich die Finger zu lecken, dann war es diese Frau.

Sie schüttelte den Kopf und wiederholte sich:

„ Ei , ei !“ Sie fügte hinzu, als ob sie ihre Überraschung erklären wollte: „Er ist der Erste, den wir hatten.“

„Du hast ihn hierher gebracht, was! Aber warum hierher? Oder hat der Stelze ihn geschickt?“

Sie warf mir eine Reihe von Fragen entgegen, ohne auf eine Antwort zu warten. Sie fuhr fort:

„Ich war draußen, aber Karl hat es mir gesagt. Da ist auch noch einer gekommen: Franz hat ihn geschickt.“

„Das ist er“, sagte ich. „Ich habe ihn dabei erwischt, wie er in meinem Zimmer herumschnüffelte, und er ist gestorben.“

„Ach!“ stieß sie aus ... und in ihrer Stimme lag die ganze Bewunderung, die eine deutsche Frau für einen brutalen Mann empfindet ... „Der Herr Engländer kam in Ihr Zimmer und starb. So, so! Aber man muss mit Franz reden.“ Der Mann trinkt zu viel. Er ist immer betrunken. Er macht Fehler. Das geht nicht. Ich werde ...“

„Ich wünsche dir, dass du nichts gegen Franz unternimmst“, sagte ich. „Dieser Engländer sprach gut Deutsch: Karl wird es dir sagen.“

„Wie der Herr es wünscht“, war die Antwort der Frau mit einer Stimme, die so seidig und unterwürfig war, dass ich spürte, wie mir die Kehle zuschnürte.

„Sie sieht aus wie eine Schnecke!“ Ich sagte mir, als sie da stand, fett und schlank und schrecklich.

„Hier sind sein Pass und andere Papiere“, sagte ich, bückte mich und nahm sie aus der Tasche des Toten. „Er war ein englischer Offizier, verstehen Sie ?“ Und ich faltete das kleine schwarze Buch mit dem königlichen Wappen auf.

Geruch des Patschuli, mit dem ihr verblasster Körper durchnässt war, erstickte mich fast .

Dann machte ich einen Stapel Reisepass und Aufenthaltsgenehmigung und hielt sie in die Flamme der Kerze.

„Aber wir behalten sie immer!“ entgegnete der Hotelier.

„Dieser Pass muss mit dem Mann sterben“, antwortete ich bestimmt. „Er darf nicht aufgespürt werden. Ich möchte keine peinlichen Nachforschungen anstellen, verstehen Sie. Deshalb ...“ und ich warf die brennende Papiermasse in den Rost.

"Gut gut!" sagte die Deutsche und stellte ihre Lampe auf den Tisch. „Es gab eine telefonische Nachricht für Sie", fügte sie hinzu, „dass der Stelze um acht Uhr morgens kommen wird, um das entgegenzunehmen, was Sie mitgebracht haben."

Die Zwei! Das wurde langsam unangenehm. Wer zum Teufel war Stelze ?

„Er kommt um acht , oder?" Ich sagte es einfach, um etwas zu sagen.

„ Jawohl !" antwortete Frau Schratt . „Er war heute Morgen schon hier. Er war sehr nervös und hat erwartet, dass du hier bist. Schon zwei Tage wartet er hier, um weiterzumachen."

„Also", sagte ich, „er wird ... *es* mit sich machen, oder?" (Ich wusste ganz genau, wohin er „ging": Er würde dieses Dokument sicher nach Deutschland bringen.)

In der Stimme der Frau lag ein boshafter Klang, als sie von Stelze sprach . Ich dachte, ich könnte davon profitieren. Also zog ich sie heraus.

„Also hat Stelze heute angerufen und Ihnen seine Befehle gegeben, nicht wahr?" Ich sagte: „Und ... und habe die Dinge im Allgemeinen in die Hand genommen, nicht wahr?"

Ihre kleinen Augen schnappten bösartig.

„Ach!" Sie sagte: „Der Stelze ist der Stelze . Er hat Macht; er hat Autorität; er kann Menschen erschaffen und entmachten. Aber ich ... ich habe zu meiner Zeit ein Dutzend bessere Männer gebrochen als er und dennoch wagt er es, es Anna Schratt zu erzählen." das ... das ...“

Sie erhob hysterisch ihre Stimme, brach jedoch ab, bevor sie den Satz beenden konnte. Ich sah, dass sie dachte, sie hätte zu viel gesagt.

„Er wird dieses Spiel nicht mit mir spielen", sagte ich. Stärke ist die Eigenschaft, die jeder Deutsche, Mann, Frau und Kind, respektiert, und Stärke allein. Meine Sicherheit hing davon ab, dass ich dieser unedlen Kreatur zeigte, dass ich von niemandem Befehle erhielt. „Du weißt, was er ist. Man geht das Risiko ein, man geht Ärger auf sich, man hat Erfolg. Dann tritt er ein und holt die Lorbeeren ein. Nein, ich werde nicht auf ihn warten."

Die Hotelbesitzerin sprang auf, ihr verblasstes Gesicht war ganz vom Schatten großer Angst gezeichnet.

„Das würdest du nicht wagen!" Sie sagte.

„Das würde ich", erwiderte ich. „Ich habe meine Arbeit getan und werde dem Hauptquartier Bericht erstatten und niemandem sonst!"

Mein Blick fiel auf den Körper.

„Was machen wir jetzt damit?" Ich sagte . „Sie müssen mir helfen, Frau Schratt . Das ist ernst. Das darf hier nicht gefunden werden."

Sie sah überrascht zu mir auf.

"Das?" sagte sie und trat mit dem Fuß gegen den Körper. „Oh, das wird dem Schratt schon recht sein ! ‚Das darf hier nicht zu finden sein'" (sie ahmte meinen ernsten Ton nach). „Hier wird es nicht zu finden sein, junger Mann!"

Und sie kicherte mit der vollen, guten Laune einer dicken Person.

"Was meinen Sie?"

„Ich meine, was ich meine, junger Mann, und was du meinst", antwortete sie. „Wenn sie in Schwierigkeiten sind, wenn es Komplikationen gibt, wenn es irgendwelche Unannehmlichkeiten gibt … so … erinnern sie sich an die Schratt , ‚die fesche Anna', wie sie mich einmal nannten, und hier heißt es , gnadige Frau'. "und „ gnadige Frau" da und ein Diamantarmband oder ein Perlenring, wenn ich nur den kleinen Zaubertrick machen würde, der alles glättet. Aber wenn alles gut geht, dann bin ich „alter Schratt ", „alte Hexe", „ „Alte Frau", und ich muss meine Befehle befolgen und nett betteln und … bah!"

Ihre Worte endeten mit einem Schlucken, das bei jeder anderen Frau ein Schluchzen gewesen wäre.

Dann fügte sie mit der Stimme ihrer harten Hure hinzu:

„Du brauchst dir keine Sorgen um *ihn zu machen* ! Überlass ihn mir! Das ist mein Beruf!"

Bei diesen Worten, die Gott weiß, welche Schrecken das mitternächtliche Verschwinden, die gruseligen Rituale mit Koffer und Sack in den dunklen Kellern dieses bösen Hauses verbargen, hatte ich das Gefühl, ich könnte mich nur von dem Unternehmen zurückziehen, das ich begonnen hatte Ich habe mich so voreilig verpflichtet, dass ich es gerne tun würde. Erst dann wurde mir etwas von der völligen Rücksichtslosigkeit, der kalten, berechnenden Wildheit des erbittertsten und mächtigsten Feindes bewusst, den das britische Empire je hatte.

Aber jetzt war es zu spät, sich zurückzuziehen. Die Würfel waren gefallen. Als das Schicksal an meine Tür klopfte, hatte ich festgestellt, dass ich bereit war, ihm zu folgen, und ich war entschlossen, alles zu tun, was mir in meiner neuen Persönlichkeit widerfahren könnte.

Die deutsche Frau wandte sich zum Gehen.

„Der Stelze wird dann um acht hier sein", sagte sie. „Ich nehme an, der Herr wird vorher seinen Morgenkaffee trinken."

„Ich werde nicht hier sein", sagte ich. „Du kannst deinem Freund sagen, dass ich gegangen bin."

Sie hat mich wie ein Blitz angemacht.

Sie war wieder hart wie Feuerstein.

„ Nein !" Sie weinte. "Du bleibst hier!"

„Nein", antwortete ich mit gleicher Eindringlichkeit, „nicht ich ..."

„... Befehle sind Befehle und du und ich müssen gehorchen!"

„Aber wer ist Stelze , dass er mir Befehle geben sollte?" Ich weinte.

"Wer ist...?" Sie sprach entsetzt.

„... Und Sie selbst", fuhr ich fort, „haben gesagt ..."

„Wenn ein Befehl erteilt wurde, ist es unerheblich, was Sie oder ich denken oder sagen", sagte die Frau. „Es ist ein Befehl: Sie und ich wissen , *wessen* Befehl. Das genügt. Sie bleiben hier! Gute Nacht!"

Damit war sie weg. Sie schloss die Tür hinter sich; Der Schlüssel klapperte im Schloss und mir wurde klar, dass ich ein Gefangener war. Ich hörte, wie die Schritte der Frau im Korridor verklangen.

Diese ferne Uhr durchschnitt die Stille der Nacht mit zwölf schwerfälligen Schlägen. Dann spielten die Glocken eine hübsche, klingelnde kleine Melodie, die deutlich in der stillen, vom Regen gewaschenen Luft erklang.

Ich stand wie versteinert da und dachte über meinen nächsten Schritt nach.

Zwölf Uhr! Ich hatte acht Stunden Zeit, bevor Stelze , der Mann des Geheimnisses und der Macht, eintraf, um mich zu entlarven und mich der zärtlichen Gnade von Madame und Karl zu übergeben. Bevor ich um acht Uhr ankam, musste ich – so fasste ich meine Position zusammen – das Hotel verlassen und im Zug zur deutschen Grenze sitzen – wenn ich einen Zug bekommen könnte –, sonst musste ich bis zu dieser Stunde aus Rotterdam heraus sein.

Aber ich muss unverzüglich *handeln und handeln.* Ich wusste nicht, wann dieser tote Mann, der auf dem Boden lag, mir einen weiteren Besuch von Madame und ihren Myrmidonen verschaffen würde. Je früher ich aus diesem Haus des Todes herauskam, desto besser.

Die Tür war solide; Das Schloss war stark. Das habe ich problemlos herausgefunden. Auf jeden Fall, überlegte ich, wäre die Eingangstür des Hotels zu dieser Nachtzeit verriegelt und verriegelt, und ich könnte kaum hoffen, unbemerkt durch die Eingangstür zu entkommen, selbst wenn Karl gar nicht in der Eingangshalle wäre . Es muss einen Hintereingang zum Hotel geben, dachte ich, denn ich hatte gesehen, dass sich die Fenster meines Zimmers auf die schmale Straße öffneten, die den Kanal entlang der Rückseite des Hauses säumte.

Eine Flucht durch die Fenster war unmöglich. Die Vorderseite des Hauses fiel steil ab und es gab nichts, was einem Halt bot. Aber ich erinnerte mich an das Fenster im *Toilettenschrank,* das zum kleinen Luftschacht führte. Das schien eine geringe Chance auf Flucht zu bieten.

Zum zweiten Mal in dieser Nacht öffnete ich den Fensterflügel und atmete die stinkenden Gerüche ein , die aus dem engen Hof aufstiegen. Alle Fenster, die wie meines auf den Luftschacht hinausgingen, waren in Dunkelheit gehüllt; nur im Fenster unter dem Gitter mit der eisernen Treppe zum kleinen Hof brannte noch Licht. Was sich am Fuß der Treppe befand, konnte ich nicht erkennen, aber ich glaubte, den Umriss einer Tür zu erkennen.

Vom Fenster des *Toilettenkabinetts* bis zum Hof fielen die mit fleckigem und schmutzigem Stuck verkleideten Seiten des Hauses steil ab. Mit dem Auge gemessen betrug der Höhenunterschied vom Fenster zum Bürgersteig etwa fünfzig Fuß. Mit einem Seil und etwas, das den Sturz auffängt, könnte man es, so dachte ich, vielleicht schaffen ...

Von da an ging es zügig voran. Zuerst riss ich mit meinem Taschenmesser das Schneiderschild mit meinem Namen aus der Innentasche meines Mantels und verbrannte es in der Kerze; Nichts anderes, was ich anhatte, war markiert, denn als ich aus dem Krankenhaus kam, hatte ich viele neue Kleidungsstücke kaufen müssen. Ich nahm Semlins Mantel, Hut und Tasche in den *Toilettenschrank* und stellte sie bereit am Fenster bereit. Um Überraschungen vorzubeugen, schob ich das massive Bettgestell aus Mahagoni direkt vor die Tür und verbarrikadierte so den Eingang zum Zimmer.

An beiden Seiten des Kamins hingen zwei Glockenseile, gedrehte Seidenschnüre in verblasstem Purpur mit staubigen Quasten. Auf dem Kaminsims montiert, schneide ich die Glockenseile dort ab, wo sie mit dem Draht verbunden sind. Als ich sie testete, stellte ich fest, dass sie anscheinend solide waren — auf jeden Fall müssen sie dienen. Ich habe sie zusammengeknüpft.

Zurück zum *Toilettenschrank* machte ich mich auf die Suche nach einem geeigneten Gegenstand, an dem ich mein Seil befestigen konnte. Außer dem Waschtisch gab es in dem kleinen Raum nichts, und das war zerbrechlich und für diesen Zweck völlig ungeeignet. Mir fiel auf, dass das Fenster außen mit an der Wand befestigten Fensterläden ausgestattet war. Ich würde sagen, sie waren jahrelang nicht berührt worden, denn der Eisenpflock, der sie zurückhielt, war stark verrostet und die Fensterläden waren mit Staub bedeckt. Ich schloss den linken Fensterladen und stellte fest, dass er mit massiven Eisenbolzen oben und unten fest am Fensterrahmen befestigt war.

Hier war die nötige Unterstützung für mein Seil. Der Schürhaken stieß durch die Holzlaschen des Fensterladens und hielt das Seil ziemlich fest. Ich befestigte mein Seil mit einem Expertenknoten am Schürhaken, den ich während einer absurd langweiligen Woche, die ich auf der Basis in Frankreich verbracht hatte, bei einem Knotenknüpfkurs gelernt hatte. Dann zerrte ich das riesige Daunenkissen und die beiden massiven Kissen aus dem Bett und zog die Kissenbezüge ab, damit ihr Weiß nicht auffallen könnte, während sie die ungewöhnliche Mission erfüllten, für die ich sie bestimmt hatte.

Am Fenster des *Toilettenkabinetts* lauschte ich einen Moment. Alles war still wie das Grab. Entschlossen warf ich die Daunendecke in den dunklen und schmutzigen Luftschacht. Es segelte anmutig der Erde entgegen und ließ sich mit einem sanften Plätschern auf den Steinen des winzigen Hofes nieder. Es folgten die Kissen. Der heftigere Aufprall, den sie gemacht hätten, wurde durch die wogende Masse des *Edredon gedämpft* . Semlins Tasche ging als nächstes und gab kein nennenswertes Geräusch von sich; dann folgten sein Mantel und sein Hut.

Mit dankbarem Herzen stellte ich fest, dass die Daunen und Kissen praktisch die gesamten Fahnen des Hofes bedeckten.

Ich ging noch einmal ins Zimmer zurück und blies die Kerze aus. Dann hielt ich mich kurz an meinem seidenen Seil fest, kletterte über die Fensterbank und begann, mich Hand in Hand in die Tiefe hinabzusinken.

Meine beiden miteinander verknoteten Glockenseile waren etwa sechs Meter lang, sodass ich damit rechnen musste, dass es deutlich über zehn Meter herabfallen würde. Der Schürhaken und der Fensterladen hielten wunderbar fest, und ich hatte keine Schwierigkeiten, mich herabzulassen, obwohl ich mit den Fingerknöcheln äußerst unangenehm auf dem rauen Stuck der Wand aufschlug. Als ich das Ende meines Seils erreichte, blickte ich nach unten. Der rote Spritzer der Daunendecke, der im Licht des angrenzenden Fensters gerade noch sichtbar war, schien sich in einer schrecklichen Entfernung unter mir zu befinden. Mein Geist hat mich im

Stich gelassen. Meine Entschlossenheit begann zu schwinden. Ich könnte es niemals riskieren.

Das Seil hat die Frage für mich geklärt. Es brach ohne Vorwarnung – wie es bis dahin mein Gewicht getragen hatte, weiß ich nicht – und ich fiel zusammengewürfelt (und, wie es mir damals vorkam, mit einem höchst hallenden Krachen) auf den weichen Diwan hatte sich auf meinen Empfang vorbereitet.

Ich fiel hart, sehr hart, aber die dicken Daunen und Kissen der alten Madame halfen sicherlich dabei, meinen Sturz abzufedern. Ich ließ mich direkt auf die Daunendecke fallen, ein Knie auf einem Kissen, und obwohl ich erschüttert und erschüttert war, stellte ich fest, dass ich mir keine Knochen gebrochen hatte.

Auch mein Verstand ließ mich nicht los. Eine Minute später war ich wieder auf den Beinen. Ich hörte. Alles war immer noch still. Ich warf einen Blick nach oben. Das Fenster, aus dem ich herabgestiegen war, war noch dunkel. Ich konnte die kaputten Glockenseile sehen, die am Fensterladen baumelten, und stellte mit einem Anflug von Berufsstolz fest, dass meine geschickte Verbindung zwischen den beiden Seilen nicht nachgegeben hatte. Das untere Seil hatte sich in der Mitte geteilt ....

Ich stopfte Semlins Hut auf meinen Kopf, holte seine Tasche und seinen Mantel aus der Ecke des Spielfelds, wo sie hingefallen waren, und schlich im nächsten Moment auf Zehenspitzen die Leiter hinunter.

Die Eisentreppe verlief neben dem Fenster, in dem ich das Licht brennen gesehen hatte. Der untere Teil des Fensters war durch einen schmutzigen Musselinvorhang abgeschirmt. Durch den oberen Teil erhaschte ich einen Blick auf eine Art Spülküche mit einer Petroleumlampe, die auf einem Holztisch stand. Der Raum war leer. Von oben bis unten war das Fenster durch schwere Eisenstangen geschützt.

Am Fuß der Eisentreppe befand sich, wie ich erwartet hatte, eine Tür. Es war meine letzte Fluchtmöglichkeit. Es stand ein Dutzend Meter vom Fuß der Leiter entfernt auf einer feuchten, kleinen gepflasterten Fläche, auf der Müllcontainer standen – eine kleine Tür mit einem Messinggriff.

Ich duckte mich tief, als ich die Eisenleiter hinunterkletterte, um vom Fenster aus nicht gesehen zu werden, falls jemand im Vorbeigehen die Spülküche betreten sollte. Mit ganz leisen Schritten schlich ich über den kleinen Bereich und drehte, so leise ich konnte, die Türklinke.

Es drehte sich leicht in meiner Hand, aber nichts passierte.

Die Tür war verschlossen.

# KAPITEL VI

## Ich steige in den Berliner Zug und lasse einen lahmen Herrn auf dem Bahnsteig zurück

Ich war gefangen wie eine Ratte in der Falle. Ich konnte auf dem Weg, den ich gekommen war, nicht zurückkehren und der einzige Ausgang war für mich verschlossen. Die Zimmertür und das Fenster waren die einzigen Fluchtmöglichkeiten aus dem kleinen Hof. Der eine war verschlossen, der andere verriegelt. Ich war ziemlich gefangen. Jetzt musste ich nur noch warten, bis meine Abwesenheit entdeckt und das kaputte Seil gefunden wurde, um ihnen zu zeigen, wo ich war. Dann würden sie in die Gegend kommen, ich würde mit dem Mann Stelze konfrontiert werden und meine Gans wäre einigermaßen gekocht.

So leise ich konnte, untersuchte ich die Gegend gründlich, gründlich und schnell. Es war ein feuchter, dunkler Ort, der nur dort beleuchtet war, wo das gelbe Licht aus der Spülküche strömte. Unter dem kleinen Hof waren ein paar niedrige Buchten aus dem Mauerwerk ausgehöhlt, die eine war mit Holzklötzen gefüllt, die andere mit zerbrochenen Kisten , alten Flaschen und ähnlichem Müll. Ich erkundete diese, bis meine Hände die feuchten Ziegelsteine auf der Rückseite berührten, aber vergebens. Tür und Fenster blieben die einzigen Fluchtmöglichkeiten.

Vier hohe Mülltonnen aus Blech standen in einer Reihe vor diesen beiden Buchten, ein fünfter war unter der Eisentreppe verstaut. Sie waren alle fast voller Müll und daher als Verstecke unbrauchbar. Auf jeden Fall entsprach es weder der Rolle, die ich spielte, noch meinem Sinn dafür, wie lächerlich es war, von den Hotelangestellten entdeckt zu werden, die sich in einem Mülleimer versteckten.

Ich wusste nicht mehr, was ich tun sollte. Ich hatte so viel gewagt, alles war so überraschend gut gelaufen, dass es herzzerreißend war, vereitelt zu werden, weil die Freiheit fast in greifbarer Nähe war. Eine große Welle der Enttäuschung überkam mich, bis mir das Herz weh tat. Dann hörte ich Schritte und die Hoffnung erwachte in mir wieder.

Ich schrumpfte in die Dunkelheit des Bereichs hinter den Mülltonnen zurück, die vor der Bucht am nächsten zur Tür standen.

Im Inneren des Hauses näherten sich Schritte der Spülküche. Ich hörte, wie sich eine Tür öffnete und dann die Stimme eines Mannes sang. Er trällerte in einem schönen, sanften Bariton die beliebte deutsche Ballade:

„Das haben die Mädchen so gerne Die im. " Stübchen und die im *Salong*
.

Die Stimme hing liebevoll und schwankte und trillerte über dem Wort „ *Salong* ": Der Effekt gefiel dem Sänger so gut, dass er die Notenzeile noch einmal sang. Ein Klopfen und Klappern, als ob lose Gegenstände in einer leeren Kiste lägen, begleitete sein Lied.

„Ein fröhlicher Kerl!" Ich sagte zu mir. Wenn ich nur sehen könnte, wer es war! Aber ich traue mich nicht, mich in den gelben Lichtfleck zu begeben, von dem aus ich nur einen Blick in die Spülküche hatte.

Der Gesang hörte auf. Wieder hörte ich, wie sich eine Tür öffnete. Wollte er weggehen?

Dann sah ich einen dünnen Lichtstrahl unter der Bereichstür.

Im nächsten Moment wurde es zurückgeworfen und der Kellner Karl erschien, immer noch in seiner blauen Schürze, einen Eimer in beiden Händen.

Er kam zu den Mülltonnen.

Pudd'n Head Wilson kam mir in den Sinn; „Wenn du wütend bist, zähle bis vier; wenn du sehr wütend bist, schwöre." Ich war nicht wütend, sondern verängstigt, schrecklich verängstigt, so verängstigt, dass ich mein Herz mit lauten Schlägen in meinen Ohren schlagen hören konnte. Dennoch folgte ich dem Rat des Weisen von Dawson's Landing und zählte vor mich hin: eins, zwei, drei, vier, eins, zwei, drei, vier; Während mein Herz hämmerte: Bleib cool, bleib cool, bleib cool! Und die ganze Zeit über blieb ich hinter den ersten beiden Mülltonnen neben der Tür hocken.

Der Kellner summte vor sich hin die Melodie seines kleinen Liedchens mit tiefem Ton, während er einen Moment an der Tür stehen blieb. Dann bewegte er sich langsam durch das Gebiet.

Würde er bei den Mülltonnen anhalten, hinter denen ich kauerte?

Nein, er hat sie überholt.

Der dritte? Die vierte?

NEIN!

Er ging quer durch das Gelände und ging zum Mülleimer unter der Treppe.

Ich murmelte innerlich einen Segen über die sorgfältigen Gewohnheiten des Deutschen, der sogar seinen Müll in getrennte Fässer sortiert.

Der Mann stand mit dem Rücken zur Tür.

Jetzt oder nie war meine Chance.

Ich kroch um meine freundlichen Mülltonnen herum, erreichte auf Zehenspitzen die Haustür und betrat leise das Haus. Dabei hörte ich das Klirren von Blech, als Karl den Deckel der Wanne wieder aufsetzte.

Vor mir erstreckte sich ein dunkler Gang. Unmittelbar rechts von mir stand die Tür zur Spülküche weit offen. Ich muss die Spülküche um jeden Preis meiden. Der Mann könnte dort bleiben und ich konnte nicht riskieren, dass er mich vor sich zurück in die Eingangshalle des Hotels fuhr.

Mit ausgestreckten Händen schlich ich den dunklen Gang entlang. Plötzlich fielen sie auf die Klinke einer Tür. Ich drückte darauf, die Tür öffnete sich nach innen in die Dunkelheit und ich ging hindurch. Als ich sanft die Tür hinter mir schloss , hörte ich Karls schweren Schritt und das Knirschen des Schlüssels, als er die Bereichstür abschloss.

Ich stand in völliger Dunkelheit in einer Art Schrank und traute mich kaum zu atmen.

Noch einmal hörte ich den Mann sein idiotisches Lied singen. Ich wagte nicht, aus meinem Versteck herauszuschauen, denn seine Stimme klang so nah, dass ich fürchtete, er könnte sich noch im Gang befinden.

Also stand ich da und wartete.

---

Ich muss dort eine Stunde im Dunkeln geblieben sein. Ich hörte den Kellner in der Spülküche kommen und gehen, lauschte seinem schweren Trampeln, seinem immerwährenden Liedgesang, dem Klappern der Utensilien, während er seiner Arbeit nachging. Jede Minute quälte mich die Befürchtung, dass er zum Schrank im Flur kommen würde.

Es war kalt in diesem feuchten unterirdischen Ort. Der Schrank war geräumig genug, also dachte ich, ich würde den Mantel anziehen, den ich bei mir trug. Als ich meinen Arm ausstreckte, schlug meine Hand hart gegen eine Art hervorstehenden Haken in der Wand hinter mir.

"Verdammt!" Ich fluchte heftig, streckte aber noch einmal meine Hand aus, um herauszufinden, was mich verletzt hatte. Meine Finger berührten das kalte Eisen eines Riegels. Ich drückte darauf und es gab nach.

Eine Tür schwang auf und ich befand mich in einem anderen kleinen Bereich mit einer Steintreppe, die zur Straße führte.

---

Ich befand mich in einer engen Gasse zwischen den hohen Häuserwänden. Es war eine Sackgasse. Am offenen Ende konnte ich das

Schimmern von Straßenlaternen sehen. Es hatte aufgehört zu regnen und die Luft war frisch und angenehm. Mit meiner Tasche in der Hand ging ich zügig die Gasse entlang und gelangte bald darauf in eine ruhige Durchgangsstraße, die von einem Kanal durchzogen war – wahrscheinlich die Straße, dachte ich, die ich von den Fenstern meines Schlafzimmers aus gesehen hatte. Das Hotel Sixt lag rechts von der Straße. Ich bog nach links ab und befand mich nach wenigen Minuten auf einem freien Platz hinter der Börse.

Dort fand ich einen Taxistand mit drei oder vier in einer Reihe aufgestellten Taxis, die Pferde schläfrig, die Fahrer in ihren Fahrzeugen schnarchend. Ich habe den ersten aufgeweckt und dem Fahrer gesagt, er solle mich zum Café Tarnowski bringen.

Jeder, der schon einmal in Holland war, kennt das Café Tarnowski in Rotterdam. Es ist ein riesiger Ort mit Hunderten von Tischen mit Marmorplatten, die zwischen Palmen unter einem riesigen Glasdach versteckt sind. Tag und Nacht schließt es nie: Die Kellner folgen einander in Schichten ab: Tag und Nacht hallt der große Saal vom Ruf der Befehle, dem Klappern der Füße der Kellner und dem Klicken der Dominosteine auf den Marmortischen wider.

Köstlicher holländischer Café au Lait, ein Beefsteak und Bratkartoffeln, das saftigste aller holländischen Gerichte, knuspriges Weißbrot, heiß vom Mitternachtsbacken, und appetitliche holländische Butter entschädigten weitgehend für den Nervenkitzel der Nacht. Dann ließ ich noch etwas Kaffee, diesmal schwarzen, und einen Eisenbahnführer holen, und das Anzünden einer Zigarette begann, meinen Wahlkampfplan zu formulieren.

Der Zug nach Berlin verließ Rotterdam um sieben Uhr morgens. Es war jetzt zehn Minuten nach zwei, also hatte ich noch jede Menge Zeit. Von diesem Abend an, sagte ich mir, war ich ein Deutscher, und von diesem Moment an war ich bestrebt, mich als Deutscher zu *fühlen* und die Rolle auch zu spielen.

„Es hat keinen Sinn, eine Rolle zu verkleiden", sagte Francis immer zu mir; „Sie müssen es auch *fühlen* . Wenn ich mich als Berliner verkleiden würde, würde ich mich nicht damit zufrieden geben, mir den Kopf zu rasieren, eine Melone zum Morgenmantel zu tragen und meine Nägel rosa maniküren zu lassen. Ich sollte damit beginnen, mich selbst zu überzeugen." dass ich der Herr der Schöpfung war, dass schlechte Manieren ein Zeichen männlicher Stärke sind und dass Unehrlichkeit die höchste Form der Diplomatie ist. Dann sollte ich mich nur daran machen, das Kostüm zu besorgen!"

Armer alter Francis! Wie klug er war und wie gut er seine Berliner kannte!

Es gibt nichts Besseres als Zeitungen, um einem einen Eindruck von der nationalen Stimmung zu vermitteln. Ich hatte seit Kriegsbeginn mit keinem Deutschen gesprochen, außer mit ein paar verängstigten deutschen Ratten, die in Frankreich gefangen waren, und ich wusste, dass meine Kenntnisse des deutschen Denkens eingerostet sein mussten. Also schickte ich den willigen Kellner los, um alle deutschen Zeitungen und Zeitschriften zu holen, die er in die Finger bekommen konnte. Er kam mit Stapeln davon zurück: *Berliner Tageblatt* , *Kélnische Zeitung, Vorwérts* ; die angeblichen Comic-Blätter *Kladderadatsch* , *Lustige Blétter* und *Simplicissimus* ; Die illustrierte Presse, *Leipziger Illustrierte Zeitung, Der Weltkrieg im Bild,* und der Rest: Dieses bemerkenswerte Café nahm sogar weniger populäre Publikationen wie Hardens *Zukunft* und halb erpressende Zeitungsartikel wie *Der Roland von Berlin auf.*

Zwei Stunden lang habe ich mich mit dem deutschen zeitgenössischen Denken beschäftigt, wie es in der deutschen Presse zum Ausdruck kommt. Ich habe meinen Geist bewusst der Überzeugung geöffnet; Ich wiederholte mir immer wieder: „Wir Deutschen führen einen Verteidigungskrieg: Der schurkische Grey hat den Weltkrieg gemacht: Gott strafe England!" So absurd mir dieses Vorgehen im Nachhinein auch erscheint, ich wollte damals nicht über mich selbst lachen. Ich muss Deutscher sein, ich muss mich als Deutscher fühlen, ich muss als Deutscher denken: Davon würde meine Sicherheit in der unmittelbaren Zukunft abhängen.

Am Ende legte ich meine Lektüre mit einem Gefühl völliger Verwunderung beiseite. In jeder dieser Veröffentlichungen fand ich in Friedenszeiten, die in ihren Überzeugungen und Tendenzen so unterschiedlich waren, die gleiche Mentalität, die gleiche Einstellung, die gleichen papageienartigen Schreie. Was das *Kölner Blatt* in seinen Leitartikeln schrie, wiederholte die Comic-Presse (Gott schütze das Zeichen) in üblen und abscheulichen Karikaturen. Hier kam es zu einer Organisation mit Macht, zur Mobilisierung des nationalen Denkens, zu einer Reihe von Schallplatten, die in tausend verschiedene Maschinen eingespeist wurden, damit jeder die gleiche Melodie spielen konnte.

„Du brauchst dir keine Sorgen um deine deutsche Mentalität zu machen", sagte ich mir, „hier hast du alles! Du musst nur ein Papagei sein wie die anderen, und du wirst ein ebenso guter Hunne sein wie Hindenburg!"

Ein kontinentaler Kellner, so heißt es, kann zu jeder Tages- und Nachtzeit alles bekommen, was man sich wünscht. Ich wollte diese Theorie gerade auf die Probe stellen.

„Kellner", sagte ich (natürlich auf Deutsch), „ich möchte eine Tasche, eine Handtasche. Glauben Sie, Sie könnten mir eine besorgen?"

„Will der Herr es jetzt?" antwortete der Mann.

„In dieser Minute", antwortete ich.

„Etwa so groß?" – deutet auf Semlins ... hin . „Ja, oder kleiner, wenn Sie so wollen: Ich bin nicht wählerisch."

„Ich werde sehen, was getan werden kann."

Nach zehn Minuten war der Mann mit einer braunen Ledertasche zurück, die etwa eine Nummer kleiner war als Semlins . Es war nicht neu und er verlangte von mir dreißig Gulden (das sind etwa fünfzig Schilling) dafür. Ich zahlte bereitwillig und gab ihm obendrein ein großzügiges Trinkgeld, denn ich wollte eine Tasche und konnte nicht warten, bis die Geschäfte öffneten, ohne den Zug nach Deutschland zu verpassen.

Ich bezahlte meine Rechnung und fuhr mit meinen beiden Taschen durch die dunklen Straßen zum Hauptbahnhof. Die Uhren schlugen sechs, als ich unter der großen Glaskuppel der Bahnhofshalle eintrat.

Ich ging direkt zum Buchungsbüro und kaufte ein Ticket erster Klasse, Einzelfahrkarte, nach Berlin. Man weiß nie, was passieren kann, und ich hatte noch einiges zu erledigen, bevor der Zug abfuhr.

Der Bücherstand wurde gerade eröffnet. Ich kaufte Bücher und Zeitschriften im Wert von einem Souverän, Englisch, Französisch und Deutsch, und stopfte sie in die Tasche, die ich mir im Café besorgt hatte. So beladen begab ich mich zum Bahnhofsbuffet.

Dort machte ich mich daran, einen Plan auszuführen, den ich entwickelt hatte, um das Dokument, das Semlin aus England mitgebracht hatte, an einem sicheren Ort aufzubewahren, von dem aus es problemlos zurückgeholt werden konnte, falls mir etwas zustoßen sollte. Ich kannte niemanden in Holland außer Dicky, und ich konnte ihm das Dokument nicht schicken, weil ich der Post nicht traute. Aus dem gleichen Grund wollte ich das Dokument nicht nach Hause zu meiner Bank in England schicken: Außerdem wusste ich, dass man Briefe erst um acht Uhr registrieren konnte, und dann hoffte ich, schon auf dem Weg nach Deutschland zu sein.

Nein, meine Tasche, bequem mit Büchern beschwert und an der Garderobe des Bahnhofs deponiert, sollte mein Safe sein. Die relative Sicherheit von Bahnhofsgarderoben als Tresorraum ist von Juwelendieben und dergleichen seit langem erkannt worden, und diese Möglichkeit, mein Dokument sicher zurückzulassen, schien mir besser zu sein als jede andere, die ich mir vorstellen konnte.

Also kramte ich in meiner Tasche und suchte aus den darin enthaltenen Literaturstapeln zufällig ein Buch heraus. Es war eine deutsche Broschüre:

*Gott strafe England!* von Prof. Dr. Hugo Bischoff, Universität Göttingen. Die Ironie der Sache hat meinen Sinn für Humor angesprochen . "So sei es!" Ich sagte . „Die Wutausbrüche des würdigen Professors gegen mein Land werden die Ehre haben, das Dokument zu beherbergen , das für *sein Land* offenbar von so großem Wert ist !" Und ich steckte das kleine Segeltuchetui in die Seiten der Broschüre, steckte die Broschüre tief zwischen die Bücher und schloss die Tasche.

Angesichts seines harmlosen Aussehens würde der Garderobenbeleg – so rechnete ich aus – im Gegensatz zu Semlins Dokument keine Aufmerksamkeit erregen, wenn er zufällig unterwegs in falsche Hände geraten *sollte* . Ich hatte daher keine Bedenken, es auf die Post zu setzen. Bevor ich meine Büchertasche zur Garderobe brachte, schrieb ich zwei Briefe. Beides ging an Ashcroft – Ashcroft vom Auswärtigen Amt, der mir meinen Pass und die Erlaubnis für die Einreise nach Rotterdam besorgte. Herbert Ashcroft und ich waren alte Freunde. Ich adressierte die Umschläge an sein Privathaus in London. Ich wusste, dass der Postzensor, obwohl er immer hinter Briefen aus neutralen Ländern her ist, die Korrespondenz des alten Herbert in Ruhe lassen würde.

Der erste Brief war kurz. „Lieber Herbert", schrieb ich, „würde es dir etwas ausmachen, das beiliegende Dokument aufzubewahren, bis du wieder von mir hörst? Schlechtwetter hier. Dein DO." Dieser Brief sollte die Garderobenquittung enthalten. Um die Wichtigkeit einer Anlage zu verschleiern, ist es immer sinnvoll, das Anschreiben separat zu verschicken.

„Lieber Herbert", sagte ich in meinem zweiten Brief, „wenn Sie innerhalb von zwei Monaten nach diesem Datum nichts von mir bezüglich der Anlage hören, die Sie bereits erhalten haben, schicken Sie bitte jemanden, oder, am besten, gehen Sie selbst und holen Sie mein Gepäck ab." an der Garderobe des Rotterdamer Hauptbahnhofs. Ich weiß, wie beschäftigt Sie immer sind. Deshalb werden Sie verstehen, warum ich Ihre Zeit übermäßig in Anspruch nehme . Mit freundlichen Grüßen, DO" Und als Hinweis fügte ich unkonventionell hinzu genug: „*Gott strafe England!*"

Ich lachte innerlich bei dem Gedanken an Herberts Gesicht, als er diese absurde Aufforderung erhielt, er solle seinen staubigen Schreibtisch in der Downing Street verlassen und sich über die Nordsee begeben, um mein Gepäck zu holen. Aber es würde ihm gut gehen. Ich kannte meinen Herbert, langweilig und trocken und konventionell, aber ein äußerst treuer Freund.

Ich rief einen Gepäckträger am Eingang des Buffets an, überreichte ihm Semlins Tasche und Mantel und bat ihn, mir einen erstklassigen Waggon im Berliner Zug zu besorgen, als dieser ankam. Ich würde ihn auf dem Bahnsteig treffen. Dann gab ich an der Garderobe gegenüber meine Büchertasche ab, steckte die Quittung in den ersten Brief und warf ihn in den Briefkasten im

Bahnhof. Ich ging mit dem zweiten Brief auf die Straße und warf ihn in einen Briefkasten, der in die Wand eines Tabakladens eingelassen war, der ein paar Straßen weiter in einer ruhigen Straße lag. Durch diese Vereinbarung ging ich davon aus, dass Herbert den Brief mit der Quittung erhalten würde, bevor das Anschreiben eintraf.

Als ich zum Bahnhof zurückkehrte, bemerkte ich eine Art Laden, der trotz der frühen Stunde bereits geöffnet hatte. Ein dicker Jude in Hemdsärmeln, die Daumen in den Westentaschen, stand am Eingang, umrahmt von herabhängenden Mänteln, Fledermäusen und Stiefeln. Ich hatte keinen Regenschirm und mir kam der Gedanke, dass eine Regenjacke vielleicht keine schlechte Ergänzung zu meiner äußerst dürftigen Garderobe wäre. Darüber hinaus habe ich darüber nachgedacht, dass Regenmäntel in Deutschland angesichts der Gummiknappheit sehr teuer sein müssen.

Also folgte ich dem sich verbeugenden Sohn von Shem in seinen dunklen und schmutzigen Laden und kam plötzlich in einem entsetzlich hässlichen grünen Regenmantel heraus, der fürchterlich nach Gummi stank. Es war ein schockierendes Kleidungsstück, aber ich dachte darüber nach, dass ich Deutscher war und meine Kleidung entsprechend wählen musste.

Vor dem Laden wäre ich fast einem kleinen Mann begegnet, der in der Tür herumlungerte. Er war ein schrumpeliger, struppiger alter Kerl, der eine schmutzige Schirmmütze mit einem Band aus angelaufenem Gold trug. Ich wusste sofort, dass er einer dieser Führer ist, halb Werber, halb Tyrann, die die Bahnhöfe aller großen Städte auf dem Festland heimsuchen.

„Möchten Sie einen Führer, Sir?" sagte der Mann auf Deutsch.

Ich schüttelte den Kopf und eilte weiter. Der Mann trottete neben mir her. „Wollen Sie ein gutes, günstiges Hotel, Sir? Gutes, respektables Haus... Wollen Sie ein..."

„Ach! geh sie „Zum Teufel!" schrie ich wütend. Aber der Mann blieb hartnäckig, rannte neben mir her und sang mit keuchender, asthmatischer Stimme das Geplapper seines Werbers herunter. Ich rannte blindlings die erste Biegung hinunter, an die wir kamen, in der Hoffnung, den Kerl loszuwerden, aber vergebens. Schließlich blieb ich stehen und hielt ihm einen Gulden hin.

„Nimm das und geh weg!" Ich sagte .

Der alte Kerl winkte mit der Münze beiseite.

„ Danke , danke ", sagte er lässig und blickte gleichzeitig nach rechts und links.

Dann sagte er mit ruhiger englischer Stimme, ganz anders als sein jammernder Akzent noch einen Moment zuvor:

„Du musst ein verdammt cooles Händchen haben!"

Aber er hat mich nicht geblufft, so verblüfft ich auch war. Ich sagte schnell auf Deutsch:

„Was willst du von mir? Ich verstehe dich nicht. Wenn du mich noch mehr nervst, rufe ich die Polizei!"

Wieder sprach er auf Englisch und es war die Stimme eines wohlerzogenen Engländers, der sprach:

„Entweder bist du ein Meister des Spiels oder wahnsinnig verrückt. Warum! Die ganze Station brummt hinter dir her! Und doch bist du aus dem Buffet und durch die ganze Menge gegangen, ohne mit der Wimper zu zucken. Kein Wunder, dass sie dich nie entdeckt haben !"

Wieder antwortete ich auf Deutsch:

„Ich verstehe nicht !"

Aber er fuhr auf Englisch fort, ohne meine Bemerkung zu bemerken:

„Hör auf, Mann, du kannst nicht mit einer Regimentskrawatte nach Deutschland gehen!"

Meine Hand flog an meinen Kragen und das Blut stieg mir in den Kopf. Was für ein verfluchter Amateur ich doch war! Ich hatte völlig vergessen, dass ich meine Regimentsfarben trug . Ich war rot vor Verärgerung, aber auch vor Erleichterung. Ich hatte das Gefühl, ich könnte diesem Mann vertrauen. Es wäre ein scharfsinniger deutscher Agent, der so ein kleines Detail bemerken würde.

Trotzdem beschloss ich, beim Deutschen zu bleiben: Ich würde niemandem vertrauen.

Aber der Führer hatte wieder mit seinem Geplapper begonnen. Ich sah zwei Arbeiter auf mich zukommen. Als sie vorbei waren, sagte er, diesmal auf Englisch:

„Du hast völlig Recht, einem Fremden wie mir gegenüber vorsichtig zu sein, aber ich möchte dich warnen. Ich bin dir den ganzen Morgen gefolgt. Zum Glück war ich es und nicht einer der anderen ..." ."

Ich schwieg immer noch . Der kleine Mann fuhr fort:

„Seit einer halben Stunde haben sie diesen Bahnhof nach Ihnen durchkämmt. Wie Sie es geschafft haben, ihnen zu entkommen, weiß ich nicht, außer dass keiner von ihnen eine klare Vorstellung von Ihrem

Aussehen zu haben scheint. Sie sehen nicht sehr britisch aus.", das gebe ich zu, aber ich habe Ihre Krawatte entdeckt und dann den britischen Offizier erkannt.

„Nein, mach dir keine Sorgen, mir etwas über dich zu erzählen – es geht mich nichts an, es zu wissen, genauso wenig wie du etwas über mich herausfinden wirst. Ich weiß, wohin du gehst, denn ich habe gehört, dass du deine Fahrkarte genommen hast; aber Sie können genauso gut verstehen, dass Ihre Chance, in Ihren Zug zu gelangen, genauso groß ist, wenn Sie auf normale Weise in die Bahnhofshalle gehen und die Treppe hinaufsteigen, wie wenn Sie über die Grenze fliegen.

„Aber sie können mich nicht aufhalten!" Ich sagte . „Das ist nicht Deutschland…"

„Bah!" sagte der Führer. „Sie werden angerempelt, es wird eine Auseinandersetzung geben, eine falsche Anschuldigung, und Sie werden Ihren Zug verpassen! *Sie* werden sich um den Rest kümmern!"

„Verdammt, Mann", fuhr er fort, „ich weiß, wovon ich rede. Komm mit mir und ich zeige es dir. Du hast zwanzig Minuten, bevor der Zug fährt. Jetzt fang wieder mit dem Deutsch an!"

Wir gingen um alles in der Welt zusammen die Straße entlang wie ein „Becher" im Schlepptau eines dieser schwarzgardistischen Führer. Als wir uns dem Bahnhof näherten, sagte der Führer in seinem jammernden Deutsch:

„Passen Sie jetzt auf mich auf. Ich werde Sie hier zurücklassen. Gehen Sie zum Vorort-Buchungsbüro – der Eingang befindet sich auf der Straße links von der Bahnhofshalle. Gehen Sie in den Warteraum der ersten Klasse und schauen Sie aus dem Fenster Das führt zur Bahnhofshalle. Dort werden Sie einige der Kräfte sehen, die gegen Sie mobilisiert werden. Es gibt eine regelmäßige Kette von Führern – wie ich – die über die Eingänge zu den Hauptbahnsteigen gezogen sind – natürlich unauffällig. Wenn Sie hinschauen Sie werden auch viele Hunnen in Zivil sehen …"

„Führer?" Ich sagte .

Er nickte fröhlich.

„Sieht für mich schlecht aus, nicht wahr? Aber man erzielt bessere Ergebnisse, wenn man einer von ihnen ist. Oh! Es ist alles in Ordnung. Auf jeden Fall musst du mir jetzt vertrauen."

„Sehen Sie hier! Wenn Sie überzeugt sind, dass ich mit dem, was ich sage, Recht habe, nehmen Sie ein Bahnsteigticket und gehen Sie die Treppe hinauf zum Bahnsteig Nr. 5. Auf diesem Bahnsteig finden Sie einen Zug. Gehen Sie bis zum Ende, wo die Metalle ausgehen vom Bahnhof, wo die Lokomotive angekuppelt wird, und steigen Sie in den letzten Wagen erster Klasse. Gehen Sie von dort auf keinen Fall weg, bis Sie mich sehen. Nun denn, ich kriege den Gulden!"

Ich habe ihm die Münze gegeben. Der Alte sah es sich an und schüttelte den Kopf, also gab ich ihm noch eins, woraufhin er seine Mütze abnahm, sich tief verneigte und davon eilte.

Im Wartezimmer auf der Vorstadtseite spähte ich aus dem Fenster auf die Bahnhofshalle. Tatsächlich sah ich einen, zwei, vier, sechs Führer an den Absperrungen herumlungern, die zu den Hauptbahnsteigen führten. Es schien eine Menge Leute im Saal zu geben, und sicherlich besaßen einige der Männer diesen einzigartigen Geschmack in der Kleidung, diese runden Konturen, an denen man den Deutschen in einer Menschenmenge erkennen konnte.

Ich zögerte nun nicht mehr, den Anweisungen des Führers buchstabengetreu zu folgen. Gleis Nr. 5 war völlig verlassen, als ich atemlos die lange Treppe verließ und keine Schwierigkeiten hatte, unbemerkt in den letzten Wagen der ersten Klasse zu gelangen. Ich setzte mich ans Fenster auf der anderen Seite des Wagens.

Daneben prangten die braunen Tafeln und der goldene Schriftzug eines deutschen Speisewagens.

Ich habe auf meine Uhr geschaut. Es war zehn Minuten vor sieben. Von meinem mysteriösen Freund war nichts zu sehen. Ich fragte mich auch vage, was aus meinem Träger geworden war. Zwar befand sich in Semlins Tasche nichts Wichtiges , aber ein Reisender mit Gepäck strahlt immer mehr Selbstvertrauen aus als einer ohne.

Fünf Minuten vor sieben! Immer noch kein Wort vom Führer. Die Minuten vergingen. Von Jove! Ich würde den Zug verpassen. Aber ich saß entschlossen in meiner Ecke. Ich hatte diesem Mann mein Vertrauen geschenkt. Ich würde ihm bis zuletzt vertrauen.

Plötzlich erschien sein Gesicht im Fenster neben mir. Die Tür wurde aufgerissen.

"Schnell!" Er flüsterte mir ins Ohr: „Folge mir."

„Meine Sachen ...", keuchte ich, während ich mit einem Fuß auf dem Trittbrett des anderen Zuges stand. Im selben Moment setzte sich der Zug in Bewegung.

Der Führer zeigte auf die Kutsche, in die ich geklettert war.

„Der Portier ...“ schrie ich aus der offenen Tür, weil ich dachte, er hätte mich nicht verstanden.

Der Führer zeigte erneut auf die Kutsche und tippte sich dann mit einem bedeutungsvollen Lächeln auf die Brust.

Im nächsten Moment war er verschwunden und ich hatte ihm nicht einmal gedankt.

Schwerfällig holperte der Berliner Zug aus dem Bahnhof. Als ich vorsichtig aus dem Waggon spähte, erhaschte ich einen Blick auf den Kellner Karl, der den Bahnsteig hinuntereilte. Bei ihm war ein dunkelhäutiger, massiger Mann, der sich schwer auf einen Stock stützte und beim Laufen schmerzhaft hinkte. Ich konnte sehen, dass einer seiner Füße deformiert war und der Schweiß lief ihm über das Gesicht.

Am liebsten hätte ich dem Paar zugewinkt, aber ich zog mich vorsichtig aus dem Blickfeld des Bahnsteigs zurück.

Vorsicht, Vorsicht, Vorsicht muss von nun an meine Devise sein.

# Kapitel VII

## IN DEM EIN SILBERNER STERN ALS ANHÄNGER FÜHRT

Ich habe im Leben oft bemerkt, dass es Tage gibt, an denen eine gütige Gottheit jede Handlung zu leiten scheint. Tun Sie an solchen Tagen, was Sie wollen, Sie können nichts falsch machen. Als der Berliner Zug donnernd über die Durchlässe polterte, die die Kanäle zwischen den hohen, grauen Häusern Rotterdams überspannten, und gebieterisch in die Ebene der Windmühlen und Pollards dahinter rauschte, dachte ich, dass dies mein guter Tag sein musste, so freundlich, dass ihn eine gute Fee betreute meine Schritte seit ich das Café verlassen hatte.

Ich war in der Tat so sehr in das große Unternehmen vertieft gewesen, dass ich den ganzen Vormittag über weitgehend automatisch gehandelt hatte. Doch wie einheitlich hatten sie versucht, mich zu beschützen! Ich hatte mein Ticket im Voraus gekauft; Ich hatte meinen Mantel und meine Tasche einem Träger übergeben, von dem ich jetzt wusste, dass er mein verkleideter Retter gewesen war ; Ich hatte den Bahnhof verlassen und ihm so Gelegenheit zu einem sicheren Gespräch mit mir gegeben. Die Vorzeichen standen gut: Ich konnte heute auf mein Glück vertrauen, und voller Trost begann ich, mich umzusehen.

Ich befand mich als einziger Passagier in einem First-Class-Wagen. Am Fenster war ein Hinweis auf Niederländisch und Deutsch angebracht, dass der Wagen reserviert sei. Plötzlich dachte ich an meine Tasche und meinen Mantel. Sie waren nirgends zu sehen. Nach einer kleinen Suche fand ich sie unter dem Sitz. In der Manteltasche steckte eine schwarze Krawatte.

Ich habe den Hinweis sofort verstanden. Wenn einer von Ihnen, der diese Geschichte liest, eines Tages einen Gangster auf der Eisenbahnstrecke zwischen Rotterdam und Dordrecht bemerkt, der die berühmten Farben eines berühmten Regiments um den Hals trägt, wird er verstehen, wie sie dorthin gelangt sind. Dann fiel ich, erschöpft von den Strapazen meiner schlaflosen Nacht, in tiefen Schlaf, meine grüne Regenjacke umhüllt, Semlins Mantel um meine Knie geschlungen.

---

Ich träumte unruhig von einer verrückten Flucht vor Horden wild umklammernder Führer, angeführt von Karl, dem Kellner, als das Kreischen der Bremsen mich zur Besinnung brachte. Der Zug verlangsamte merklich seine Geschwindigkeit. Draußen schien die Herbstsonne über angenehm braune, von Heidekraut durchzogene Heideflächen. Im nächsten Moment und bevor ich ganz wach war , kamen wir an einer sehr blitzsauberen Station zum Stehen und der vertraute Ruf „ Alles" erklang aussteigen !" klang es in meinen Ohren.

Wir waren in Deutschland.

Die Erkenntnis traf mich wie ein Donnerschlag. Ich befand mich im Land des Feindes, segelte unter falscher Flagge und hatte nur die spärlichsten Informationen über den Mann, dessen Platz ich eingenommen hatte, und keine plausible Geschichte, wie ich sie unbedingt bereithalten wollte, um mich durch die strenge Prüfung des Schiffes zu führen Grenzpolizei.

Was war meine Firma? Die Halewright Manufacturing Company. Was haben wir hergestellt? Ich hatte nicht die leiseste Ahnung. Warum kam ich überhaupt nach Deutschland? Wieder war ich ratlos.

Das Klirren eisenbeschlagener Absätze im Korridor und ein Offizier, dicht gefolgt von zwei Gefreiten, mit dem weißen Kreuz der Landwehr auf ihren Helmen, standen an der Tür.

„Ihre Papiere, bitte", sagte er knapp, aber höflich.

Ich habe meinen amerikanischen Pass abgegeben.

„Dies wurde nicht beachtet ", sagte der Beamte.

Mit einem Stich wurde mir klar, dass ich wieder einmal schuld war. Natürlich hätte der Reisepass beim deutschen Konsulat in Rotterdam abgestempelt werden müssen.

„Ich hatte keine Zeit", sagte ich kühn. „Ich reise aus einer wichtigen Geschäftsreise nach Berlin. Ich bin erst gestern Abend in Rotterdam angekommen, nachdem das Konsulat geschlossen war."

Der Leutnant wandte sich an einen seiner Wachen.

„Bringen Sie den Herrn zur Zollhalle", sagte er und ging weiter zum nächsten Waggon.

Der Soldat nahm mir Mantel und Tasche ab und bedeutete mir, ihm zu folgen. Draußen war der Bahnsteig mit einem Geländer abgegrenzt. Wie mir auffiel, wurden alle in einen langen, schmalen Pferch mit eisernen Hürden geführt, der zu einer verschlossenen Tür führte, über der stand: Zoll - Revision. Ich wollte gerade meinen Platz in der Schlange einnehmen, als der Soldat mich mit dem Ellbogen anstieß. Er führte mich zu einer Seitentür, die in die karge, kahle Zollhalle mit ihrer langen Reihe von Böcken führte, in der das Gepäck der Passagiere untersucht werden konnte. In einer Ecke hinter einem Schreibtisch befand sich eine große Gruppe von Offizieren und untergeordneten Beamten, alle in der graugrünen Uniform, die ich aus dem

Leben in den Schützengräben so gut kannte. Der Direktor schien ein riesiger Mann zu sein, außerordentlich grob und fett, mit aufgedunsenem Gesicht und großer goldener Brille. Er brüllte mit lauter, wütender Stimme:

„Er ist nicht gekommen! Da bist du! Wieder haben wir die ganze Mühe umsonst!"

Ich fand, dass er ein außerordentlich schlecht gelaunter Mensch war, und ich betete inständig, dass ich nicht vor ihn gebracht werden möge.

Die Türen wurden aufgerissen. Mit einem Ansturm wurde die Halle von einer heterogenen Menschenmenge überrannt, die zusammengedrängt und vor einer Reihe von Soldaten vorangetrieben wurde. Eine Stunde oder länger herrschte Babel. Die Beamten brüllten die Öffentlichkeit an, der Ort hallte von den Geräuschen wütender Auseinandersetzungen wider. Nach einem heftigen Streit wurde ein Mann wild gestikulierend von zwei Soldaten weggezerrt.

Ich habe noch nie in meinem Leben eine so gründliche Untersuchung erlebt. Die Taschen der Leute wurden buchstäblich auf den Kopf gestellt und jeder einzelne Gegenstand wurde herausgehebelt und beschnüffelt . Nach der Zollkontrolle wurden die Passagiere in die Durchsuchungsräume weitergeleitet, die Männer auf der einen Seite, die Frauen auf der anderen. Ich erblickte eine Sucherin, die an einer Tür lümmelte ... eine monströse und grimmige Frau, die mich an diese schrecklichen badenden Frauen am Meer in unserer frühen Jugend erinnerte.

Der dicke Beamte war in einem Büro verschwunden, das an die Zollhalle führte. Er war, wie ich vermutete, die letzte Instanz, denn mehrere Passagiere, darunter eine sehr anständig gekleidete alte Dame, wurden in das Nebenbüro gefahren und nicht mehr gesehen.

Während dieser ganzen Verwirrung hatte niemand Notiz von mir genommen. Mein Wächter schaute direkt vor sich hin und sagte kein Wort. Als der Flur fast leer war, kam ein Mann zur Bürotür und gab meinem Wächter ein Zeichen.

An einem Tisch im Büro, das trotz der Sonne draußen wie ein Gewächshaus beheizt war, fand ich den dicken Beamten. Offensichtlich hatte ihn etwas verärgert, denn seine Brauen waren vor Wut getrübt und seine doggenartigen Wangen zitterten vor Verärgerung. Er streckte eine Hand aus, als ich eintrat.

„Ihre Papiere!" er grunzte.

Ich habe meinen Reisepass übergeben.

Kaum hatte er es untersucht, breitete sich eine rote Röte auf seinen Wangen und seiner Stirn aus und er ließ seine Hand krachend auf den Tisch fallen. Der Wachposten neben mir zuckte merklich zusammen.

„Es ist nicht viséd ", schrie der dicke Beamte mit schriller Stimme vor Wut. „Es ist wertlos... was denkst du, was nützt mir das?"

„Entschuldigung…", sagte ich auf Deutsch.

„Ich werde dich nicht entschuldigen", brüllte er. „Wer bist du? Was willst du in Deutschland? Du warst in London, das sehe ich an diesem Pass."

„Ich hatte keine Zeit, meinen Pass im Konsulat in Rotterdam abstempeln zu lassen", sagte ich. „Ich bin zu spät am Abend dort angekommen. Ich konnte es kaum erwarten. Ich fahre in einer wichtigen Angelegenheit nach Berlin."

„Das hat damit nichts zu tun", schrie der Mann. Er steigerte sich in einen wahren Wahnsinn. „Ihr Pass ist nicht in Ordnung. Sie sind kein Deutscher. Sie sind Amerikaner. Wir Deutschen wissen, was wir von unseren amerikanischen Freunden halten sollen, insbesondere von denen, die aus London kommen."

Eine Stimme draußen rief: „ Nach Berlin alles. " einsteigen ." Ich sagte so höflich ich konnte, trotz meiner wachsenden Verärgerung:

„Ich möchte meinen Zug nicht verpassen. Meine Reise nach Berlin ist von größter Bedeutung. Ich vertraue darauf, dass der Zug zurückgehalten werden kann, bis ich Sie von meinem guten Willen überzeugt habe. Ich habe hier eine Karte von Herrn von Steinhardt."

Ich hielt inne, um den Namen auf mich wirken zu lassen. Ich war überzeugt, dass es sich bei ihm um ein großes Ungeziefer im deutschen Dienst handeln musste.

„Herr von Steinhardt oder irgendjemand anderen ist mir egal", rief der Deutsche. Dann sagte er knapp zu einer zusammenzuckenden Sekretärin neben ihm:

„Wurde er durchsucht?"

Die Sekretärin warf dem Wachposten einen ängstlichen Blick zu.

„Nein, Herr Major", sagte die Sekretärin.

„Nun, nimm ihn weg und ziehe ihn aus und bring mir alles, was du findest!"

Der Wachposten drehte sich auf dem Absatz wie ein Automat.

Es war an der Zeit, meine letzte Karte auszuspielen, und ich hatte das Gefühl: Ich konnte es nicht riskieren, an der Grenze aufgehalten zu werden, damit Stelze und seine Freunde mich nicht einholen könnten. Ich war überrascht, als ich feststellte, dass sie offenbar nicht telegrafiert hatten, mich anhalten zu lassen.

„Einen Moment, Herr Major", sagte ich.

"Nehmen Sie ihn weg!" Der dicke Mann winkte mich beiseite.

„Ich warne Sie", fuhr ich fort, „dass ich in einer wichtigen Angelegenheit bin. Davon kann ich Sie auch überzeugen. Nur ..." und ich sah mich im Büro um. „Das alles muss weg."

Zu meinem Erstaunen verschwand die Wut des dicken Mannes völlig. Er starrte mich eindringlich an, dann nahm er seine Brille ab und polierte sie mit seinem Taschentuch. Danach sagte er lässig: „Alle raus, außer diesem Herrn!" Der Posten, der sich wieder auf dem Absatz herumgedreht hatte, schien im Begriff zu sprechen: Seine Stimme verstummte, bevor sie aus seinem Mund kam: Er salutierte, drehte sich wieder um und folgte den anderen aus dem Zimmer.

Als der Platz geräumt war , zog ich meine linke Stütze aus dem Armloch meiner Weste und zeigte den silbernen Stern.

Der dicke Mann sprang auf.

„Der Herr Doktor muss mich entschuldigen: Ich bin überwältigt: Ich hatte keine Ahnung, dass der Herr Doktor nicht einer dieser lästigen amerikanischen Spione war, die unser Land überrennen. Der Herr Doktor wird es verstehen ... Wenn der Herr Doktor es nur gesagt hätte ..."

„Herr Major", sagte ich und bemühte mich , so viel Unverschämtheit wie möglich in meine Stimme zu bringen (das versteht ein Deutscher), „ich habe nicht die Angewohnheit, vor jedem Narren, den ich treffe, mein Geschäft zu meckern. Jetzt muss ich gehen." zurück zum Zug.

„Der Berliner Zug ist abgefahren, Herr Doktor , aber..."

„Der Berliner Zug weg?" Ich sagte . „Aber mein Geschäft duldet keinen Aufschub. Ich sage Ihnen, ich muss heute Abend in Berlin sein!"

„Es kommt nicht in Frage, dass Sie den normalen Zug nehmen, Herr Doktor ", antwortete der dicke Mann glatt, „aber leider wurde der Sonderzug, den ich für Sie vorbereitet hatte, widerrufen. Ich dachte, Sie würden nicht wiederkommen."

Ein besonderer? Von Jove! Ich war offensichtlich eine bemerkenswerte Persönlichkeit. Aber ein Special würde nie reichen! Wo zum Teufel sollte es mich hinführen?

„Der Berliner Zug hätte zurückgehalten werden sollen, bis Ihr Sonderzug klar war", fuhr der Major fort, „aber wir müssen ihn in Wesel anhalten, bis Sie vorbeigekommen sind. Ich werde mich sofort darum kümmern!"

Er gab am Telefon einen Befehl und wandte sich nach einem lebhaften Gespräch mit strahlendem Gesicht an mich:

„Sie werden sie in Wesel anhalten und das Sonderangebot wird in fünfundzwanzig Minuten fertig sein. Aber es besteht keine Eile. Sie haben eine Stunde oder mehr Zeit. Darf ich dem Herrn Doktor ein Glas Bier und ein Sandwich bei unseren Beamten anbieten? „Casino hier?"

Nun, dieses Mal war ich dabei. Ein besonderer Weg, der mich, Gott weiß wohin, in einer unbekannten Angelegenheit begleitet ...! Vielleicht könnte ich meinem dicken Freund ein paar Informationen entlocken, wenn ich ihn begleite, also nahm ich seine Einladung mit angemessener Herablassung an.

Der Major entschuldigte sich für einen Moment und kam mit meinem Mantel und meiner Tasche zurück.

"Also!" rief er, „wir können diese hier lassen, bis wir zurückkommen!" Hinter ihm sah ich durch die offene Tür eine Gruppe von Beamten, die neugierig in den Raum spähten. Als wir durch sie hindurchgingen, fielen sie im Niederschlag zurück. In ihrem Verhalten herrschte eine positive Ehrfurcht, die ich äußerst rätselhaft fand.

Ein von einem Pfleger gelenkter Waggonette stand auf dem Bahnhofsgelände, einer der Zollbeamten stand mit dem Hut in der Hand an der Tür. Wir fuhren schnell durch sehr gepflegte Straßen zu einem kleinen Platz, wo der Posten an einem Eisentor auf den Offiziersclub hinwies. Im Vorraum lümmelten vier oder fünf Offiziere in feldgrauer Uniform. Als wir eintraten, sprangen sie auf und blieben steif stehen, während der Major ihnen, Hauptmann Pfahl , Oberleutnant Meyer ... eine Reihe von Namen vorstellte. Einer der Beamten hatte einen Arm verloren, ein anderer war sehr lahm, die übrigen waren offensichtlich Unterstande.

„Ein amerikanischer Gentleman, ein guter Freund von uns", war die Form, mit der mich der Major der Firma vorstellte. Wieder einmal war ich verblüfft über den außerordentlichen Respekt, mit dem ich empfangen wurde. Die Deutschen mögen die Amerikaner nicht, besonders seit sie dazu übergegangen sind, Granaten an die Alliierten zu verkaufen, und ich begann zu glauben, dass all diese Offiziere mehr über mich und meine Mission wissen müssten als ich selbst. Ein stämmiger Pfleger mit weißen

Handschuhen brachte Bier und ein paar außergewöhnlich eklig aussehende Sardinensandwiches, bei denen mir beim Probieren klar wurde, dass sie aus „Kriegsbrot" bestanden.

ausgeschenkt wurde, schaute ich mich im Zimmer um, das kahl und sehr einfach eingerichtet war. Schreckliche Chromolithographien des Kaisers und des Kronprinzen hingen an den Wänden über einem Glas voller Kriegstrophäen. Mit einer schrecklichen Krankheit im Herzen erkannte ich unter anderen Emblemen einen Glengarry mit einem silbernen Abzeichen und einen britischen Stahlhelm mit einem klaffenden Loch in der Krone. Dann fiel mir ein, dass ich mich im Gebiet des VII. Korps befand, das einige unserer härtesten Gegner an der Westfront versorgt.

Das Gespräch war höflich und oberflächlich.

„Bei Gelegenheiten wie diesen", sagte der lahme Offizier, „erkennt man, wie unsere Brüder im Ausland der deutschen Sache helfen."

„Ihre Arbeit muss außerordentlich interessant sein", bemerkte einer der Unterstande.

„Alle Ihre Schwierigkeiten sind jetzt vorüber", sagte der Major, ganz in der Art des Refrains eines griechischen Theaterstücks. „Sie werden heute Abend in Berlin sein, wo Ihre Mühen zweifellos belohnt werden. Amerikanische Freunde Deutschlands sind in London nicht beliebt, denke ich!"

Ich murmelte: „Kaum."

„Sie müssen über unendliches Fingerspitzengefühl verfügen, um keinen Verdacht zu erregen", sagte der Major.

„Das kommt darauf an", sagte ich.

„Verzeihen Sie", antwortete der Major, in dem ich alle Anzeichen eines uneingeschränkten Klatsches zu erkennen begann, „ich weiß etwas über die Bedeutung Ihrer Mission. Ich spreche untereinander, nicht wahr, meine Herren? Es gab Sonderbefehle über Sie vom Korpskommando Münster. Ihr Special wartet hier seit vier Tagen auf Sie. Der Herr, der Sie abgeholt hat, war in fieberhafter Erwartung. Er hatte den Bahnhof bereits heute Morgen verlassen, als ... als ich Ich habe dich getroffen, ich habe ihm eine Nachricht geschickt, dass er dich hier abholen soll.

Die Handlung verdichtete sich. Ich war mit Sicherheit eine bemerkenswerte Persönlichkeit.

„Aus welchem Teil Amerikas kommen Sie, Mr. Semlin ?" sagte eine Stimme in perfektem Englisch aus der Ecke. Der einarmige Offizier sprach.

„Aus Brooklyn", sagte ich energisch, obwohl mein Herz vor Schock, als ich meine eigene Zunge hörte, zu Eis zu erstarren schien.

„Du hast keinen Akzent", antwortete der andere höflich.

„Einige Amerikaner", entgegnete ich sentimental, „würden das als Kompliment betrachten. Nicht alle Amerikaner reden mehr durch die Nase, als wir alle in der Öffentlichkeit kauen oder spucken."

„Ich weiß", sagte der junge Mann. „Da bin ich aufgewachsen!"

Wir waren von lächelnden Gesichtern umgeben. Dieser Offizier, der Englisch sprechen konnte, wurde von seinen Kameraden offenbar als ein Witzbold angesehen. Ich nutzte die Gelegenheit, ihnen auf Deutsch eine humorvolle Beschreibung meiner Einfachheit zu geben, einem in den Vereinigten Staaten aufgewachsenen Mann zu erklären, dass nicht alle Amerikaner die Karikaturen seien, die in der europäischen Comic-Presse dargestellt werden.

Aus dem Raum schallte schallendes Gelächter.

„Ach, dieser Schmalz!" lachte der Major und schlug sich vor Ekstase auf den Oberschenkel. „ Kolossal !" wiederholte einer der Unterstande. Der Lahme lächelte matt und sagte, es sei „unglaublich, wie humorvoll Schmalz sein könne."

Ich hatte gehofft, dass das Gespräch nun noch einmal auf Deutsch geführt werden könnte. Nichts Derartiges. Der Raum lehnte sich in seinen Stühlen zurück, als erwartete er, dass der Spaß weitergehen würde.

Das tat es.

„Ihre Kleidung bekommen Sie in London", sagte der junge Beamte.

Er war ein schlank gebauter junger Mann, sehr blass von der jüngsten Krankheit, mit flachsblonden Haaren und einem strahlenden, kräftigen blauen Auge – dem Auge eines Kämpfers. Sein linker Ärmel war leer und über der Tunika befestigt, in deren Knopfloch das schwarz-weiße Band des Eisernen Kreuzes gedreht war.

„Im Allgemeinen", antwortete ich kurz, „wenn ich nach England gehe. Kleidung ist in London billiger."

„Man muss ein gutes Gehör für Sprachen haben", fuhr Schmalz fort; „Du sprichst Deutsch wie ein Deutscher und Englisch ...", er hielt merklich inne, „... wie ein Engländer."

Ich war furchtbar nervös. Dieser junge Mann ließ mich nie aus den Augen: Er starrte mich an, seit ich den Raum betreten hatte. Sein Auftreten war vollkommen ruhig und höflich.

Trotzdem habe ich meine Leistung sehr gut gehalten, denke ich.

„Und auch keine schlechte Leistung", sagte ich mit einem strahlenden Lächeln, „wenn man London in Kriegszeiten besuchen muss."

Schmalz lächelte mit vollkommener Höflichkeit zurück. Aber er starrte mich weiterhin unerbittlich an. Ich hatte Angst.

„Was plappert Schmalz denn jetzt?" sagte einer der Unterstande. Ich habe zum Nutzen des Unternehmens übersetzt. Mein Lebenslauf gab dem Unterstand, der gesprochen hatte, Gelegenheit, eine endlose Anekdote über einen Ulster zu erzählen, den er im Urlaub in Brighton gekauft hatte. Die Geschichte dauerte, bis der weißbehandschuhte Pfleger kam und verkündete, dass „ein Herr" da sei und nach dem Herrn Major fragte.

„Das wird Ihr Mann sein", rief der Major und fuhr auf – ich bemerkte, dass er keinen Versuch machte, den Fremden hereinzubringen. „Komm, lass uns zu ihm gehen!"

Ich stand auf und verabschiedete mich. Schmalz kam mit uns zur Tür des Vorraums.

„Du gehst nach Berlin?" er hat gefragt.

„Ja", antwortete ich.

„Wo sollst du übernachten?" fragte er noch einmal.

„Oh, wahrscheinlich im Adlon !"

„Ich selbst werde nächste Woche zu meiner ärztlichen Untersuchung in Berlin sein, und vielleicht sehen wir uns wieder. Ich würde gerne mehr mit Ihnen über Amerika ... und London sprechen. Wir müssen gemeinsame Bekannte haben."

Ich murmelte etwas darüber, dass ich nur allzu froh sei, und nahm mir gleichzeitig vor, Berlin so schnell wie möglich zu verlassen.

# KAPITEL VIII

## Ich höre von Clubfoot und treffe seinen Arbeitgeber

Als wir die Treppe hinuntergingen, flüsterte mir der Major zu:

„Ich glaube nicht, dass Ihr Mann wollte, dass ich seinen Namen erfahre, denn er hat sich bei seiner Ankunft nicht vorgestellt und kommt auch nicht in unser Casino . Aber trotzdem kenne ich ihn: Es ist der junge Graf von Boden die Ulanen der Garde: Sein Vater, der General, ist einer der Adjutanten des Kaisers : Er war eine Zeit lang Erzieher des Kronprinzen.

Vor der Tür stand ein Auto, darin ein junger Mann in einem graublauen Militärmantel und einer Schiebermütze mit einem rosafarbenen Band darum herum. Er sprang heraus, als wir auftauchten. Seine Art war höchst *empressé* . Er ignorierte meinen Begleiter völlig.

„Ich freue mich außerordentlich, Sie zu sehen, Herr Doktor ", sagte er. „Sie werden mit größter Spannung erwartet. Ich muss mich entschuldigen, dass ich nicht am Bahnhof war, um Sie zu begrüßen, aber offenbar gab es ein Missverständnis. Die Vorkehrungen für Ihren Empfang am Bahnhof scheinen völlig gescheitert zu sein ..." und Er starrte durch sein Monokel auf den alten Major, der vor Verärgerung errötete.

„Wenn Sie in mein Auto steigen", fügte der junge Mann hinzu, „fahre ich Sie zum Bahnhof. Wir brauchen diesen Herrn nicht länger festzuhalten."

Mir tat der alte Major leid, der unter der vernichtenden Unverschämtheit dieses jungen Leutnants geschwiegen hatte, also schüttelte ich ihm herzlich die Hand und dankte ihm für seine Gastfreundschaft. Schließlich war er ein fröhlicher alter Kerl.

Der junge Graf fuhr selbst und plauderte freundlich, während wir durch die Straßen wirbelten. „Ich muss mich vorstellen", sagte er: „Leutnant Graf von Boden vom 2. Garde-Ulanen. Ich wollte vor diesem alten Schwätzer nichts sagen. Ich vertraue darauf, dass Sie eine angenehme Reise hatten. Von Steinhardt, von unserer Gesandtschaft." in Den Haag, wurde beauftragt, alle Vorkehrungen für Ihr Wohlergehen auf dieser Seite zu treffen. Aber ich habe vergessen, Sie und er müssen alte Bekannte sein, Herr Doktor !"

Ich sagte etwas Passendes über von Steinhardts stets freundliche Freundlichkeit. Innerlich notierte ich die Erklärung der Visitenkarte in der Mappe in meiner Tasche.

Am Bahnhof fanden wir zwei Pfleger, einen mit meinen Sachen, den anderen mit von Bodens Gepäck und *Pelzpélisse* . Die Bahnsteige waren jetzt bis auf Wachposten verlassen : Alles Leben an diesem trostlosen Grenzbahnhof schien mit der Vorbeifahrt des Postzuges zu sterben.

Nachdem wir das Auto verlassen hatten und auf dem Bahnsteig auf und ab schlenderten und auf die Sondersendung warteten, bemerkte ich, dass mein Begleiter immer wieder verstohlene Blicke auf meine Füße warf. Ich schaute auf meine Stiefel hinunter: Sie wollten zwar gebürstet werden, aber ansonsten konnte ich nichts Falsches an ihnen erkennen. Sie waren zwar braun, und ich dachte darüber nach, dass der deutsche Mann in der Stadt seinen Schuhgeschmack nach dem Kalender bestimmen kann und dass braune Stiefel in Deutschland nach dem 1. September selten getragen werden.

Unser Special kam herein, eine Lokomotive und ein Tender, ein Bremserwagen , eine einzelne Kutsche und ein Wachwagen. Der Bahnhofsvorsteher verabschiedete sich höchst feierlich von uns, und der Wachmann half mir mit der Mütze in der Hand in den Zug.

Es war ein Pullman-Wagen, in dem ich mich befand, mit bequemen Sesseln und kleinen Tischen. Einer der Pfleger deckte gerade den Tisch für das Mittagessen, und hier aßen der junge Graf und ich bald eine Mahlzeit, die bis auf das unvermeidliche „ *Kriegsbrod* " kaum Anzeichen der Strenge der britischen Blockade zeigte. Aber zu diesem Zeitpunkt war mir völlig klar geworden, dass aus irgendeinem unbekannten Grund keine Mühen gescheut wurden, um mir Ehre zu erweisen , also war das Essen wahrscheinlich etwas Außergewöhnliches.

Mein Begleiter war ein kluger, lustiger Kerl und ein wunderbarer Typ seiner Klasse. Er hatte ein Jahr lang bei der Kavallerie an der Ostfront gedient, war schwer verwundet worden und gehörte nun, abgesehen von dem, was er gelernt hatte, meiner Meinung nach eher einer dekorativen als einer nützlichen Funktion zum Generalstab in Berlin In seinem eigenen Wahlkampf schien er über die Entwicklung der militärischen Situation außerordentlich unwissend zu sein. Besonders hervorzuheben war seine Unkenntnis der Verhältnisse an der Westfront. Er war randvoll mit den außergewöhnlichsten Fabeln über die Briten. Er versicherte mir zum Beispiel feierlich — auf den Glauben eines Freundes, der sie gesehen hatte —, dass Japaner in Frankreich als Highlander verkleidet gegen die Engländer kämpften — sein Freund habe diese asiatischen Schotten Japanisch reden hören, erklärte er. Ich dachte an die gälischsprachigen Bataillone der Camerons und konnte ein Lächeln kaum unterdrücken.

Der junge von Boden war äußerst verächtlich gegenüber den Offizieren des obskuren und stark reduzierten Infanteriebataillons, die Garnisonsdienst in Goch verrichteten, der Grenzstation, die wir gerade verlassen hatten, wo er – wie er mir sorgfältig zu erklären pflegte – vier Tage ungemilderter Langeweile verbracht hatte , wartet auf mich.

„Natürlich sind wir im Krieg eine vereinte Armee und so", bemerkte er unwissend , „aber keiner dieser Kerle in Goch war ein passender Begleiter für einen schneidigen Kavallerieoffizier. Sie waren ein langweiliger Haufen. Ich würde nicht gehen." in der Nähe des Casinos. Einige von ihnen habe ich eines Abends im Hotel getroffen. Das hat mir gereicht. Nun, nur einer von ihnen wusste überhaupt etwas über Berlin, und das war der lahme Kerl. Nun gibt es eine Sache, die wir darin lernen die Kavallerie..."

Aber ich hatte aufgehört zuzuhören. In seinem unverantwortlichen Geschwätz benutzte der Junge ein Wort, das einen harten Ton anschlug, der mir durch den Kopf ging. Er hatte „den lahmen Kerl" erwähnt und dabei das deutsche Wort „der Stelze " verwendet. Plötzlich sah ich die Szene im schäbigen Schlafzimmer im Vos in't wieder vor mir Tuintje – die Kerze, die im Luftzug flackert, die wütende Leiche auf dem Boden und diese finstere Frau, die schreit: „Der Stelze hat Macht, er hat Autorität, er kann Männer erschaffen und vernichten!"

Der Geist hat unerklärliche Fehler. Der Satz war aus meinem deutschen Wortschatz verschwunden. Ich hatte es nicht einmal erkannt, bis der Junge es in einem mir vertrauten Kontext ausgesprochen hatte, und dann war es zurückgekommen. Damit brachte es dieses Tableau in den schwach beleuchteten Raum, aber auch ein anderes – das Bild eines riesigen und massigen Mannes, dunkelhäutig und unheimlich, mit einem Klumpfuß, der schwerfällig hinter Karl, dem Kellner, auf dem Bahnsteig in Rotterdam herhinkte.

Deshalb hatte der junge Leutnant auf dem Bahnhof in Goch auf meine Füße geblickt . Der Bote, den er treffen wollte, der Überbringer des Dokuments, der Mann der Macht und Autorität, hatte Klumpfüße, und ich war er!

Aber da ich keine körperlichen Missbildungen aufwies, ganz zu schweigen von der Tatsache, dass ich in keiner Weise dem klumpfüßigen Mann ähnelte, den ich auf dem Bahnsteig in Rotterdam gesehen hatte, warum hatte mich der junge Leutnant so bereitwillig akzeptiert? Ich vermutete, dass der Grund darin bestand, dass er den Auftrag hatte, eine Person zu treffen, die ihm nicht näher bezeichnet worden war, außer dass er mit einem bestimmten Zug ankommen würde. Der Major am Bahnhof wäre für die Feststellung meiner *Treue verantwortlich* . Nachdem dieser Offizier mich dem Abgesandten übergeben hatte, bestand dessen alleinige Verantwortung darin, mich zu dem unbekannten Ziel zu bringen, zu dem uns der Sonderzug schnell brachte. Das sind die Wunder der Disziplin!

Mein Begleiter war in der Tat ein Musterbeispiel an Diskretion in allem, was mich und mein Geschäft betraf. Die Neugier auf die Angelegenheiten Ihres Nachbarn ist ein grundlegender Fehler der Deutschen, und doch zeigte der Graf nicht den geringsten Wunsch, etwas über mich oder meine Mission in Berlin zu erfahren. Sie können sicher sein, dass ich meinerseits nichts getan habe, um ihn aufzuklären. Es lag tatsächlich nicht in meiner Macht, dies zu tun. Doch die Zurückhaltung des jungen Mannes war so ausgeprägt, dass ich davon überzeugt war, dass er den Befehl hatte, das Thema zu meiden.

Während der Zug durch Westfalen raste, durch belebte Bahnhöfe mit Blick auf Abstellgleise voller bis zum Rand vollbeladener Lastwagen, vorbei an Städten, deren Umrisse durch den Rauch aus hundert Fabrikschornsteinen verschwommen waren, waren meine Gedanken mit diesem dunkelhäutigen Krüppel beschäftigt. Ich hatte mich mit einem Teil eines hochgeschätzten Dokuments von ihm losgerissen, doch er hatte keinen Versuch unternommen, mich an der Grenze verhaften zu lassen. Es ist also klar, dass er mich immer noch als Verbündeten betrachtet und daher noch keine Ahnung von der Identität des Toten hat, der in meinem Zimmer im Hotel Sixt liegt . Der freundliche Führer hatte mir gesagt, dass die Gruppe, die für mich den Bahnhof Rotterdam „durchkämmte", offenbar nicht wusste, wie ich aussah.

*Semlin nicht vom Sehen kannte ?*

Die Tatsache, dass Semlin erst kürzlich den Atlantik überquert hatte, schien diese Vermutung zu bestätigen.

Dann das Dokument. Semlin hatte die Hälfte. Wer hatte die andere Hälfte? Sicherlich Klumpfuß ... Klumpfuß, der an diesem Morgen im Hotel hätte vorbeischauen sollen, um das zu bekommen, was ich aus England mitgebracht hatte. Vielleicht war meine zufällige Aussage gegenüber dem Hotelbesitzer doch gar nicht so falsch gewesen; Klumpfuß wollte das gesamte Dokument nach Berlin bringen und alle Lorbeeren ernten, zum Preis der Hälfte der Gefahr und der Arbeit . Das würde sein derzeitiges Schweigen erklären. Er verdächtigte Semlin des Verrats, nicht an der gemeinsamen Sache, sondern an ihm!

Es sah so aus, als hätte ich freien Lauf, bis Clubfoot Berlin erreichen könnte. Das konnte frühestens am nächsten Abend der Fall sein, sofern er nicht auch noch ein Sonderangebot nahm. Aber noch zweifelhafter als ein Treffen mit dem Mann der Macht und Autorität hing ein allgegenwärtiger Albtraum über mir, das Interview, von dem ich spürte, dass es mich am Ende meiner gegenwärtigen Reise erwartete ... das Interview, bei dem ich eine Antwort geben musste Bericht über meine Mission.

Der Abend brach herein, als wir durch die unwirtliche Gegend aus Sand, Wasser und Kiefern liefen, die Berlin umgibt. Wir glitten mit verringerter Geschwindigkeit durch die schmucken Vororte, umrundeten die Stadt, auf deren hohen Gebäuden bereits die elektrischen Himmelszeichen zu blinken begannen, stürzten an einem großen Endpunkt schwer über ein riesiges Netzwerk aus Metallen und rasten dann wieder in die zunehmende Dunkelheit davon . Nach kurzer Zeit wurden wir wieder langsamer. Wir liefen durch bewaldetes Land. Aus der Dunkelheit vor uns winkte uns eine Laterne zu, und der Zug hielt ruckartig an einem kleinen Bahnhof am Wegesrand an, einer winzigen Schachtel von Affäre. Eine große, kräftige Gestalt, die einen Stachelhelm und einen grauen Militärmantel trug, stand in einsamer Erhabenheit in der Mitte der kleinen Plattform. Die schwankenden Strahlen einer flackernden Gaslampe spiegelten sich in seinen glänzend polierten Stiefeln.

„Hier sind wir endlich!" sagte mein Begleiter.

Ich trat hinaus, um meinem Schicksal zu begegnen.

---

Der junge Leutnant stand starr beim Salut vor der Gestalt auf dem Bahnsteig.

Als ich ausstieg, hörte ich das Ende eines Satzes: „... der Herr, den ich treffen sollte, Exzellenz!"

Der andere sah mich an. Er war ein großer Mann mit einem purpurroten Gesicht. Er unternahm keinen Versuch einer Begrüßung, sondern sagte mit heiserer Stimme: „Haben Sie die Güte, mit mir zu kommen. Die Pfleger werden sich um Ihre Sachen kümmern." Und mit klirrenden Sporen schritt er durch eine Art großen Vorraum, in Tücher gehüllt, in einen Hof dahinter, wo eine große Limousine leise pochte.

Er trat beiseite, um mich einzulassen, dann stieg er auf, und zu meiner Überraschung folgte ihm der junge Graf, dessen Verantwortung für mich, wie ich mir einbildete, mit der „Auslieferung der Waren" geendet hatte. Meine Überraschung war nur von kurzer Dauer, denn einmal im Auto ließ der junge Ulane alle Förmlichkeiten, die er auf dem Bahnsteig an den Tag gelegt hatte, fallen und redete den älteren Offizier mit „Papa" an. Das war also der alte General von Boden, von dem der Major gesprochen hatte, Adjutant des Kaisers und ehemaliger Erzieher des Kronprinzen.

Vater und Sohn unterhielten sich flüchtig auf der anderen Seite des Wagens, und ich nutzte die Gelegenheit, den alten Herrn zu betrachten. Sein Gesicht war von der erstaunlichsten violetten Farbe und so hochglanzpoliert, dass es ständig den Widerschein der kleinen elektrischen

Lampe im Dach einfing. Auf einer großen, schnabelartigen Nase saß eine riesige goldene Brille mit Gläsern, die so dick waren, dass sie seine Augen verzerrten. Er hatte seinen Helm abgenommen und wischte sich die Stirn, und ich sah einen hohen, vollkommen kahlen, kuppelförmigen Kopf, glänzend poliert und fast so rot wie sein Gesicht. Er war glatt rasiert und keineswegs jung, denn das Fleisch hing in Säcken um sein Gesicht. Langjährige Führungsgewohnheiten hatten ihre Spuren in einem gebieterischen Verhalten hinterlassen, das meiner Meinung nach leicht in Rücksichtslosigkeit übergehen könnte.

„Ich dachte, ich hätte Befehle erhalten sollen, bevor ich die Villa verließ", sagte der General zu seinem Sohn, „dann hättest du direkt dorthin gehen können. Ich nehme an, er will ihn hier sehen: Deshalb wollte er, dass er in die Villa gebracht wird." . Aber er ist immer derselbe: Er kann sich nie entscheiden." Und er grunzte.

„Vielleicht wartet zu Hause etwas", fügte er mit seiner heiseren Kasernenhofstimme hinzu.

Wir fuhren durch ein weißes Tor in eine kleine Auffahrt, die uns vor eine lange, niedrige Villa führte. Während der Fahrt vom Bahnhof hatten mir weder Vater noch Sohn die Lippen geöffnet, und ich hatte auch nicht gewagt, einem von ihnen eine Frage zu stellen, aber ich wusste, dass wir in Potsdam waren. Der kleine Bahnhof im Wald war, wie ich vermutete, Wild-Park, der private Bahnhof, den der Kaiser auf seinen häufigen Reisen nutzte und der sich auf dem Gelände des Neuen Palastes befand. Alle Beamten des preußischen Hofes haben Villen in Potsdam, aber warum ich im Zusammenhang mit einer Affäre, die sicherlich eher die Wilhelmstraße oder das Polizeipräsidium interessieren musste, dorthin gebracht wurde, konnte ich mir nicht vorstellen.

Es gab eine schreckliche Szene im Saal. Ohne Vorwarnung wandte sich der General an den Sanitäter, der die Tür geöffnet hatte, und schrie ihn beleidigend an. „Kamel! Ochse! Schafskopf!" Er brüllte, sein Gesicht und sein glänzender Schädel vertieften ihren zinnoberroten Farbton. „Gebe ich den Befehl, dass sie vergessen werden? Was meinst du? Du Arsch ..." Er legte seine weißbehandschuhten Hände auf die Schultern des Mannes und schüttelte ihn, bis die Zähne des Kerls in seinem Kopf klapperten. Der Pfleger, weiß bis an die Lippen, hing schlaff im Griff des alten Mannes und murmelte Entschuldigungen: „Ach! Exzellenz ! Exzellenz entschuldigt mich ..."

Es war ein abstoßendes Schauspiel, aber es machte nicht den geringsten Eindruck auf den Sohn, der mich, indem er seine Mütze und seinen Mantel ablegte und sein Schwert aus der Hand nahm, in eine Art Arbeitszimmer führte. „Diese Pfleger sind solche Dickköpfe!" er sagte.

„Rudi! Rudi!" Eine heisere, schrille Stimme schrie aus der Halle. Der Leutnant rannte hinaus.

„Du musst den Kerl heute Abend nach Berlin bringen. Die Nachricht war die ganze Zeit hier – dieser Dummkopf Heinrich hat es vergessen. Und wir müssen den Kerl bis dahin hier behalten! eine Baracke für einen schurkischen Detektiv!" So viel hörte ich, da die Tür offen gelassen worden war. Dann schloss es sich und ich hörte nichts mehr.

Da ich so viel gehört hatte, lag eine gewisse Ironie in der Einladung zum Abendessen, die mir der junge Ulane anschließend überbrachte. Es blieb nichts anderes übrig als zu akzeptieren. Ich wusste, dass ich tief in den Maschen der preußischen Disziplin gefangen war, jeder hatte seine Befehle und führte sie blind aus, vom geschwätzigen Major an der Grenze bis zu diesem absurden *Exzellenz* , diesem kaiserlichen Adjutanten von Potsdam. Ich war bereits ein kleines Rädchen in einer großartigen Maschine. Ich müsste mich drehen oder zerquetscht werden.

Seine Exzellenz ließ mich in diesem Punkt keinen Zweifel aufkommen. Als ich nach einer dringend benötigten Wäsche und Rasur in sein Arbeitszimmer geführt wurde, empfing er mich im Stehen und sagte direkt: „Ihr Befehl lautet, bis heute Abend um zehn Uhr hier zu bleiben, dann werden wir euch dorthin bringen." Berlin durch Leutnant Graf von Boden. Ich kenne Sie nicht, ich kenne Ihr Geschäft nicht, aber ich habe bestimmte Befehle über Sie erhalten, die ich auszuführen beabsichtige. Aus diesem Grund werden Sie hier mit uns speisen. Nachdem Sie es getan haben Nachdem Sie die Person gesehen haben, zu der Sie heute Nacht gebracht werden sollen, wird Leutnant Graf von Boden Sie zum Bahnhof Spandau begleiten, wo ein Sonderzug bereitsteht, mit dem er Sie zurück zur Grenze bringen wird. Ich wünsche Ihnen klar zu verstehen, dass der Leutnant für die Ausführung dieser Befehle verantwortlich ist und alle Mittel zu diesem Zweck einsetzen wird. Habe ich mich klar ausgedrückt?"

Das Verhalten des alten Mannes war unbeschreiblich bedrohlich. „Das ist die Maschine, die wir zerschlagen wollen", hatte ich mir gesagt, als ich sah, wie er seinen Diener im Flur verwüstete, und ich wiederholte den Satz jetzt für mich. Aber zum General sagte ich: „Perfekt, Exzellenz!"

„Dann lasst uns zum Abendessen gehen", sagte der General.

Es war ein Albtraumessen. Eine verblasste und geschrumpfte Frau, der ich nicht vorgestellt wurde – vermutlich eine Verwandte, die für den General den Haushalt führt –, war die einzige andere Person, die anwesend war. Sie öffnete nie ihre Lippen, außer mit vor Schrecken glasigen Augen, um dem Sanitäter eine geflüsterte Anweisung über das Essen oder den Wein des Generals zu geben. Wir speisten in einem deprimierenden Raum mit dunkelbrauner Tapete, dekoriert mit staubigen Hirschgeweihen und einem riesigen grünen Kachelofen, der alles dominierte. Der General und sein Sohn aßen kräftig die Gänge, während die Dame verstohlen auf ihrem Teller herumpickte. Ich selbst konnte vor lauter Angst nichts essen. Jeder Nerv in meinem Körper vibrierte bei dem Gedanken an den Abend, der vor mir lag. Wenn ich dem Interview nicht aus dem Weg gehen konnte, war ich fest entschlossen, Meister von Boden zu entkommen, anstatt mit leeren Händen an die Grenze zurückzukehren. Ich hatte all diesen Gefahren nicht getrotzt, als ich nach Hause geschickt wurde, ohne zumindest den Versuch zu unternehmen, Francis zu finden. Außerdem meinte ich, wenn ich die andere Hälfte dieses Dokuments bekommen könnte.

Es gab ganz hervorragenden Rheinwein, den ich reichlich getrunken habe. Das tat auch der General, und als die purpurnen Adern an seinen Schläfen verrieten, dass er sich satt gegessen hatte, schien sich sein Gemüt gebessert zu haben. Er entspannte sich so weit, dass er mir die wohl schlechteste Zigarre präsentierte, die ich je geraucht hatte.

Ich rauchte es schweigend, während Vater und Sohn fachsimpelten. Das Weibchen war verschwunden. Zu meiner Überraschung stellte ich fest, dass beide Männer wütende und erbitterte Gegner Hindenburgs waren, wie ich seitdem erfahren habe, dass die meisten der alten Schule der preußischen Armee es sind. Sie sprachen wenig über England; ihre Gedanken schienen sich auf Russland als Erzfeind zu konzentrieren . Sie setzten ihren Glauben auf Falkenhayn und Mackensen . Für ihre Verurteilung von Hindenburg, den sie immer als „der Trunkenbold" ... „der Säufer" bezeichneten, fehlten ihnen die Worte . Sie sparten auch nicht mit Kritik an der, wie sie es nannten, „Schwäche" des Kaisers, ihn an die Macht kommen zu lassen.

Das Summen eines Autos draußen unterbrach unsere Versammlung. Ich erinnerte mich daran, dass ich vor dieser großen militärischen Koryphäe nur ein bescheidener Diener war, und dankte dem General mit der gebotenen Unterwürfigkeit für seine Gastfreundschaft. Dann gingen der Graf und ich zum Auto und fuhren bald in die Nacht hinaus.

Wir kamen, wie mir schien, von Westen nach Berlin, fuhren dann aber weiter in südlicher Richtung und befanden uns bald im Geschäftsviertel der Stadt, das zu dieser Stunde bis auf die Straßenbahnen so gut wie menschenleer war. Dann erhaschte ich einen Blick auf die im Wasser reflektierten Lampen, und im nächsten Moment hielt das Auto auf einer Brücke über einem Kanal oder Fluss. Mein Begleiter sprang heraus und brachte mich zu einem kleinen Tor in einem Eisengeländer, das ein riesiges Gebäude umschloss, das schwarz in der Nacht aufragte, während das Auto in die Dunkelheit fuhr.

Das Tor war offen. Ein halbes Dutzend Meter davon entfernt stand ein kleiner, schlanker Turm mit einem spitzen Dach, das aus der Ecke des Gebäudes ragte. Im Turm befand sich eine Tür, die dem kräftigen Stoß meines Begleiters leicht nachgab, als eine Uhr irgendwo im Gebäude einen Doppelschlag schlug – halb elf.

Die Tür führte in einen kleinen, von elektrischem Licht hell erleuchteten Vorraum. Dort wartete ein Mann, ein feiner, aufrechter, bärtiger Kerl in einer Art grünem Jagdkostüm.

„Also, Zahler!" sagte der junge Ulane. „Hier ist der Herr. Ich werde danach am Westeingang sein. Sie werden ihn selbst zum Auto bringen."

„ Jawohl , Herr Graf!" antwortete der Mann in Grün und der Leutnant verschwand durch die Tür in der Nacht.

Ein erschreckender, unglaublicher Verdacht, der mich bereits beim Aussteigen aus dem Auto überwältigt hatte, schoss mir nun durch den Kopf. Dieses riesige, schwarze Gebäude, dieser schlanke Turm an der Ecke – kannte ich sie nicht?

Mechanisch folgte ich dem Mann in Grün. Mein Verdacht wurde mit jedem Schritt größer. Nach kurzer Zeit wurden sie zur Gewissheit. Eine flache und gewundene Treppe hinauf, entlang eines langen und breiten Korridors, der mit reichen Wandteppichen geschmückt ist und dessen poliertes Parkett im schwachen Licht schwach glänzt, durch prächtige Suiten vergoldeter Appartements mit alten Bildern und prächtigen Möbeln ... hier ein Lakai mit gepudertem Haar gähnend auf einem Treppenabsatz, dort ein Wachposten in Feldgrau, reglos vor einer Tür ... Ich war im Berliner Schloss.

Das Schloss schien zu schlafen. Eine gedämpfte Stille lag über allem. Überall waren die Lichter gedämpft, Treppen führten ins Leere, Korridore erstreckten sich in düstere Einsamkeit. Hin und wieder schlich ein Wärter in Abendgarderobe auf Zehenspitzen an uns vorbei oder ein Beamter verschwand um die Ecke, bis auf ein leises Sporenklirren lautlos.

So durchquerten wir, wie es mir schien, Meilen der Stille und des Zwielichts, und die ganze Zeit hämmerte mein Blut in meinen Schläfen und meine Kehle wurde trocken, als ich an die Tortur dachte, die vor mir lag. Zu wem wurde ich in der Nacht heimlich eingeladen?

Wir befanden uns jetzt in einem breiten und angenehmen Durchgang, der mit fröhlicher hellbrauner Eiche und roten Vorhängen getäfelt war . Nach der Verwüstung der Staatsgemächer hatte dieser bequeme Korridor zumindest den Anschein, als führe er zur Behausung der Menschen. Ein riesiger Soldat in Feldgrau mit einem seltsamen silbernen Ringkragen , der an einer Kette um den Hals hing, schritt im Gang auf und ab, seine Stiefel machten auf dem weichen, dicken Teppich, mit dem der Boden bedeckt war, kein Geräusch.

Der Mann in Grün blieb an der Tür stehen. Er hielt mir warnend die Hand entgegen, senkte den Kopf und lauschte. Es herrschte einen Moment absoluter Stille. Im ganzen Schloss war kein Laut zu hören. Dann klopfte der Mann in Grün leise, wurde eingelassen und ließ mich draußen.

Einen Moment später schwang die Tür wieder auf. Ein großer, eleganter Mann mit grauem Haar und der unbestimmten Aura guter Erziehung, die man bei jedem Mann findet, der ein Leben am Hof verbracht hat, kam eilig heraus. Er sah blass und gestresst aus.

Als er mich sah, blieb er stehen.

„Dr. Grundt ? Wo ist Dr. Grundt ?" fragte er und sein Blick fiel auf meine Füße. Er zuckte zusammen und hielt sie mir ins Gesicht.

Der Soldat war außer Hörweite geraten. Ich konnte ihn unbeweglich wie eine Statue am Ende des Korridors stehen sehen. Außer ihm und uns war der Durchgang menschenleer.

Wieder sprach der ältere Mann und seine Stimme verriet seine Besorgnis.

"Wer bist du?" fragte er fast flüsternd. „Was hast du mit Grundt gemacht ? Warum ist er nicht gekommen?"

Mutig habe ich den Schritt gewagt.

„Ich bin Semlin ", sagte ich.

„ Semlin ", wiederholte der andere, „-ach ja! Die Botschaft in Washington hat über Sie geschrieben – aber Grundt hätte kommen sollen ..."

„Hören Sie", sagte ich, „ Grundt konnte nicht kommen. Wir mussten uns trennen und er schickte mich voraus ..."

„Aber ... aber ..." – der Mann stammelte jetzt in seiner Angst – „... es ist dir gelungen?"

Ich nickte.

Er atmete erleichtert auf.

„Es wird peinlich, sehr peinlich, diese Änderung der Vereinbarungen", sagte er. „Du wirst ihm alles erklären müssen, alles. Warte einen Moment."

Er stürzte zurück ins Zimmer.

Noch einmal stand ich und wartete an diesem stillen Ort, so erholsam und still, dass man sich in einer Welt fühlte, weit entfernt vom wütenden Streit der Nationen. Und ich fragte mich, ob mein Vorstellungsgespräch – das Treffen, vor dem ich mich so sehr gefürchtet hatte – zu Ende war.

„ Pst , Pst !" Der ältere Mann stand an der offenen Tür.

Er führte mich durch einen Raum, einen gemütlichen Ort, in dem es angenehm nach Ledermöbeln roch, zu einer Tür. Er öffnete sie und enthüllte hinter einer schmalen Schwelle eine weitere Tür. Darauf klopfte er.

"Hierin!" schrie eine Stimme – eine raue, metallische Stimme.

Mein Begleiter drehte die Klinke, öffnete die Tür und stieß mich ins Zimmer. Die Tür schloss sich hinter mir.

Ich stand vor dem Kaiser .

---

# KAPITEL IX

## Ich treffe auf einen alten Bekannten, der mich zu einer entzückenden Überraschung führt

Er stand in der Mitte des Raumes, mit dem Gesicht zur Tür, die Beine gespreizt, fest auf dem Boden verankert, eine Hand hinter dem Rücken, die andere, verkümmert und nutzlos wie der Rest des Arms, in die Seitentasche gesteckt seine Tunika. Er trug eine völlig schlichte, feldgraue Uniform, und die ungewöhnliche Schlichtheit seiner Kleidung, gepaart mit der Tatsache, dass er barhäuptig war, ließen ihn so anders als seine konventionellen Porträts in der ganzen Rüstung des Krieges aussehen, dass ich bezweifle, ob ich das tun sollte Ich habe ihn wiedererkannt – so paradox es auch erscheinen mag –, wenn nicht die Verwüstung gewesen wäre, die sich in allen Zügen dieser einst so vertrauten Züge abzeichnete.

Nur ein einziger Mann auf der Welt könnte heute so aussehen. Nur ein einziger Mann auf der Welt könnte heute durch die Verwüstung in seinem Gesicht die entsetzliche Last der Verantwortung zeigen, die eine der energischsten und widerstandsfähigsten Persönlichkeiten Europas langsam erdrückt. Seine einstmals aufrechte und wohlgeformte Figur schien geschrumpft zu sein, und sein verdorrter Arm, der unnatürlich in der Tasche verschlungen war, nahm eine Vorwölbung an, die diesem bedrohlichen grauen und gehetzten Gesicht etwas Unheimliches verlieh.

Sein Kopf war nach vorne auf die Brust gesenkt. Sein Gesicht, immer sehr blass, mit seiner olivfarbenen Tönung fast italienisch, war wütend. All seine Wachsamkeit war verschwunden; die Gesichtszüge schienen zusammengebrochen zu sein, und das Fleisch hing schlaff herab und wölbte sich in tiefen Tränensäcken unter den Augen und in losen Falten an den Mundwinkeln. Sein Kopf war eisengrau ergraut, aber die Haare an den Schläfen waren weiß wie aufgewirbelter Schnee. Nur seine Augen waren unverändert. Es waren dieselben grauen, stählernen Augen, unruhig, unbeständig, unzuverlässig, Spiegel des impulsiven, eigensinnigen und wankelmütigen Geistes des Mannes.

Er senkte sich auf mich. Seine Stirn war gerunzelt und in seinen Augen blitzte Bosheit auf. In dem kurzen Moment, in dem ich ihn ansah, fiel mir ein Satz ein, den ein Freund verwendet hatte, nachdem er den Kaiser in einer seiner wütenden Stimmungen gesehen hatte: „Sein eisiger, schwarzer Blick."

Ich war so verblüfft, mich in der Gegenwart des Kaisers wiederzufinden , dass ich meinen Teil vergaß und verblüfft auf die Erscheinung starrte. Der andere schien zu sehr mit seinen Gedanken beschäftigt zu sein, um meine

Vergesslichkeit zu bemerken, denn er sprach sofort gebieterisch im harten Stakkato eines Befehls.

„Was höre ich da?" er sagte. „Warum ist Grundt nicht gekommen? Was machen Sie hier?"

Zu diesem Zeitpunkt hatte ich die Fabel ausgearbeitet, die ich draußen im Korridor zu erzählen begonnen hatte. Ich hatte es jetzt fertig: Es war dünn, aber es musste reichen.

„Wenn Eure Majestät es mir erlaubt, werde ich es erklären", sagte ich. Der Kaiser wiegte sich in nervöser Gereiztheit auf seinen Füßen hin und her . Seine Augen blieben keinen Moment ruhig: Mal suchten sie mein Gesicht, mal fielen sie zu Boden, mal suchten sie die Decke ab.

„Dr. Grundt und ich haben unsere Suche erfolgreich abgeschlossen, so gefährlich sie auch war. Wie Ihre Majestät weiß, war das ... das ... das Objekt geteilt worden ..."

„Ja, ja, ich weiß! Weitermachen!" sagte der andere und hielt einen Moment in seinem Schaukeln inne.

„Ich hätte England zuerst mit meinem Teil verlassen sollen. Ich konnte nicht entkommen. In Tilbury wird jeder nach Briefen und Papieren durchsucht. Ich habe mir einen Plan ausgedacht und wir haben ihn getestet, aber er ist gescheitert."

„Wie? Es ist fehlgeschlagen?" der andere weinte.

„Ohne den Erfolg unserer Mission zu beeinträchtigen, Eure Majestät."

„Erklären Sie! Was war Ihre List?"

„Ich habe ein Stück Futter aus einer Handtasche herausgeschnitten und darin einen völlig harmlosen Brief verpackt, der an einen englischen Spediteur in Rotterdam adressiert war. Dann habe ich das Fragment des Futters wieder an seinen Platz am Boden der Tasche geklebt. Grundt gab nach . " Ich habe die Tasche versuchsweise an einen unserer Leute übergeben, um zu sehen, ob sie der Wachsamkeit der englischen Polizei entgehen würde.

des Kaisers wuchs ein Anflug von Interesse , der seine schlechte Laune vertrieb. Alles, was neu war, gefiel ihm immer.

"Also?" er sagte.

„Die List wurde aufgedeckt, der Brief wurde gefunden und unserem Mann wurde vor dem Polizeigericht eine Geldstrafe von zwanzig Pfund auferlegt. Damals beschloss Dr. Grundt , mich zu schicken ..."

„Hast du es dabei?" rief der andere eifrig.

„Nein, Eure Majestät", sagte ich. „Ich hatte keine Möglichkeit, es wegzubringen. Dr. Grundt hingegen ..." Und ich krümmte mein Bein und berührte meinen Fuß.

Der Kaiser starrte mich an und die Furche zwischen seinen Augen erschien wieder. Dann brach ein Lächeln auf seinem Gesicht aus, ein warmes, attraktives Lächeln, wie Sonnenschein nach Regen, und er brach in regelmäßiges Gelächter aus. Ich kannte die Schwäche Seiner Majestät für Witze auf Kosten der körperlichen Missbildungen anderer, aber ich hatte kaum zu hoffen gewagt, dass mein subtiler Hinweis auf Grundts Klumpfuß als Versteck für kompromittierende Papiere einen solchen Erfolg gehabt hätte. Denn der Kaiser genoss die Idee geradezu und lachte laut und lange, wobei seine Seiten ziemlich zitterten.

„Ach, der Stelze ! Ausgezeichnet! Ausgezeichnet!" er weinte. „ Plessen , komm und hör zu, wie wir den Engländer schon wieder ausgetrickst haben!"

Wir befanden uns in einem langen, hohen Raum mit einem großen Fenster am anderen Ende, wo der Raum in Form eines T nach rechts und links zu verlaufen schien. Von dem großen Schreibtisch mit seinem Stapel von Fotografien in schwerem Silber Rahmen , die kleinen Bronzebüsten der Kaiserin, die aquarellierten Seestücke und andere kleine Details, ich hielt dies für das Arbeitszimmer des Kaisers .

Auf den Ruf des Monarchen hin erschien ein weißhaariger Offizier am anderen Ende des Raumes, dem Teil, der für mich verborgen war.

Der Kaiser legte ihm die Hand auf die Schulter.

„Ein toller Witz, Plessen !" sagte er lachend. Dann für mich:

"Erzähl es nochmal!"

Mittlerweile war ich mit meiner Arbeit vertraut. Ich habe so trocken und humorvoll wie möglich von Dr. Grundt berichtet , der dick, massig und pummelig an Bord des Dampfers in Tilbury humpelte, vor den Augen der britischen Polizei, das Dokument im Kofferraum verstaut.

Der Kaiser unterbrach meine Geschichte mit schallendem Gelächter und betonte den Spaß an der *Auflösung* , indem er dem General einen Stoß in die Rippen gab.

Plessen lachte sehr herzlich, wie es eigentlich von ihm erwartet wurde. Dann sagte er höflich:

„Aber war die List erfolgreich, Eure Majestät?"

Der Monarch runzelte die Stirn und sah mich an.

„Na, junger Mann, hat es funktioniert?"

„... Denn", fuhr Plessen fort, „wenn ja, muss Grundt in Holland sein. Warum ist er dann nicht hier?"

Mein Herz sank in mir. Vor allem wusste ich, dass ich meine Haltung bewahren musste. Das geringste Anzeichen von Verlegenheit und ich war verloren. Dennoch spürte ich, wie das Blut aus meinem Gesicht floss, und ich war froh, dass ich im Schatten stand.

Es klopfte an der Tür. Der ältere Kammerherr, der mich draußen getroffen hatte, erschien.

„Eure Majestät werden mich entschuldigen ... General Baron von Fischer ist da, um Bericht zu erstatten ..."

„Derzeit, demnächst", war die Antwort in gereiztem Ton. „Ich bin gerade verlobt ..."

Der alte Höfling hielt einen Moment unschlüssig inne.

„Nun, was ist das? Was ist das?"

„ Depeschen vom Hauptquartier, Majestät! Der General hat mich gebeten, zu sagen, dass die Angelegenheit dringend sei!"

Der Kaiser erwachte augenblicklich.

„Bringen Sie ihn herein!" Dann fügte er zu Plessen mit einer Stimme, aus der jegliche Heiterkeit verschwunden war, und mit düsterem Akzent hinzu:

„Um diese Stunde, Plessen ? Wenn an der Somme wieder etwas schiefgegangen ist!"

Ein Offizier kam schnell herein, starr, mit erstarrtem Gesicht, Helm auf dem Kopf, Aktentasche unter dem Arm. Der Kaiser ging durch den Raum zu seinem Schreibtisch und setzte sich. Plessen und die anderen folgten ihm. Ich blieb, wo ich war. Sie schienen mich völlig vergessen zu haben.

Vom Schreibtisch erklang ein Murmeln. Der Beamte lieferte seinen Bericht ab. Dann schien der Kaiser ihn zu befragen, denn ich hörte seine harte, metallische Stimme:

„ Contalmaison ... Trones Wood ... schwere Verluste ... zurückgedrängt ... gewaltiges Artilleriefeuer ..." waren Worte, die mich erreichten. Die Stimme des Kaisers erklang in einem hohen, gereizten Ton. Plötzlich warf er die Papiere auf dem Schreibtisch von sich und rief:

„Es ist ungeheuerlich! Ich werde ihn brechen! Er soll keinen anderen Mann haben, wenn ich selbst gehen und seinen Männern ihre Pflicht beibringen muss!"

Plessen verließ hastig den Schreibtisch und kam zu mir. Sein altes Gesicht war weiß und seine Hände zitterten.

"Raus hier!" sagte er mit grimmigem Unterton zu mir. „Warte draußen, wir sehen uns später!" Dennoch ertönte vom Schreibtisch aus diese raue, schrille Stimme, die immer weiter anstieg und einen schäumenden Schwall der Bedrohung ausströmte.

Ich hatte oft von den plötzlichen Wutausbrüchen gehört, unter denen der Kaiser angeblich in den letzten Jahren gelitten hatte, aber in meinen kühnsten Tagträumen hätte ich nie gedacht, dass ich dabei helfen sollte.

Gerne tauschte ich die hochgeladene elektrische Atmosphäre des imperialen Arbeitszimmers gegen die Ruhe des ruhigen Korridors ein. Seine vollkommene Ruhe war wie Balsam für meine zitternden Nerven. Von dem Mann in Grün war nichts zu sehen. Nur der Soldat setzte seine stille Wache fort.

Wieder handelte ich spontan. Ich trug meinen grasgrünen Regenmantel, meinen Hut trug ich in der Hand. Ich könnte daher leicht als jemand durchgehen, der gerade das Schloss verlässt . Ohne zu zögern wandte ich mich nach links, den Weg, den ich gekommen war, und stürzte mich erneut in das Labyrinth aus Galerien, Korridoren und Treppenabsätzen, durch das mich der Mann in Grün geführt hatte. Ich verlor mich sehr bald und beschloss, die nächste Treppe hinunterzusteigen, zu der ich kommen sollte. Ich folgte diesem Plan und stieg eine breite Treppe hinunter, an deren Fuß ich einen Nachtportier fand, der in einen riesigen, mit Adlern geschmückten Mantel gekleidet war und auf einem Hocker saß und eine Zeitung las.

Er hielt mich an und fragte mich nach meinem Geschäft. Ich sagte ihm, dass ich aus den Privatgemächern des Kaisers käme , woraufhin er meinen Passierschein verlangte. Ich zeigte ihm meinen Ausweis, was ihn völlig zufriedenstellte, obwohl er etwas von „neuen Gesichtern" murmelte und davon sprach, dass er mich noch nie zuvor gesehen hatte. Ich fragte ihn nach dem Ausweg. Er sagte, dass ich am Ende der Galerie zum Westeingang kommen sollte. Ich hatte das Gefühl, als wäre ich kurz davor gewesen, meinem Mentor draußen zu begegnen. Ich sagte dem Mann, dass ich den anderen Eingang haben wollte ... Dort hatte ich mein Auto.

„Du meinst den Südeingang?" fragte er und gab mir dann Anweisungen, die mich ohne weitere Schwierigkeiten auf den freien Platz vor der großen Reiterstatue Kaiser Wilhelms I. führten.

Es war eine klare, sternenklare Nacht und ich atmete erleichtert auf, als ich den Schlossplatz im kalten Licht der Bogenlampen glitzern sah. Die Gefahr, die mir drohte, war so groß gewesen, dass die Atmosphäre im Schloss im Vergleich zur scharfen Nachtluft erdrückend wirkte. Ein neues

Selbstvertrauen erfüllte meine Adern, während ich weiterschritt, obwohl die Gefahren, denen ich mich näherte, nicht weniger waren als die, denen ich gerade entkommen war. Denn ich hatte meine Boote verbrannt. Mein Verschwinden aus der Burg muss sicherlich Misstrauen erregen, und es dauerte nur eine Frage von Stunden, bis sich lautstarkes Geschrei nach mir erhob. Bestenfalls würde es sich verzögern, bis Klumpfuß im Schloss auftauchte.

Ich konnte nicht in Berlin bleiben, das war klar. Mein amerikanischer Pass war nicht in Ordnung, und wenn ich auf meinen silbernen Dienstausweis zurückgreifen würde, würde ich sofort mit der Polizei in Kontakt geraten, was allerlei unwillkommene Konsequenzen hätte. Nein, ich muss unbedingt aus Berlin raus. Weit weg von der Hauptstadt könnte ich möglicherweise mein silbernes Abzeichen nutzen oder mir damit Ausweispapiere besorgen, die mir irgendeinen Status verleihen würden.

Aber Franziskus? Obwohl ich über diesen obskuren deutschen Klang verblüfft war, schien mir irgendetwas zu sagen, dass es sich um eine Nachricht meines Bruders handelte. Es stammte aus Berlin, und ich hatte das Gefühl, dass die Lösung des Rätsels, wenn es überhaupt ein Rätsel wäre , hier gefunden werden muss.

Unter den Linden erreicht . Ich betrat ein Café und bestellte ein Glas Bier. Der Ort war hell und dicht und eine blaue Wolke aus Tabakrauch hing. Eine lautstarke Band spielte beliebte Melodien und von jedem Tisch aus erklang ein lautes Gesprächsgewirr. Es war alles sehr fröhlich und der Lärm und die Hektik haben mir nach der Strapazen der Nacht gut getan.

Ich zog den Zettel, den ich von Dicky bekommen hatte, aus meiner Tasche und begann ihn noch einmal zu überfliegen. Ich war noch keine zwölf Stunden in Deutschland, aber mir war bereits bewusst, dass jeder, der eine Rolle spielte, mit seinen Ausweispapieren irgendetwas schief gehen lassen würde und er das Land niemals verlassen könnte. Wenn er Glück hatte, könnte er verdammt noch mal lügen; aber es gab keinen anderen Kurs.

Angenommen, dies wäre Francis passiert (wie Red Tabs mir gegenüber tatsächlich angedeutet hatte), welchen Kurs würde er dann einschlagen? Er würde versuchen, eine Nachricht herauszuschmuggeln, die seine Notlage ankündigte. Ja, ich denke, das würde ich selbst unter ähnlichen Umständen tun.

Nun, ich würde dies als eine Botschaft von Franziskus akzeptieren. Nun studiere ich es noch einmal.

*O Eichenholz ! O Eichenholz !*
*Wie leer sind dein Blätter .*
*Wie Achiles in dem Zelte .*

Die Nachricht gliederte sich in drei Teile, die jeweils aus einer Phrase bestanden. Der erste Satz könnte sicherlich eine Warnung sein, dass Franziskus bei seiner Mission gescheitert ist.

*„O Okewood ! Wie leer sind deine Blätter!"*

Was ist dann mit den anderen beiden Sätzen?

Sie waren kurz und einfach. Welche Botschaft sie auch übermittelten, es durfte keine lange Botschaft sein. Es war auch nicht wahrscheinlich, dass sie einen Bericht über die Mission von Franziskus in Deutschland enthielten, wie immer diese auch ausgesehen hatte. Tatsächlich war es nicht vorstellbar, dass mein Bruder einen solchen Bericht an einen Holländer wie van Urutius schicken würde , einen recht freundlichen Kerl, der dennoch nur ein Bekannter und ein Fremder war.

Die in diesen beiden Sätzen zum Ausdruck gebrachte Botschaft musste, da war ich mir sicher, eine persönliche sein und sich auf das Wohlergehen meines Bruders beziehen. Was würde er sagen wollen? Dass er verhaftet wurde, dass er erschossen werden sollte? Möglicherweise, aber wahrscheinlicher war, dass er mit der Aussendung der Nachricht sein Schweigen erklären und um Hilfe bitten wollte.

Mein Blick fiel immer wieder auf den letzten Satz: „Wenn *zwei* zerstreiten, freut sich der *Dritte* ."

Könnten sich diese Ziffern nicht auf die Nummer einer Straße beziehen? Könnte sich in diesen beiden Sätzen nicht eine Adresse verbergen, unter der man Franziskus finden oder schlimmstenfalls Neuigkeiten von ihm erfahren könnte?

Ich habe nach dem Berliner Verzeichnis geschickt. Ich ging zum Straßenabschnitt und ließ meinen Blick eifrig über die Spalten der „A" schweifen. Ich habe nicht gefunden, was ich gesucht habe, und das war eine „Achilles-Straße", entweder mit zwei „l" oder mit einem.

Dann habe ich es mit „ Eichenholz " versucht. Es gab eine „ Eichenbaum -Allee" im Berliner Vorort West-End, aber das war auch alles. Ich habe es mit einem „ Blätter " oder einem „Blatt-Strasse" versucht, mit ebenso negativem Ergebnis.

Es war eine entmutigende Arbeit, aber ich wandte mich wieder der Zeitung zu. Das einzige andere Wort, das wahrscheinlich als Straße im Rätsel diente, war „ Zelt ".

„Wie Achiles in dem Zelte ."

Erschöpft öffnete ich das Telefonbuch bei „Z".

Dort starrte ich mir ins Gesicht und fand die Straße „In den Zelten ".

Endlich hatte ich die Spur gefunden.

Als ich das Verzeichnis noch einmal durchblätterte, entdeckte ich, dass der Name „In den Zelten" von der Tatsache herrührt, dass in früheren Zeiten eine Reihe von Biergärten und Buden unter freiem Himmel auf dem nach Norden ausgerichteten Gelände gestanden hatten des Tiergartens . Es war keine lange Straße. Das Verzeichnis zeigte nur sechsundfünfzig Häuser, von denen einige, wie ich bemerkte, noch Biergärten waren. Es schien eine modische Durchgangsstraße zu sein, denn die meisten Bewohner waren Adelige. Nr. 3 war, wie ich mit Interesse sah, immer noch als Berliner Büro *der Times* vermerkt .

Der letzte Satz in der Nachricht gab eindeutig die Nummer an. *Zwei* müssen sich auf die Nummer des Hauses beziehen, *das dritte* auf die Nummer des Stockwerks, da praktisch alle Wohnhäuser in Berlin in Wohnungen unterteilt sind.

Was den „ Achiles " betrifft, habe ich ihn aufgegeben.

Ich habe auf meine Uhr geschaut. Es war zwanzig nach elf: zu spät, um noch in dieser Nacht mit der Suche zu beginnen. Dann wurde mir plötzlich klar, wie völlig erschöpft ich war. Ich hatte zwei Nächte lang nicht geschlafen, weil ich an Deck auf der Überfahrt nach Holland gesessen hatte, und die Reihe von Abenteuern, die mich seit meiner Abreise aus London erlebt hatten, hatte jeden Gedanken an Müdigkeit aus meinem Kopf verbannt. Doch nun kam die Reaktion und ich verspürte, wie ich mich nach einem heißen Bad und einem schönen, bequemen Bett sehnte. Zu dieser Nachtzeit ohne Gepäck und mit einem nicht ordnungsgemäßen amerikanischen Pass in ein Hotel zu gehen , wäre eine Gerichtskatastrophe. Es sah so aus, als müsste ich bis zum Morgen in den Cafés und Nachtrestaurants herumlungern, dem Hinweis auf die Straße „ In den Zelten" nachgehen und dann so schnell ich konnte aus Berlin verschwinden.

Aber mein Kopf nickte vor Schläfrigkeit. Ich muss mich zusammenreißen. Ich beschloss, schwarzen Kaffee zu trinken, und blickte auf, um den Kellner zu finden. Sie fielen auf das blasse Gesicht und die elegante Gestalt des einarmigen Offiziers, den ich im Casino in Goch getroffen hatte ... des jungen Leutnants, den sie Schmalz genannt hatten.

Er hatte gerade das Café betreten und stand an der Tür und sah sich um. Bei seinem Anblick verspürte ich einen plötzlichen Anflug von Unbehagen, denn ich erinnerte mich an sein Kreuzverhör in Goch . Aber ich konnte nicht entkommen, ohne meine Rechnung zu bezahlen; außerdem versperrte er den Weg.

Er zerstreute meine Zweifel und Ängste, indem er direkt zu meinem Tisch ging.

„Guten Abend, Herr Doktor ", sagte er auf Deutsch mit seinem angenehmen Lächeln. „Das ist in der Tat ein unerwartetes Vergnügen! Sie sehen also , wie wir armen Deutschen uns im Krieg amüsieren. Sie müssen zugeben, dass wir unsere Freuden nicht traurig nehmen. Erlauben Sie mir?"

Ohne meine Antwort abzuwarten, setzte er sich an meinen Tisch und bestellte ein Glas Bier.

„Ich wünschte, du wärst früher erschienen", rief ich so freundlich, wie ich nur konnte, „denn ich gehe einfach. Ich habe eine lange und anstrengende Reise hinter mir und möchte unbedingt in ein Hotel."

Kaum hatte ich gesprochen, wurde mir mein Fehler klar.

„Sie haben noch kein Hotel ?" sagte Schmalz. „Warum, wie neugierig! Ich auch nicht! Da Sie ein Fremder in Berlin sind, müssen Sie mir erlauben, mich zu Ihrem Führer zu ernennen. Lass uns zusammen in ein Hotel gehen, ja?"

Ich wollte widersprechen, so schwierig es auch war, eine akzeptable Entschuldigung zu finden, aber seine Art war so freundlich, sein Angebot schien so aufrichtig, dass ich spürte, wie meine Entschlossenheit ins Wanken geriet. Er hatte eine gewinnende Persönlichkeit, dieser offene, gutaussehende Junge. Und ich war so hundemüde!

Er bemerkte meine Zurückhaltung, aber auch meine Unentschlossenheit.

„Wir gehen in jedes beliebige Hotel", sagte er fröhlich. „Aber ihr Amerikaner seid verwöhnt, wenn es um Luxushotels geht, das weiß ich. Dennoch sage ich euch, dass wir in Berlin in dieser Hinsicht nicht viel lernen können. Angenommen, wir gehen in die Esplanade. Es ist ein schönes Hotel ... das Hamburg American." Ich bin dort sehr bekannt , ein *Hauskind* ... mein Onkel war Kapitän auf einem ihrer Linienschiffe. Sie sorgen dafür, dass wir uns sehr wohl fühlen: Sie stellen mir immer eine kleine Suite, ein Schlafzimmer, einen Sitzbereich zur Verfügung . Zimmer und Bad, sehr vernünftig: Ich werde dafür sorgen, dass sie das Gleiche für Sie tun.

Wenn ich weniger müde gewesen wäre – das habe ich seitdem oft gedacht –, wäre ich lieber aufgestanden und aus dem Café geflohen, als einem solch verrückten Vorschlag zuzustimmen. Aber ich war betrunken von der Schlafschwere und nutzte die Chance auf eine gute Nachtruhe, denn ich hatte das Gefühl, dass ich unter der Schirmherrschaft dieses jungen Offiziers damit rechnen konnte, dass etwaige Passschwierigkeiten im Hotel auf den

Morgen verschoben würden. Zu diesem Zeitpunkt wollte ich das Hotel verlassen und mich auf den Weg zu meinen Nachforschungen machen.

Daher habe ich den Vorschlag von Schmalz angenommen.

„Übrigens", sagte ich, „ich habe kein Gepäck. Meine Tasche ist irgendwie am Bahnhof verloren gegangen und ich habe heute Abend keine Lust, danach zu suchen."

„Ich werde dich zurechtmachen", antwortete der andere prompt, „und zwar mit Pyjamas nach amerikanischer Art. Übrigens", fügte er mit gesenkter Stimme hinzu, „halte ich es für besser, Deutsch zu sprechen. Englisch hört man in Berlin nicht gern." soeben."

„Das verstehe ich durchaus", sagte ich. Um dann das Thema zu wechseln, was mir nicht besonders gefiel, fügte ich hinzu:

„Sicher sind Sie sehr schnell von der Grenze heruntergekommen. Sind Sie mit dem Zug gekommen?"

"Ach nein!" er antwortete. „Ich habe herausgefunden, dass das Auto, in dem Sie zum Bahnhof gefahren sind … es gehörte dem Herrn, der Sie abgeholt hat, wissen Sie …, auf dem Landweg nach Berlin zurückgeschickt wurde, also habe ich den Fahrer gebeten, mir ein … zu geben Aufzug."

Er sagte dies ganz leichthin, mit seinem üblichen Ton der Offenheit . Aber für einen Moment bereute ich meine Entscheidung, mit ihm zur Esplanade zu gehen. Was wäre, wenn er mehr wüsste, als er zu wissen schien?

Ich verdrängte den Verdacht aus meinem Kopf.

„Bah!" Ich sagte mir: „Du wirst nervös. Außerdem ist es jetzt zu spät, umzukehren!"

Wir hatten einen freundschaftlichen Streit darüber, wer für die Getränke bezahlen sollte, und am Ende zahlte ich. Dann, nach langem Warten, gelang es uns, ein Taxi zu bekommen, einen antik aussehenden „Growler", der von einem Achtzigjährigen mit einem Mantel aus vielen Umhängen gefahren wurde, und fuhren zur Esplanade.

Es handelte sich um einen gewöhnlichen Palast mit einem prächtigen Vestibül mit Wänden und Boden aus verschiedenfarbigem Marmor, mit Palmen, die einen kleinen Brunnen überschatteten, der in einem Jadebecken plätscherte, und mit Dienern in bunten Livreen. Der Angestellte an der Rezeption überwältigte mich mit der Herzlichkeit, mit der er meinen Begleiter und „den amerikanischen Gentleman" willkommen hieß, und nach einigen koketten Protesten über die Schwierigkeit, eine Unterkunft bereitzustellen, teilte er uns eine Doppelsuite im Zwischengeschoss zu, bestehend aus zwei Schlafzimmern mit ein gemeinsames Wohnzimmer und Badezimmer.

In seinem makellosen Abendkleid war er ein Beau Brummell unter Hotelangestellten, dieser Mann. Das Gepäck des amerikanischen Herrn sollte am Morgen abgeholt werden. Die Papiere des Herrn? Es gab keine Eile: Der Herr Leutnant erklärte seinem Freund die auszufüllenden Formulare, die er morgens beim Kellner abgeben konnte. Würden die Herren etwas nehmen, bevor sie in den Ruhestand gehen? Eine Whisky-Soda – ah! Whisky wurde knapp. NEIN? Nichts? Er hatte die Ehre , den Herren angenehme Ruhe zu wünschen.

Wir gingen in einer Prozession zum Aufzug, Beau Brummell an der Spitze, dann ein Kellner, dann wir selbst und der goldgeflochtene Portier als Schlusslicht. Ein oder zwei Personen saßen in der Lounge, begleitet von einem Zug Kellner. Der ganze Ort vermittelte einen Eindruck von Reichtum und Luxus, der völlig im Widerspruch zu den britischen Vorstellungen von der Strenge des Lebens in Deutschland unter der britischen Blockade stand. Ich musste mir traurig darüber im Klaren sein, dass Deutschland die Krise offenbar nicht sehr zu spüren bekam.

Am Lift verneigte sich die Prozession und wir stiegen unter der Führung des Liftmanns hinauf, einer wunderschönen Person, die wie eine der Schweizergardisten des Papstes aussah. Im Handumdrehen erreichten wir das Centersol . Der Leutnant ging voran durch den schwach beleuchteten Korridor.

„Hier ist das Wohnzimmer", sagte er und öffnete eine Tür. „Das ist mein Zimmer, das ist das Badezimmer und das", er öffnete die vierte Tür, „ist dein Zimmer!"

Er trat beiseite, um mich passieren zu lassen. Die Lichter im Raum brannten voll. In einem Sessel saß ein großer Mann im Mantel.

Er hatte ein schweres, quadratisches Gesicht und einen Klumpfuß.

# KAPITEL X

## Ein Glas Wein mit Keulenfuß

Ich ging mutig in den Raum. Jedes Gefühl der Angst war in einer Welle der Wut verschwunden, die über mich hinwegfegte, Wut auf mich selbst, weil ich mich in die Falle locken ließ, Wut auf meinen Begleiter wegen seines Verrats.

Schmalz stand neben mir, mit einem Lächeln voller Bosheit im Gesicht.

"Jetzt dort!" rief er, „Sehen Sie, Sie sind unter Freunden! Bin ich nicht dankbar, diese kleine Überraschung für Sie vorbereitet zu haben? Sehen Sie, ich habe Sie zu dem einen Mann gebracht, für den Sie so viele Hunderte von Meilen des Ozeans überquert haben, um ihn zu sehen! Herr Doktor. "! Das ist Dr. Semlin . Dr. Semlin : Dr. Grundt ."

Der andere hatte inzwischen seinen unhandlichen Körper vom Stuhl gehoben.

„Dr. Semlin ?" sagte er mit völlig emotionsloser Stimme: „*une* ." *Voix blanche* , wie die Franzosen sagen: „Das ist ein unerwartetes Vergnügen. Ich hätte nie gedacht, dass wir uns in Berlin treffen würden. Ich hatte geglaubt, unser Rendezvous sei für Rotterdam geplant. Aber besser spät als nie!" Und er streckte mir seine weiße, dicke Hand entgegen.

„Unser Freund, der Herr Leutnant ", antwortete ich nachlässig, „hat es versäumt, mir mitzuteilen, dass er mit Ihnen bekannt ist, da er es auch unterlassen hat, mich zu warnen, dass ich das Vergnügen haben würde, Sie heute Abend hier zu sehen."

„Wir verdanken dieses Vergnügen", erwiderte Klumpfuß mit einem Lächeln, das einen goldenen Glanz auf seinen Zähnen zeigte, „einer rein zufälligen Begegnung im Kasino von Goch , denn tatsächlich scheint es so, als ob auch ich dem Zufall ähnliches zu verdanken habe." Es ist ein unerwarteter Segen, heute Abend hier Ihre persönliche Bekanntschaft zu machen.

Dabei verneigte er sich vor Schmalz.

„Aber kommen Sie", fuhr er fort, „wenn ich den Mut habe, Ihnen die Gastfreundschaft Ihres eigenen Zimmers anzubieten, setzen Sie sich und probieren Sie ein Glas dieses ausgezeichneten Brauneberger . Rheinwein muss dort, wo Sie herkommen, knapp sein. Wir haben viel zu tun." Sag es einander, du und ich.

Erneut entblößte er lächelnd seine goldenen Zähne.

„Auf jeden Fall", sagte ich. „Aber ich fürchte, wir halten unseren jungen Freund von seinem Bett fern. Zweifellos haben Sie keine Geheimnisse vor ihm, aber Sie werden zustimmen, Herr Doktor , dass unser Gespräch am besten unter vier Augen stattfinden sollte . "

„Schmalz, lieber Freund", rief Klumpfuß mit einem Seufzer des Bedauerns, „so sehr ich es auch gerne hätte ... Es tut mir in der Tat wirklich leid, dass uns deine Gesellschaft entzogen wird , aber ich kann die tiefe Richtigkeit der Bemerkung unseres Freundes nicht bestreiten." Wenn Sie für ein paar Minuten ins Wohnzimmer gehen könnten ..."

Der junge Leutnant errötete wütend.

„Wenn Ihnen mein Zimmer lieber ist als meine Gesellschaft ... auf jeden Fall", erwiderte er schroff, „aber ich denke, unter den gegebenen Umständen werde ich zu Bett gehen."

Und er drehte sich auf dem Absatz um und ging aus dem Zimmer, wobei er die Tür mit etwas mehr Kraft zuschloß, als nötig war, dachte ich.

Klumpfuß seufzte.

„Ach! Jugend! Jugend!" rief er, „dieselbe ungestüme Jugend, die gerade in diesem Augenblick für Deutschland ein Weltreich inmitten der bewaffneten Nationen aufbaut. Eine wunderbare Rasse, eine Rasse von Riesen, unsere deutsche Jugend, Herr Doktor ... die Triebfeder unserer Großen." Deutsche Maschine – wie sie finden, die sich ihr widersetzen. Ein Glas Wein!"

Ich hatte das Gefühl, dass die Sprache und das Verhalten des Mannes nichts Gutes für mich verhießen. Ich hätte gewalttätige Sprache und offene Drohungen der subtilen Bedrohung, die sich hinter all dieser Höflichkeit verbirgt, unendlich vorgezogen.

"Sie rauchen?" fragte Klumpfuß. „Nein!" – er hob seine Hand, um mich aufzuhalten, als ich nach meinem Zigarettenetui griff, „Sie sollen eine Zigarre haben – nicht eine unserer armen deutschen Hamburger, sondern eine feine Havanna-Zigarre, die mir ein Angehöriger der Engländer geschenkt hat." Geheimrat. Du starrst! Aha! Ich wiederhole, von einem Mitglied des englischen Geheimrates, für mich, den Boche , den Barbaren, den Hunnen! Keine Loch- und Eckenarbeit für den alten Doktor. *Der Stelze* mag lahm sein, Klumpfuß vielleicht Seine Arbeit ist vorbei, aber wenn er *in Mission reist*, reist er *als Prinz*, der Mann des Reichtums und der Substanz. Es gibt niemanden, der zu hoch ist, um ihm Ehre zu erweisen und seine Ansichten über das arme, fehlgeleitete Deutschland, das Land der verkauften Denker, anzuhören in die Knechtschaft der Militaristen! Bah! die Narren!"

Er knurrte giftig. Dieser Mann begann mich zu interessieren. Sein rascher Stimmungswechsel war faszinierend, mal der freundliche Philosoph, mal der germanische Angeber, mal der hunnische Einverleibte. Als er durch den Raum humpelte, um sein Zigarrenetui vom Kaminsims zu holen, musterte ich ihn.

Er war ein gewaltiger Mann, nicht so sehr wegen seiner Größe, die unter der Mittelgröße lag, sondern wegen seiner enormen Masse. Die Spannweite seiner Schultern war enorm, und obwohl ein schwerer Bauch und ein weißes, schlaffes Gesicht auf ein grobes, sesshaftes Leben hindeuteten, war er offensichtlich ein Mann von ganz ungewöhnlicher Stärke. Insbesondere seine Arme standen in keinem Verhältnis zu seiner Statur und waren so lang, dass seine Hände, wenn er aufrecht stand, zu beiden Seiten herabhingen, wie die Pfoten eines riesigen Affen. Alles in allem hatte sein Aussehen etwas ausgesprochen Affenhaftes: seine gedrungene Nase mit den behaarten, offenen Nasenlöchern und die allgemeine Behaarung des Mannes, seine buschigen Augenbrauen, die schwarzen Haarbüschel auf seinen Wangenknochen und auf dem Rücken seiner großen, spatenartigen Hände . Und da war etwas in seinen Augen, dunkel und mutig unter den struppigen Brauen, das auf Anfälle affenähnlicher, unkontrollierbarer und grausamer Wut hindeutete.

Er gab mir seine Zigarre, die, wie er gesagt hatte, eine gute war, und begann nach einem ersten Schluck Wein zu sprechen.

„Ich bin ein schlichter Mann, Herr Doktor ", sagte er, „und ich rede gern Klartext. Darum werde ich ganz Klartext zu Ihnen sprechen. Wenn es für die Person klar geworden ist, die man nicht weiter nennen muss." Da ich die Wiederherstellung eines bestimmten Briefes wünschte, erwartete ich natürlich, dass ich, der ich ein ehemaliges Mitglied in Angelegenheiten dieses Ordens war, insbesondere im Namen der betreffenden Person, mit der Mission betraut würde. Ich war es, der den Autor von entdeckte der Diebstahl in einem englischen Internierungslager; ich war es, der ihn dazu brachte, unseren Bedingungen zuzustimmen; ich war es, der schließlich das Versteck des Dokuments ausfindig machte … das alles, wohlgemerkt, ohne einen Fuß nach England zu setzen."

Meine Gedanken flogen wieder zurück zu den drei Zetteln in ihrem Leineneinband, dem geteilten Wappen, der großen, ausladenden, aufrechten Handschrift. Ich hätte diese Hand kennen müssen. Ich hatte es oft genug auf bestimmten Fotografien gesehen, die im Salon des Konsistorialrates von Mayburg in Bonn einen Ehrenplatz erhielten .

„Ich hatte daher den vorrangigen Anspruch", fuhr Clubfoot fort, „mit der wichtigen Aufgabe betraut zu werden, das Dokument abzuholen und es dem Verfasser zurückzugeben. Aber der Herr war in Eile, das ist der Herr immer; er konnte nicht warten." damit dieser alte, langsame Kutscher von Klumpfuß seine Pläne für die Einreise nach England, die Sicherung des Dokuments und die Wiederausreise reift.

„ Also wird Bernstorff zur Beratung gerufen, der Leiter einer Botschaft, die den deutschen Geheimdienst zum Gespött der Welt gemacht hat, ein Botschafter, dessen Privatpapiere von einem einfachen Dieb in der U-Bahn gestohlen werden und der dumm genug ist die wertvollsten Dokumente nach Hause zu schicken, von einem Esel von Militärattaché, der sich von einem dummen britischen Zollbeamten in Falmouth das ganze Paket wegnehmen lässt! *Das war der Mann, der mich* ersetzen sollte !

„Bernstorff wird daher gebeten, einen seiner treuen Diener mit allen geeigneten Vorsichtsmaßnahmen nach England zu schicken , um *meine* Arbeit zu erledigen. Sie sind ausgewählt, und ich werde Ihnen die Ehre erweisen, Ihnen zu sagen, dass Sie Ihre Mission auf eine Weise erfüllt haben, die einzigartig ist der üblichen Vorgehensweise der Abgesandten dieses Herrn Folge zu leisten.

„Aber, mein lieber Doktor ... bitte füllen Sie Ihr Glas. Diese Zigarre ist gut, nicht wahr? Ich dachte, Sie würden eine gute Zigarre zu schätzen wissen ... Wie ich schon sagte, Sie waren von Anfang an behindert. Wenn Sie ankommen An der Ihnen in Ihren Anweisungen angegebenen Stelle finden Sie nur die Hälfte des Dokuments. Der listige Dieb hat es in zwei Teile geschnitten, um sich seines Geldes zu vergewissern, bevor er sich von der Ware trennt. Sie wussten natürlich nicht, dass Klumpfuß, Der alte, langsame Kutscher, der seine Arbeit hinter sich hat, war sich dessen bereits bewusst und hatte seine Pläne entsprechend ausgearbeitet. Aber am Ende mussten sie nach mir schicken. „Der gute Klumpfuß", „alter Junge", „schlauer alter Kerl". „Fuchs" und alles andere – würde nach England rennen und sich die andere Hälfte sichern, während Graf Bernstorffs kluger junger Mann aus Amerika in Rotterdam warten würde, bis Herr Dr. Grundt eintraf und ihm die andere Hälfte überreichte.

„Aber der junge Mann des Grafen Bernstorff tut nichts dergleichen. Er ist einer zu viel für den alten Fuchs an alle, die sich in die Angelegenheiten anderer Leute einmischen – und geht nach Deutschland und lässt den armen alten Klumpfuß im Stich. Sie müssen zugeben, Herr Doktor , dass ich kaum benutzt wurde – sowohl von Ihnen als auch von einer anderen Person?"

Meine Kehle war vor Angst trocken. Was meinte der Mann mit seinen verschleierten Anspielungen auf „alle, die sich in die Angelegenheiten anderer Leute einmischen"?

Ich räusperte mich, um etwas zu sagen.

Klumpfuß hob ablehnend die Hand.

„Keine Erklärung, Herr Doktor , ich bitte" (sein Ton war vollkommen unbekümmert und freundlich), „lassen Sie mich zu Wort kommen. Als ich erfuhr, dass Sie Rotterdam verlassen hatten – durfte ich Ihnen übrigens zu dem Bemerkenswerten gratulieren." Sie haben die Fruchtbarkeit Ihres Einfallsreichtums bewiesen, als Sie Frau Schratts gastfreundliches Haus verlassen haben – als ich feststellte, dass Sie nicht mehr da waren, setzte ich mich hin und dachte darüber nach.

„Ich dachte darüber nach, dass ein kluger Amerikaner wie Sie (glauben Sie mir, Sie sind sehr klug) wahrscheinlich daran gewöhnt wäre, alles vom geschäftlichen Standpunkt aus zu betrachten. ‚Ich werde die Angelegenheit auch vom geschäftlichen Standpunkt aus betrachten', sagte ich mir und Ich habe beschlossen, dass auch ich an Ihrer Stelle nicht damit zufrieden sein würde, als einzige Bezahlung für die Gefahr meiner Mission die kaum großzügige Entschädigung anzunehmen, die Graf Bernstorff seinen Mitarbeitern gewährt. Nein, ich würde mir wünschen, mir ein wenig Ruhm zu sichern selbst, oder, wenn das nicht möglich wäre, einen finanziellen Gewinn, der im Verhältnis zu den Risiken steht, die ich eingegangen bin. Sehen Sie, ich habe mir Mühe gegeben, mich ganz in Ihre Lage zu versetzen. Ich hoffe, ich habe nichts Taktloses gesagt. Wenn ja, dann ich kann mich zumindest von jedem Wunsch befreien, zu beleidigen.

„Im Gegenteil, Herr Doktor ", antwortete ich, „Sie sind ein Muster an Takt und Diplomatie."

Seine Augen verengten sich dabei ein wenig. Ich dachte, ihm würde das Wort „Diplomatie" nicht gefallen.

„Noch ein Glas Wein? Das können Sie getrost wagen; eine Flasche davon verursacht keine Kopfschmerzen. Nun, Herr Doktor , da Sie mir bisher so geduldig gefolgt sind, werde ich weitermachen. Ich habe es Ihnen gesagt, als ich es zum ersten Mal sah Ich habe Ihnen heute Abend mitgeteilt, dass ich mich über unser Treffen gefreut habe. Das war keine Banalität, sondern die nüchterne Wahrheit. Denn Sie sehen, ich bin genau die Person, mit der Sie unter den gegebenen Umständen gerne Kontakt aufnehmen würden. Beraubt Angesichts der mir zu Recht zustehenden Ehre , diese Mission im Alleingang zu übernehmen und allein zu erfüllen, bin ich der Meinung, dass Sie es mir ermöglichen können, die Mission zu einem erfolgreichen Abschluss durchzuführen, während ich meinerseits dazu in der Lage und willens bin Vergelten Sie Ihre Dienste so, wie sie es verdienen, und nicht nach der Hungerskala von Bernstorff.

„Um es kurz zu machen, Herr Doktor ... wie viel?"

Er brachte seine Bemerkungen so plötzlich zu diesem abrupten Höhepunkt, dass ich verblüfft war. Der Mann beobachtete mich trotz seiner scheinbaren Lässigkeit aufmerksam und ich hatte mehr denn je das Bedürfnis, auf der Hut zu sein. Wenn ich mir nur vorstellen könnte, wie viel er wusste. Bei zwei Dingen war ich mir ziemlich sicher: Der Kerl glaubte, ich sei Semlin und hatte den Eindruck, dass ich meinen Teil des Dokuments noch behielt. Ich müsste Zeit gewinnen. Der Handel, den er für meine Hälfte des Briefes vorschlug, könnte mir die Gelegenheit dazu geben. Außerdem muss ich herausfinden, ob er die andere Hälfte des Dokuments wirklich besaß und in diesem Fall, wo er sie aufbewahrte.

Er brach das Schweigen.

„Nun, Herr Doktor ", sagte er, „wollen Sie, dass ich mit der Ausschreibung beginne? Sie brauchen keine Angst zu haben. Ich bin großzügig."

Ich beugte mich ernsthaft in meinem Stuhl vor.

„Sie haben mit bewundernswerter Offenheit gesprochen, Herr Doktor ", sagte ich, „und ich werde mich ebenso deutlich äußern, aber ich werde mich kurz fassen. Zunächst möchte ich wissen, dass Sie der Mann sind, für den Sie sich ausgeben: bis jetzt." , du musst bedenken, ich habe nur die Zusicherung unseres aufgeregten jungen Freundes.

„Ihre Vorsicht ist äußerst lobenswert", sagte der andere, „aber ich könnte mir vorstellen, dass ich meinen Namen auf meinem Stiefel trage." Und er hob seinen abscheulichen und deformierten Fuß.

„Das ist kaum eine ausreichende Garantie", antwortete ich, „in einer Angelegenheit dieser Bedeutung. Ein solches Detail könnte leicht gefälscht oder anderweitig vorgesehen werden."

„Mein Abzeichen", und der Mann holte aus seiner Westentasche einen silbernen Stern hervor, der mit dem identisch war, den ich an meinen Hosenträgern trug, der aber nur den Buchstaben „G" über der Aufschrift „Abt. VII" trug.

„Auch das", erwiderte ich, „ist nicht schlüssig."

Klumpfuß war außerordentlich wachsam, so grob und schwer sein Körper auch sein mochte.

Er hielt einen Moment inne und dachte nach, die Hände auf seinem großen Bauch verschränkt.

"Warum nicht?" sagte er plötzlich, griff nach seinem Zigarrenetui, das neben ihm auf dem Tisch lag, und holte drei stark glasierte Zettel hervor, die mit dieser unvergesslichen, ausgestreckten Hand bedeckt waren, an deren Spitze ein Teil eines vergoldeten Wappens lag – kurz gesagt, das Fehlende die Hälfte des Dokuments, das ich in Semlins Tasche gefunden hatte.

Klumpfuß hielt sie mir fächerförmig hin, damit ich sie sehen konnte, aber weit außerhalb meiner Reichweite, und er hielt einen großen, spachtelförmigen Daumen über die Oberseite des ersten Blattes, wo der Name des Adressaten hätte stehen sollen.

„Ich gehe davon aus, dass Sie jetzt überzeugt sind, Herr Doktor ", sagte er mit einem Lächeln, das seine Zähne entblößte, und als er die Stücke zusammenfügte, faltete er sie quer, steckte sie wieder in das Zigarrenetui und steckte es in seines Tasche.

Ich muss den Boden weiter testen.

„Ist Ihnen aufgefallen, Herr Doktor ", fragte ich, „dass uns nur sehr wenig Zeit zur Verfügung steht? Die Person, der wir dienen, muss gespannt warten ..."

Klumpfuß lachte und schüttelte den Kopf.

„Ich möchte diesen halben Brief unbedingt haben", sagte er, „aber es gibt keine gewalttätige Eile. Deshalb fürchte ich, dass Sie dieses Argument aus Ihrer Darstellung des Falles herauslassen müssen, denn es hat keinen kommerziellen Wert. Die Person, von der Sie sprechen, hat keinen kommerziellen Wert." in Berlin."

Ich hatte etwas über das plötzliche Auftauchen und Verschwinden des Kaisers während des Krieges gehört, aber ich hätte nicht gedacht, dass sie so gut gehandhabt werden könnten, dass sie vor dem Wissen eines seiner vertrauten Diener geheim gehalten werden könnten, denn für einen solchen schätzte ich Klumpfuß. Offensichtlich wusste er nichts von meinem Besuch im Schloss an diesem Abend, und einen Moment lang war ich so unpatriotisch, dass ich wünschte, ich hätte die Hälfte des Briefes behalten, damit ich ihn jetzt Klumpfuß geben könnte, um die bevorstehende Enthüllung zu retten. „Tausend Dollar!" sagte Klumpfuß.

Ich schwieg.

„Zwei?

„Herr Doktor ", sagte ich, „ich will Ihr Geld nicht. Ich möchte fair zu Ihnen sein. Wenn die ... die Person, die wir kennen, nach Ihnen schickt, werden wir zusammen gehen. Sie werden den größten Teil erzählen." Sie haben in dieser Angelegenheit mitgewirkt. Ich möchte nur Anerkennung für das, was ich getan habe, nichts weiter ..."

Es klopfte an der Tür. Der Portier trat ein.

„Ein Telegramm für den Herrn Doktor ", sagte er und überreichte ein Tablett.

Irgendwo in der Nähe spielte eine Band Tanzmusik ... einen dieser mitreißenden, herrlich akzentuierten Wiener Walzer. Es schien, als wäre ein Ball im Gange, denn durch die offene Zimmertür hörte ich, vermischt mit den Klängen der Musik, das Geräusch von Füßen und das Summen von Stimmen.

Dann schloss sich die Tür und schloss die Außenwelt wieder aus.

„Sie erlauben es mir", sagte Grundt knapp, als er das Siegel des Telegramms brach. Um ihn nicht zu bemerken, stand ich auf, ging zum Fenster und lehnte mich an die warme Heizung.

"Also?" sagte eine Stimme aus dem Sessel.

"Also?" wiederholte ich.

„Ich habe Ihnen meinen Vorschlag gemacht, Herr Doktor : Sie haben den Ihren gemacht. Ihrer ist völlig inakzeptabel. Ich habe Ihnen mit großer Offenheit erklärt, warum es notwendig ist, dass ich Ihren Teil des Dokuments habe und welchen Betrag ich bereit bin zu zahlen." Ich habe seinen Wert auf fünftausend Dollar festgesetzt. Ich werde Ihnen das Geld in bar auszahlen, hier und jetzt, in guten deutschen Banknoten, im Austausch gegen diese Zettel."

Die Höflichkeit des Mannes war so gut wie verschwunden: Seine Stimme war rau und streng. Seine Augen glitzerten unter seinen struppigen Brauen, als er mich ansah. Wäre ich weniger aufgeregt gewesen, hätte ich dies als Vorzeichen des kommenden Sturms bemerken müssen, und auch die Hände seines Menschenaffen, die nervös an dem Telegramm in seinem Schoß zupften.

„Ich habe dir bereits gesagt", sagte ich bestimmt, „dass ich dein Geld nicht will. Du kennst meine Bedingungen!"

Er erhob sich von seinem Sitz und seine Gestalt schien aufzuragen.

"Bedingungen?" „Bedingungen? Verstehen Sie, dass ich Befehle gebe. Ich akzeptiere Bedingungen von niemandem. Wir verschwenden hier unsere Zeit mit Reden. Kommen Sie, nehmen Sie das Geld und geben Sie mir die Zeitung."

Ich schüttelte den Kopf. Mein Gehirn war klar, aber ich hatte das Gefühl, dass die Krise kommen würde. Ich umklammerte mit meinen Händen die Marmorplatte, die den Heizkörper hinter mir bedeckte, um mir Selbstvertrauen zu geben. Die Platte gab nach: mechanisch bemerkte ich, dass sie locker war.

Der Mann vor mir zitterte vor Wut.

"Hören!" er sagte. „Ich gebe Ihnen noch eine Chance. Aber merken Sie sich meine Worte gut. Wissen Sie, was mit dem Mann passiert ist, der dieses Dokument gestohlen hat? Die Engländer haben ihn rausgeholt und erschossen, weil man bei der Razzia in seinem Haus etwas gefunden hat.". Wissen Sie, was mit dem Dolmetscher im Internierungslager passiert ist, der unser Vermittler war, der uns betrogen hat, indem er das Dokument in zwei Hälften zerschnitt? Auch *ihn haben die Engländer erschossen*, weil in Briefen, die an ihn kamen, etwas zu finden war offen durch die Post? Und wer hat Schulte erledigt? Und wer hat den anderen Mann erledigt? Wer hat die Fallen erfunden, die sie in den Untergang geschickt haben? Ich, *Grundt*, ich, *der* Krüppel, *ich, der Klumpfuß, der diese Verräter* ausschalten ließ ein Beispiel für die sechstausend von uns, die unserem Kaiser und unserem Imperium in der Dunkelheit dienen! Du Hund, ich werde dich zerschlagen!"

Er schnatterte wie ein wütender Affe, sein Körper zitterte vor Wut, jedes Härchen in seinem Gesicht und an seinen Händen schien vor Berserker-Raserei zu sträuben.

Aber er hielt sich von mir fern und ich sah, dass er immer noch darum kämpfte, seine Selbstbeherrschung zu bewahren.

Ich habe eine mutige Front beibehalten.

„Das mag für Ihr eigenes Volk genügen", sagte ich verächtlich, „aber es beeindruckt mich nicht, ich bin amerikanischer Staatsbürger!"

Er war jetzt ruhiger, aber seine Augen glitzerten gefährlich.

„Ein amerikanischer Staatsbürger?" sagte er in einem eisigen Ton. Dann zischte er mich förmlich an:

„Du Narr! Blinder, besessener Narr! Glaubst du, du kannst mit der Macht des Deutschen Reiches spielen? Ah! Ich habe ein hübsches Spiel mit dir gespielt, du dreckiger englischer Hund! Ich habe zugesehen, wie du dich windest und windest, während … Der dumme Deutsche hat dir seine hübsche kleine Geschichte erzählt und dich mit seinem Wein und seinen Zigarren bedrängt. Du bist jetzt in unserer Macht, du elender englischer Hund! Verstehst du das? Jetzt rufe deine Flotte an, um dich zu retten!

„Hören Sie! Ich werde bis zuletzt ehrlich zu Ihnen sein. Ich hatte von Anfang an meinen Verdacht Ihnen gegenüber, als sie mich anriefen, dass Sie aus dem Hotel geflohen waren, aber ich wollte sichergehen. Seitdem Sie es waren In diesem Zimmer lag es in meiner Macht, die Glocke dort zu läuten und dich nach Spandau zu schicken, wo man uns von so schmutzigen Hunden wie dir befreit.

„Aber das Spiel hat mir Spaß gemacht. Ich sah gerne zu, wie der Herr Englander den Spion gegen *mich spielte*, den Herrn über alle. Weißt du, du

Narr, dass die alte Schratt Englisch kann, dass sie Jahre des Lebens ihrer Hure in London verbracht hat? Und als Sie ihr einen Blick auf diesen Pass gewährten, Ihren eigenen Pass, den Sie so geschickt verbrannt hatten, erinnerte sie sich an den Namen? Ah! Das wussten Sie doch nicht, oder?

„Soll ich Ihnen sagen, was in dem Telegramm stand, das sie mir gerade gebracht haben? Es war von Schratt , unserem treuen Schratt , der für die Arbeit dieser Nacht einen Armreif haben soll, um zu sagen, dass die Leiche im Hotel eine Kette mit einem um den Hals trägt Personalausweis auf den Namen Semlin . Ha! Das wussten Sie doch auch nicht, oder?

„Und *du* würdest mit mir verhandeln und lästern! *Du* würdest deine Bedingungen diktieren, du Abschaum! *Du* mit dem Kopf in der Schlinge, ein Spion, der bei seiner Mission gescheitert ist, ein elender Kerl, den ich mit einem Schlag in den Tod schicken kann." Mein kleiner Finger! Du unverschämter Hund! Nun, dieses Mal bekommst du, was du verdient hast, Kapitän Desmond Okewood ... aber ich werde zuerst das Papier haben!"

Brüllendes „Gib es mir!" Er stürzte sich auf mich wie ein wildes Tier des Dschungels. An seinen Schläfen traten die Adern hervor, seine behaarten Nasenlöcher öffneten und schlossen sich, als sein Atem schneller wurde, seine langen Arme schossen nach vorn und seine großen Pfoten umklammerten meinen Hals.

Aber ich habe auf ihn gewartet. Als er auf mich zukam, hörte ich einmal seinen Klumpfuß auf dem polierten Boden aufstampfen, dann hob ich vom Heizkörper hinter mir die schwere Marmorplatte in die Höhe und ließ sie mit aller Kraft meines Körpers krachend auf mich herabstürzen sein Kopf.

Er fiel wie ein Baumstamm, das Blut sickerte träge von seinem Kopf auf das Parkett. Ich hielt einen Moment inne, schnappte mir das Zigarrenetui aus der Tasche, in der er es gesteckt hatte, zog das Dokument heraus und floh aus dem Zimmer.

# KAPITEL XI

## MISS MARY PRENDERGAST riskiert ihren Ruf

Die Räume unserer Suite waren miteinander verbunden, so dass man von einem zum anderen gelangen konnte, ohne den Flur zu betreten. Schmalz hatte sich auf diesem Weg von meinem Zimmer über das Badezimmer in sein eigenes Zimmer zurückgezogen. In der Aufregung des Augenblicks vergaß ich das alles, sonst hätte ich eine so elementare Vorsichtsmaßnahme wie das Öffnen des Riegels der Verbindungstür zwischen meinem Zimmer und dem Badezimmer nicht unterlassen sollen.

Als ich auf den Flur trat und das Krachen dieses schweren Körpers noch immer in meinen Ohren klang, glaubte ich, das Geräusch eines leichten Schritts im Badezimmer zu hören; Im nächsten Moment hörte ich, wie sich eine Tür öffnete und dann ein lauter Entsetzensschrei in dem Raum, den ich gerade verlassen hatte.

Der Korridor war dunkel und verlassen. Der Ort schien unbewohnt zu sein. Vor den Zimmern standen keine Stiefel, und eine nach der anderen geöffnete Tür war ein ausreichender Hinweis darauf, dass die Wohnungen, zu denen sie führten, unbewohnt waren.

Ich machte keine Pause, um nachzudenken oder zu planen. Als ich diesen langgezogenen Schreckensschrei hörte , rannte ich blindlings mit Höchstgeschwindigkeit den Korridor entlang, folgte ihm nach rechts und stürmte dann, als ich eine kleine Treppe erblickte, drei Stufen auf einmal hinauf. Als ich oben ankam, hörte ich irgendwo unten auf dem Boden einen lauten Schrei. Dann schlug eine Tür zu, man hörte rennende Schritte und ... Stille.

Ich befand mich im nächsten Stockwerk in einem Korridor, der dem ähnelte, den ich gerade verlassen hatte. Ebenso war es trostlos und schwach beleuchtet. So zeigte es einen Raum nach dem anderen, still und leer. So aufgeregt ich auch war, der Kontrast zum hellen und geschäftigen Vorraum und der Menge uniformierter Diener unten war so deutlich, dass er mich mit überzeugender Kraft beeindruckte. Sogar die Hotels waren offenbar Teil des großen deutschen Publicity-Bluffs, den ich bei der Lektüre der deutschen Zeitungen in Rotterdam bemerkt hatte.

Ich hatte keinen Plan im Kopf, nur den wilden Wunsch, so viel Abstand wie möglich zwischen mir und dem Affenmenschen im Raum darunter zu schaffen. Nachdem ich einen Moment innegehalten hatte, um zuzuhören und Luft zu holen, machte ich mich wieder auf den Weg. Plötzlich öffnete sich eine Tür am Ende des Korridors, keine zehn Schritte von mir entfernt, und eine Frau kam heraus. Ich blieb in meinem stürmischen Kurs stehen, aber es war zu spät und ich stand ihr gegenüber.

Sie war jung und sehr schön, mit einer Fülle dichter brauner Haare, die sich um eine sehr weiße Stirn sammelten. Sie trug ein Abendkleid, ganz in Weiß, mit einem Hermelin-Umhang.

sie ansah, kannte ich sie und sie kannte mich.

„Monica", flüsterte ich.

„Warum! Desmond!" Sie sagte.

Von unten hallte ein regelrechter Tumult wider. Stimmen schrien, Türen schlugen, man hörte Schritte.

Das Mädchen sprach und sagte mit ihrer leisen und angenehmen Stimme Sätze, die für mich vage von ihrer Überraschung und ihrer Freude darüber sprachen, mich zu sehen. Aber ich habe nicht auf sie gehört. Ich richtete meine Ohren auf die Lautstärke chaotischer Geräusche, die von unten heraufstiegen.

„Monika!" Ich unterbrach ihn schnell: „Hast du einen Ort, an dem du mich verstecken kannst? Dieser Ort ist gefährlich für mich … Ich muss weg. Wenn du mich nicht retten kannst, bleib nicht hier, sondern entkomme selbst, so schnell du kannst." . Sie sind hinter mir her und wenn sie dich mit mir erwischen, wird es schlecht für dich sein!"

Wortlos drehte sich das Mädchen zu dem Zimmer um, das sie gerade verlassen hatte. Sie winkte mir zu, klopfte dann und ging hinein. Ich folgte ihr. Es war ein großes, angenehmes Schlafzimmer, elegant eingerichtet mit einem weichen Teppich und Seidenvorhängen, und ich weiß nicht was, mit schattigen Lichtern und Blumen in Hülle und Fülle. Aufrecht im Bett saß eine kräftige, ruhig wirkende Frau in einem rosafarbenen Seidenkimono, deren Haare kokett zu zwei kurzen Zöpfen geflochten waren, die auf beiden Seiten ihres Gesichts herabhingen.

Monica schloss leise die Tür hinter sich.

„Warum, Monica!" Sie rief entsetzt aus – und ihre Rede war die der Vereinigten Staaten – „Was um alles in der Welt …?"

„Kein Wort, Mary, aber lass es mich erklären…"

„Aber um Himmels willen, Monica …"

„Mary, ich möchte, dass du hilfst…"

„Aber sagen Sie, Kind, ein Mann … in meinem Schlafzimmer … um diese Nachtzeit …"

„Oh, scheiße, Mary! Lass mich reden."

Der Kummer der Frau im Bett war so komisch, dass ich mir das Lachen kaum verkneifen konnte. Sie hatte die Bettwäsche hochgezogen, bis nur noch ihre Augen zu sehen waren. Ihre Zöpfe wippten vor Rührung hin und her.

„Nun, Mary, meine Liebe, hör zu. Du bist ein Freund von mir. Das ist Desmond Okewood , ein weiterer, sehr alter und lieber Freund von mir. Nun, weißt du, Mary, dies ist heutzutage kein gesundes Land für einen englischen Offizier. Das ist Desmond hier. Ich wusste nicht, dass er in Deutschland war. Ich weiß nichts über ihn, außer dem, was er mir erzählt hat und dass er in Gefahr ist und möchte, dass ich ihm helfe. Ich habe ihn kennengelernt Ich habe ihn nach draußen gebracht und ihn direkt hierher gebracht, wie ich weiß, dass du es von mir gewollt hättest, nicht wahr, Liebes?"

Die Dame steckte ihre Nase über die Bettdecke.

„Präsentieren Sie den Herrn richtig, Monica!" sagte sie ernst.

„Captain Okewood … Miss Mary Prendergast", sagte Monica.

Nun erschien der Kopf der Dame mit ihren Zöpfen und allem. Sie schien etwas besänftigt zu sein.

„Ich kann nicht sagen, dass ich Ihre Art, Dinge zu tun, gutheiße, Monica", bemerkte sie, aber weniger streng als zuvor, „und ich kann mir nicht vorstellen, was ein englischer Offizier um zehn Minuten vor zwei Uhr morgens in meinem Schlafzimmer haben möchte." , aber wenn diese Deutschen ihn finden wollen, kann ich das vielleicht verstehen!"

Hier lächelte sie das schöne Mädchen an meiner Seite liebevoll an.

„Ah! Mary, du bist ein Schatz", antwortete Monica.

„Ich wusste, dass Sie uns helfen würden. Ein britischer Offizier in Deutschland … ist das nicht zu aufregend?"

Sie drehte sich zu mir um.

„Aber, Des", sagte sie, „was soll ich tun?"

Ich wusste, dass ich Monica vertrauen konnte, und beschloss, dass ich auch ihrer Freundin vertrauen würde … Sie sah wirklich wie eine weiße Frau aus. Und wenn sie eine Freundin von Monica wäre, wäre ihr Herz am rechten Fleck. Francis und ich kannten Monica fast unser ganzes Leben lang. Ihr Vater hatte jahrelang – und zwar bis zu seinem Tod – in London als wichtigster europäischer Vertreter eines großen amerikanischen Finanzhauses gelebt. Sie wohnten neben uns in London, und Francis und ich kannten Monica von der Zeit an, als sie ein hübsches Kind in kurzen Röcken war, bis sie ihr Debüt gab und die amerikanische Botschafterin sie im Buckingham Palace vorstellte. Ich glaube, dass sowohl Francis als auch ich in verschiedenen Phasen unseres Lebens in sie verliebt waren, aber mein Leben in der Armee hatte mich viel in der Ferne gehalten, so dass Francis die meiste Zeit von ihr gesehen hatte und es am härtesten getroffen hatte.

Dann starb der Vater und Monica reiste in großem Staat ins Ausland, wie es sich für eine junge Erbin gehört, mit einer äußerst respektablen amerikanischen Anstandsdame und einem Gefolge von Gefolgsleuten. Ich wusste nie, wie berechtigt der Fall zwischen ihr und Franziskus war, aber in einer der deutschen Botschaften im Ausland – ich glaube in Wien – traf sie den jungen Grafen Rachwitz , Oberhaupt eines der großen schlesischen Adelshäuser, und heiratete ihn.

Diese deutsch-amerikanische Ehe scheiterte nicht am üblichen Fels – dem Geld –, denn der Graf war selbst sehr wohlhabend. Ich hatte angenommen, dass die gewohnheitsmäßige Einstellung des deutschen Mannes gegenüber Frauen nicht zum unabhängigen Geist des Mädchens passte, als ich hörte, dass Monica einige Jahre nach ihrer Heirat ihren Mann verlassen hatte und nach Amerika gegangen war, um dort zu leben. Ich hatte sie seit ihrer Abreise aus London nicht mehr gesehen, und obwohl wir uns in regelmäßigen Abständen schrieben, hatte ich seit Kriegsbeginn nichts mehr von ihr gehört und hatte keine Ahnung, dass sie nach Deutschland zurückgekehrt war. Monica Rachwitz war tatsächlich die letzte Person, die ich in Kriegszeiten in Berlin treffen würde.

Also erzählte ich den beiden Frauen so kurz wie möglich und lauschte aufmerksam auf Geräusche aus dem Korridor und erzählte den beiden Frauen die Geschichte vom Verschwinden von Francis und meiner Reise nach Deutschland, um nach ihm zu suchen. Als ich den Namen meines Bruders erwähnte, bemerkte ich, dass das Mädchen sich versteifte und ihr Gesicht starr wurde, aber als ich ihr von meinen Ängsten um seine Sicherheit erzählte, schien es mir, als würden ihre blauen Augen trübe. Ich beschrieb ihnen mein Abenteuer im Hotel in Rotterdam, meinen Empfang im Haus des Generals von Boden und mein Interview im Schloss und endete mit den Erlebnissen dieser Nacht, der Falle, die mir im Hotel gestellt wurde, und meiner Begegnung mit Klumpfuß im Raum darunter. Nur zwei Dinge habe ich zurückgehalten: die Botschaft von Franziskus und das Dokument. Ich entschied in mir selbst, dass sie umso sicherer wären, je weniger Menschen in diese Geheimnisse eingeweiht würden. Ich fürchte daher, dass mein Bericht über mein Gespräch mit dem Kaiser ein wenig verstümmelt war, denn ich tat so, als wüsste ich nicht, warum ich hierher eingeladen wurde, und dass unser Gespräch unterbrochen wurde, bevor ich den Grund herausfinden konnte.

Die beiden Frauen hörten mit ernster Miene zu. Nur einmal unterbrach mich Monica. Es war, als ich General von Boden erwähnte.

„Ich kenne das Biest", sagte sie. „Aber, oh, Des!" Sie rief aus: „Du scheinst direkt in die Spitzengruppe dieses Landes gefallen zu sein. Es ist schwer, sie zu überqueren. Ich fürchte, du bist in schrecklicher Gefahr."

„Ich glaube dir, Monica", antwortete ich ziemlich traurig. „Und da fühle ich mich wie ein Biest, weil ich mich auf diese Weise deiner Gnade anvertraue. Aber ich war ziemlich verzweifelt, als ich dich gerade traf, und wusste nicht, wohin ich mich wenden sollte. Dennoch möchte ich, dass du das verstehst, wenn." Du kannst mich nur hier rausholen . Ich werde dich nicht weiter belästigen. Ich bin auf eigene Verantwortung in dieses Land gekommen und mache es allein durch. Ich habe nicht die Absicht, irgendjemanden anderen in die Tat einzubeziehen. Aber ich gestehe Ich glaube nicht, dass es möglich ist, diesem Hotel zu entkommen. Sie überwachen mittlerweile jede Tür. Außerdem ..."

Ich blieb abrupt stehen. Ein Geräusch draußen erregte mein lauschendes Ohr. Auf dem Korridor näherten sich Schritte. Ich hörte, wie sich Türen öffneten und schlossen. Sie suchten nach mir, Stockwerk für Stockwerk, Zimmer für Zimmer.

„Mach den Kleiderschrank auf", sagte eine Stimme vom Bett: eine feste, sachliche Stimme, die gut zu hören war. „Mach es auf und geh direkt rein, junger Mann; aber mach meine guten Kleider nicht kaputt, was auch immer du tust! Und du, Monica, schnell! Mach alle Lichter aus, bis auf dieses neben dem Bett. Gut! Jetzt geh zum Tür und frag sie, was sie meinen, wenn sie diesen Lärm zu dieser Nachtzeit machen, während ich krank bin!"

Ich ging in den Kleiderschrank und Monica schloss mich ein. Ich hörte, wie sich die Schlafzimmertür öffnete, dann Stimmen. Ich wartete geduldig fünf Minuten, dann öffnete sich die Schranktür erneut.

„Komm raus, Des", sagte Monica, „und danke Mary Prendergast für ihre Klugheit."

"Was haben sie gesagt?" Ich fragte.

„Dieser Rezeptionist war da. Er entschuldigte sich sehr – sie kennen mich ja hier. Er erzählte mir, wie ein Kerl einen Herrn im Stockwerk darunter verzweifelt angegriffen hatte und entkommen war. Sie dachten, er müsse sich irgendwo verstecken im Hotel. Ich erzählte ihm, dass ich eine Stunde lang hier gesessen und mit Miss Prendergast geplaudert hatte und dass wir kein Geräusch gehört hatten. Sie gingen dann weg!"

„Sie werden keinen Deutschen dabei erwischen , wie er Mary Prendergast zum Narren hält", sagte die fröhliche Dame im Bett; „Aber, Kinder, was kommt als Nächstes?"

Monica sprach – ganz ruhig. Sie war immer vollkommen selbstbeherrscht.

„Mein Bruder hält bei mir in unserer Wohnung in der Bendler -Straße", sagte sie. „Du erinnerst dich an Gerry, Des – er ist beim Fliegen völlig kaputt gegangen, weißt du, und ist praktisch ein Krüppel. Es geht ihm hier so viel besser, dass ich versucht habe, einen Pfleger zu finden, der sich um ihn kümmert, ihn anzieht und so weiter , aber wir konnten niemanden finden; Männer sind heutzutage so selten! Du könntest mit mir nach Hause kommen, Des, und den Platz dieses Mannes für ein oder zwei Tage einnehmen ... Ich fürchte, es könnte nicht länger dauern, zum Beispiel Sie müssten Sie bei der Polizei anmelden – jeder muss registriert werden, wissen Sie – und ich nehme an, Sie haben keine gültigen Papiere – jetzt.

„Du bist zu nett, Monica", antwortete ich, „aber du riskierst zu viel und ich kann es nicht akzeptieren."

„Für ein oder zwei Tage besteht kein Risiko", sagte sie. „Ich bin eine Person von Bedeutung im offiziellen Deutschland, wissen Sie, mit meinem Mann, der dem Marschall von Mackensen vorsteht , und ich kann immer sagen, dass ich vergessen habe, Ihre Papiere einzusenden. Wenn sie mir später auffallen, sollte ich sagen, dass ich mich registrieren wollte." Du musstest Dich aber plötzlich entlassen ... wegen Alkohol!"

„Aber wie komme ich hier weg?" Ich habe Einspruch erhoben.

„Ich denke, wir können das auch beheben", antwortete sie. „Mein Auto kommt um zwei Uhr – das muss jetzt so sein – ich war unten auf einer Tanzparty – eines der Radolin- Mädchen heiratet morgen – es war so totenlangweilig, dass ich hierher gerannt bin und Mary Prendergast geweckt habe zu reden. Du sollst mein Chauffeur sein! Ich weiß, dass du ein Auto fährst! Du solltest in der Lage sein, mit meinem umzugehen ... es ist ein Mercédès .

„Ich kann jedes alte Auto fahren", sagte ich, „aber ich bin gesegnet ..."

"Warte dort!" rief dieses bemerkenswerte Mädchen und rannte aus dem Zimmer.

Zwanzig Minuten lang stand ich da und unterhielt mich mit Miss Prendergast. Es waren die längsten zwanzig Minuten, die ich je verbracht habe. Ich war ohnehin todmüde, aber meine verzweifelte Lage beschäftigte meine Gedanken so sehr, dass ich trotz aller Bemühungen um Höflichkeit befürchte, dass mein Gespräch äußerst verstört verlaufen würde.

" Du armer Junge!" sagte plötzlich Miss Mary Prendergast und ignorierte völlig eine tiefgründige Bemerkung, die ich über Mr. Wilsons Politik machte: „Reden Sie nicht weiter mit mir! Setzen Sie sich auf diesen Stuhl und schlafen Sie! Sie sehen einfach erschöpft aus!"

Ich setzte mich in den Sessel und nickte.

Plötzlich war ich wach. Monica stand vor mir. Sie zog unter ihrem Umhang eine Livree-Mütze und eine Uniform hervor.

„Ziehen Sie diese Dinge an", sagte sie, „und hören Sie gut zu. Wenn Sie hier gehen, biegen Sie nach rechts ab und nehmen Sie die kleine Treppe, die Sie auf der rechten Seite finden. Gehen Sie nach unten, gehen Sie durch die Glastüren und hinüber." Das Zimmer, das Sie dort finden, führt zu einer Tür in einer Ecke, die zum Eingang des Ballsaals des Hotels führt. Ich gebe Ihnen meinen Hermelinwickel zum Tragen. Ich werde dort warten. Sie werden mir in meinen Umhang helfen und mich begleiten zum Auto. Ist das klar?"

"Perfekt."

Bendler -Straße erklären ."

Sie tat dies und fügte hinzu:

„Fahren Sie vorsichtig, was auch immer Sie tun. Wenn wir einen Unfall hätten und die Polizei eingreifen würde, wäre es für Sie möglicherweise äußerst unangenehm."

„Aber Ihr Chauffeur", sagte ich, „was wird er tun?"

„Oh, Carter", antwortete sie nachlässig, „er ist zu Tode gekitzelt ... er ist Amerikaner, wissen Sie ... er hat mich gerade in den Tiergarten gefahren und seine Livree abgelegt, dann hat er mich hierher zurückgefahren, ist abgesprungen und ging nach Hause."

„Aber kannst du ihm vertrauen?" Ich fragte besorgt.

„Wie ich", sagte sie. „Außerdem war Carter in Belgien ... er hat Graf Rachwitz , meinen Mann, gefahren, während er dort Dienst hatte. Und Carter hat nicht vergessen, was er in Belgien gesehen hat!"

Sie gab mir den Garagenschlüssel und weitere Anweisungen zum Aufstellen des Autos. Carter stellte mir ein Bett in der Garage zur Verfügung und brachte mich frühmorgens zum Haus, als würde ich mich um die Stelle eines männlichen Betreuers für Gerry bewerben.

„Ich gehe zuerst runter", sagte Monica, „um dich nicht warten zu lassen. Meine Güte, aber sie werden nach unten gedrängt – die ganze Menge bei Olga von Radolins Tanz hat die Geschichte mitbekommen und der Ort ist voller Polizisten." . Aber es besteht keine Gefahr, wenn du im Flur direkt auf mich zugehst und dein Gesicht so weit wie möglich von der Menge abgewandt hältst."

Sie küsste Miss Prendergast und schlüpfte davon. Was für ein großartiges Frauenpaar sie waren: so bewundernswert kühl und einfallsreich: Sie schienen an alles gedacht zu haben.

„Gute Nacht, Miss Prendergast", sagte ich. „Du hast mir etwas Gutes getan. Ich werde es nie vergessen!" Und als einziges Mittel, das mir zur Verfügung stand, um meine Dankbarkeit zu zeigen, küsste ich ihre Hand.

Sie hatte die Farbe eines Mädchens.

„Es ist lange her, dass jemand einer dummen alten Frau wie mir so etwas angetan hat", sagte sie nachdenklich. „Waren Sie oder Ihr Bruder", fragte sie plötzlich, „der meinem armen Mädchen fast das Herz gebrochen hätte?"

„Das möchte ich nicht sagen", antwortete ich; „Aber ich persönlich glaube nicht, dass Monica sich jemals genug um mich gekümmert hat, um mich schuldig zu bekennen."

Sie schniefte verächtlich.

„Wenn dem so ist", sagte sie, „dann kann ich nur sagen, dass Sie anscheinend den ganzen Verstand Ihrer Familie haben!"

Damit verabschiedete ich mich.

---

Ich erreichte den Vorraum des Ballsaals, ohne einer Menschenseele zu begegnen. Der Ort war voller Menschen, Offiziere in Uniform, die mit Orden glitzerten, Frauen in Abendkleidern, Kutscher, Lakaien, Chauffeure, Kellner. Alle redeten sechzehn zu dutzend, und die Menschenmenge war so dicht, dass ich Monica zunächst nicht sehen konnte. Zwei Polizisten standen an der Schwingtür, die auf die Straße führte, und bei ihnen ein Zivilist, der wie ein Detektiv aussah. Ich erblickte Monica, die fast neben dem Detektiv stand und mit zwei sehr elegant aussehenden Beamten sprach. Ich drängte mich durch den Vorraum, drehte der Detektivin den Rücken zu und blieb teilnahmslos neben ihr stehen.

„Ah! Da bist du ja, Carter!" Sie sagte. „ Gute Nacht, Herr Baron! Auf wiedersehen , durchlaucht !"

Die beiden Beamten küssten ihr die Hand, während ich ihr in ihren Umhang half. Dann marschierte ich direkt vor ihr durch die Schwingtür hinaus, ohne nach rechts oder links zu schauen, an dem Detektiv und den beiden Polizisten vorbei. Der Detektiv hat mich vielleicht angeschaut, wenn ja, habe ich es nicht bemerkt. Ich hatte beschlossen, ihn nicht zu sehen.

Draußen übernahm Monica die Führung und brachte mich zu einer schokoladenfarbenen Limousine , die auf dem Bürgersteig stand. Mit Bestürzung stellte ich fest, dass der Motor abgestellt war. Das könnte eine weitere Verzögerung beim Hochfahren bedeuten. Aber ein freundlicher Chauffeur, der daneben stand, ergriff den Griff und startete den Motor, während ich Monica beim Einsteigen half, und im nächsten Moment glitten wir unter den funkelnden Bogenlampen sanft über den Asphalt.

Die Bendler -Straße liegt abseits des Tiergartens , nicht weit von der Esplanade entfernt, und ich habe den Weg dorthin ohne große Schwierigkeiten gefunden. Ich schmeichele mir, dass sowohl Monica als auch ich unsere Rollen gut gespielt haben, und ich bin mir sicher, dass nichts professioneller hätte sein können, als die Art und Weise, wie ich ihr beim Aussteigen geholfen habe. Es war ein Apartmenthaus und sie hatte den Schlüssel für die Vordertür. Nachdem ich sie sicher in der Tür gesehen hatte, kehrte ich zum Auto zurück und fuhr es über eine Fahrbahn, die zur Rückseite des Grundstücks führte, zur Garage.

Als ich die Doppeltüren der Garage aufschloss, kam ein Mann eine Leiter hinunter, die zum oberen Raum führte.

„Hat es gut funktioniert, Sir?“ er hat gefragt.

„Ist das Carter?“ Ich sagte .

„ Klar , das bin ich“, kam die fröhliche Antwort. „Bleib jetzt bereit und wir führen sie rein. Dann zeige ich dir, wo du schlafen sollst!“

Wir verstauten das Auto und er brachte mich nach oben in sein Quartier, ein helles kleines Zimmer mit elektrischem Licht, einem Tisch mit einer roten Decke, einem fröhlichen offenen Feuer und zwei Betten. Die Wände waren mit Bildern aus den amerikanischen Sonntagsbeilagen geschmückt, überwiegend Frauen- und Pferdestudien.

„Es ist ein bisschen hart, Mister“, sagte Carter, „aber es ist das Beste, was ich tun kann. Mann! Aber du siehst verdammt müde aus , ich schätze, du könntest überall schlafen !“

Er war ein freundlicher Kerl, der auf hässliche Weise angenehm aussah, mit einer Stupsnase und ehrlichen Augen.

„Sagen Sie, aber ich denke gerne daran, wie wir die Deutschen zum Narren gehalten haben “, kicherte er. Er kicherte immer wieder vor sich hin, während ich meine Stiefel auszog und begann, mich auszuziehen.

„Da ist dein Bett“, sagte er und zeigte darauf; „Früher hat der Diener dort geschlafen, aber sie haben ihn für die Armee geschnappt. Es gibt ein Paar Pyjamas von Mr. Gerry für Sie und Sie werden eine Tasse Kakao finden, die

Sie am Feuer wärmt. Es ist alles ein bisschen rau, aber es ist das Beste." Das schaffen wir. Ich schätze, du willst unbedingt schlafen gehen, also gehe ich runter. Das Bett ist sauber ... es liegen saubere Laken darauf ..."

„Aber ich werde dich nicht aus deinem Zimmer verweisen", sagte ich. „Es gibt zwei Betten. Du musst deins nehmen."

„Mach dir keine Sorgen um mich", antwortete er. „Ich werde es mir unten in der Garage gemütlich machen. Ich sehe nicht oft einen Gentleman in diesem dämlichen Land , und wenn, dann weiß ich, wie ich ihn behandeln muss."

Er wollte nicht auf mich hören, sondern stapfte die Treppe hinunter. Als er ging, hörte ich ihn vor sich hin murmeln:

„Mensch! Aber wir haben diese Deutschen bestimmt etwas getäuscht!"

Ich habe den Kakao dieses bewundernswerten Kerls getrunken; Ich wärmte mich an seinem Feuer. Dann kroch ich mit dankbarem Herzen ins Bett und versank in einen tiefen und traumlosen Schlaf.

# KAPITEL XII

## SEINE EXZELLENZ DER GENERAL IST SORGEN

Ich saß mit Monica in ihrem Boudoir, das im Gegensatz zu den üblichen deutschen Zimmern einen offenen Kamin hatte, in dem ein fröhliches Feuer brannte. Monica saß in einem hinreißenden Kimono auf dem Ledersitz um den Kamin herum und hielt einen kleinen Fuß in einem Satinschuh in die Flammen. In diesem hübschen Zimmer machte sie ein bezauberndes Bild, das mich für einen Moment fast die vielfältigen Gefahren vergessen ließ, die mir drohten.

Der tapfere Carter hatte seine Aufgabe hervorragend erfüllt. Als ich aufwachte und mich wie ein Riese erfrischt fühlte, ließ er das Feuer im Kamin fröhlich lodern, während auf dem Tisch ein köstliches Frühstück mit Tee, Spiegeleiern und Keksen ausgebreitet war.

„Es gibt keinen Grund, sich mit ihrem verdammten Kriegsbrot innerlich zu versauen", zwitscherte er. „Miss Monica, sie lässt mich Kekse essen, genau wie sie selbst. Ich nenne sie immer Miss Monica", erklärte er, „so wie sie es bei ihrem Onkel in Long Island getan haben, wo ich früher gearbeitet habe."

Nach dem Frühstück holte er heißes Wasser, einen Rasierapparat und andere Toilettenartikel, ein sauberes Hemd und einen Kragen, einen Mantel und einen Stetson-Hut – alles aus Gerrys Kleiderschrank, nahm ich an. Auch meine Stiefel waren wunderschön poliert, und als ganz neuer Mann, frisch im Geiste und rein im Körper, erschien ich gegen zehn Uhr morgens an der Haustür und verlangte die „Frau Gräfin" .." Auf Carters Rat hin hatte ich meinen Schnurrbart entfernt, und mein glattrasiertes Gesicht verlieh mir zusammen mit meinem schwarzen Filzhut und dem dunklen Mantel, glaube ich, das Aussehen ziemlich mürrischer Seriosität, das man von einem männlichen Diener erwartet.

Jetzt saßen Monica und ich zusammen und überprüften die Situation.

„Deutsche Diener verbringen ihr Leben damit, in die Angelegenheiten ihrer Herren einzudringen", sagte sie, „aber wir lassen uns hier nicht unterbrechen. Diese Tür führt in Gerrys Zimmer: Er schlief, als ich gerade reinkam. Ich nehme dich mit." in ihn hinein. Jetzt erzähl mir etwas über dich ... und Francis!"

Ich erzählte ihr noch einmal, aber ausführlicher, alles, was ich über Franziskus wusste, seine Mission in Deutschland, sein langes Schweigen.

„Ich habe aus einem Impuls heraus gehandelt", sagte ich, „aber glauben
Sie mir, ich habe zum Besten gehandelt. Nur scheint sich alles gegen mich
verschworen zu haben. Ich scheine geradewegs in ein Netz der
entsetzlichsten Komplikationen geraten zu sein, die bis in die Höhe reichen."
zum Thron.

„Macht nichts, Des", sagte sie, beugte sich vor und legte eine kleine Hand
auf meinen Arm, „es war für Francis; du und ich würden alles tun, um ihm
zu helfen, nicht wahr? ... wenn er noch lebt." . Impuls ist schließlich keine so
schlechte Sache. Wenn ich einmal impulsiv gehandelt hätte, wäre der arme
Francis jetzt vielleicht nicht in der Klemme, in der er ist ..."

Und sie seufzte.

„Die Dinge sehen schwarz genug aus, Des", fuhr sie fort. „Vielleicht
bekommen Sie und ich nicht noch einmal die Chance auf ein weiteres
Gespräch wie dieses, und deshalb werde ich Ihnen etwas erzählen, was ich
noch nie jemandem erzählt habe. Ich sage es Ihnen nur, damit Sie wissen,
dass, was auch immer passiert, Du wirst in mir immer einen Verbündeten
bei Deiner Suche finden ... obwohl ich, so gebunden wie ich bin, kaum
glaube, dass ich Dir jemals viel helfen kann.

„Dein Bruder wollte, dass ich ihn heirate. Ich mochte ihn mehr als jeden
anderen, den ich jemals getroffen hatte ... oder seitdem jemals getroffen habe
... Daddy war tot, ich hatte absolut die Freiheit, mir selbst zu gefallen, also
nein Schwierigkeiten standen im Weg. Aber dein Bruder war stolz ... sein
Stolz war größer als seine Liebe zu mir, sagte ich ihm, als wir uns trennten ...
und er wollte nichts von einer Ehe hören, bis er sich unabhängig gemacht
hatte, obwohl ich Er hatte genug für uns beide. Er wollte, dass ich ein oder
zwei Jahre warte, bis er sein Geschäft richtig in Gang gebracht hatte, aber
sein Stolz verärgerte mich und ich wollte nicht.

„ Also stritten wir uns und ich ging mit Mrs. Rushwood ins Ausland .
Francis hat nie geschrieben: Alles, was ich über ihn hörte, war ein
gelegentlicher Fetzen in Ihren Briefen. Mrs. Rushwood war verrückt nach
Titeln, und sie führte mich von Gericht zu Gericht, immer auf der Suche für
das, was sie einen passenden *Pari* für mich nannte. In Wien trafen wir
Rachwitz ... er sah sehr gut aus, hatte sehr gute Manieren und schien mich
wirklich zu mögen.

„Nun, ich habe Francis noch eine Chance gegeben. Ich schrieb ihm einen
freundlichen Brief und erzählte ihm, dass Rachwitz mich heiraten wollte, und
fragte ihn um Rat. Er schrieb mir einen scheußlichen Brief zurück, einen
bösen Brief, Des. „Jedes Mädchen, das dumm genug ist." Sich für einen Titel
zu verkaufen", sagte er, „verdient einen deutschen Ehemann in hohem
Maße." Was halten Sie davon?"

„Armer alter Francis", sagte ich. „Er hatte dich furchtbar gern, Monica!"

„Nun, sein Brief hat es geschafft. Ich habe Rachwitz geheiratet … und bin seitdem unglücklich. Ich werde Sie nicht mit einer langen Geschichte über meine Eheprobleme langweilen. Nein! Ich werde auch nicht weinen! Ich Ich weine nicht! Karl ist kein schlechter Mensch, wie deutsche Männer eben sind, und er ist ein Gentleman, aber seine Liebesbeziehungen und seine betrunkenen Partys und seine Einstellung zu mir … das war so völlig anders als alles, was ich zuvor gewesen war Früher. Dann weißt du, ich habe ihn verlassen …"

„Aber Monica", rief ich, „was machst du dann hier?"

Sie seufzte müde.

„Ich bin angeheiratete Deutsche, Des", sagte sie, „daran kommt man nicht vorbei. Das Land meines Mannes … mein Land … befindet sich im Krieg und die Frauen müssen ihren Teil dazu beitragen, wo auch immer ihr Herz schlägt." Das ist. Karl hat mich nie gebeten, zurückzukommen, das muss ich ihm anerkennen. Ich bin aus eigenem Antrieb gekommen, weil ich das Gefühl hatte, dass mein Platz hier ist. Also gehe ich zu Handarbeitspartys und Nähbienen und Matinées des Roten Kreuzes und probiere es aus Ich muss höflich zu den deutschen Frauen sein und mir ihre Prahlerei und Prahlerei über ihre Armee, ihre Heuchelei über Belgien, ihre Verunglimpfung der besten Freunde, die Papa und ich je hatten, anhören, ihr Engländer! Aber die Erfüllung meiner Pflicht gegenüber meinem Mann verbietet mir das nicht Hilf meinen Freunden, wenn sie in Gefahr sind. Deshalb kannst du auf mich zählen, Des."

Und sie reichte mir ihre Hand.

„Ich möchte auch ehrlich zu dir sein", sagte ich, „also wirst du, was auch immer mit mir passiert, nicht das Gefühl haben, dass ich dich getäuscht habe. Ich kann nicht viel sagen, weil mein Geheimnis für niemanden zugänglich ist." Teilen Sie es mit, und wenn sie irgendeine Verbindung zwischen Ihnen und mir feststellen und mich erwischen, wäre es für Sie besser, wenn Sie nichts Kompromittierendes erfahren hätten. Aber ich möchte Ihnen Folgendes sagen: Es geht um eine Überlegung, die höher ist als meine eigene Sicherheit, sogar höher als die von Francis. Ich glaube nicht, dass ich Angst vor dem Sterben habe: Wenn ich hier entkomme, werde ich wahrscheinlich früher oder später an der Front getötet: Aus dieser Überlegung spreche ich, von der ich möchte mit dem Leben davonzukommen und nach England zurückzukehren.

Monica lachte glücklich.

„Warum halten Männer uns Frauen immer für Idioten?" Sie sagte. „Du bist ein gefährlicher Mann, Des, das weiß ich, auch wenn ich mir wegen keinem alten Geheimnis den Kopf zerbreche. Aber du bist mein Freund und Francis' Bruder und ich werde dir helfen."

„Jetzt hör zu! Der alte von Boden war gestern Abend auf dieser Party: Er kam zu spät. Rudi von Boden, sagte er mir, werde Depeschen nach Rumänien zum Hauptquartier von Mackensen bringen. Nun, ich habe den alten Mann so angerufen Er fragte ihn, ob Rudi ein Paket für mich zu Karl bringen würde. Er sagte, er würde es tun, und der General kommt heute zum Mittagessen hierher, um es abzuholen.

„Von Boden ist ein altes Tier und rennt jeder Frau hinterher, die er trifft. Er ist mir gegenüber parteiisch, bitte, Sir. Ich denke, ich sollte in der Lage sein, von ihm herauszufinden, was die neuesten Entwicklungen in Ihrem Fall sind." . Über die Affäre in der Esplanade steht heute Morgen nichts in der Zeitung. Aber diese Dinge werden ja immer vertuscht."

„Unter diesen Umständen wird er kaum viel sagen", wandte ich ein, „schließlich ist der Kaiser im Spiel ...“

„Mein lieber Des, die Meinung über weibliche Geheimdienste in militärischen Kreisen in diesem Land ist so niedrig, dass die Frauen in der Armee, die vor Gericht stehen, sehr oft weitaus besser informiert sind als der Generalstab. Von Boden wird mir alles sagen, was ich wissen möchte."

Was für ein Mädchen sie war!

„Über Ihren Freund, den Mann mit dem Klumpfuß", fuhr sie fort, „bin ich ziemlich verwirrt. Er muss eine Person von beträchtlicher Bedeutung sein, die mit einem Sonderzug direkt in die Privatgemächer des Kaisers gebracht werden kann, wohin nur sehr wenige Menschen jemals eindringen, ich." Ich versichere Ihnen. Aber ich habe noch nie von ihm gehört. Er ist sicherlich kein Gerichtsbeamter. Er ist auch nicht der Chef der politischen Polizei ... das ist Henninger, ein Freund von Karl. Dennoch gibt es Leute von großer Bedeutung, die im Dunkeln arbeiten Orte in diesem Land und ich denke, Klumpfuß muss einer davon sein.

„Jetzt denke ich, dass ich dich zu Gerry bringen sollte. Ich möchte mit dir über ihn sprechen, Des. Ich wage es nicht, ihm zu sagen, wer du bist. Gerry ist nicht er selbst. Seit seinem Unfall ist er ein nervöses Wrack, und ich kann es Ich vertraue ihm nicht. Er ist ein sehr konventioneller Mann und seine Prinzipien würden niemals davon hören, dass ich einen ... einen ...“ hege .

"Spion?" Ich empfahl.

„Nein, ein Freund", korrigierte sie. „ Du musst also einfach ein Krankenpfleger sein, schätze ich. Ein Deutsch-Amerikaner wäre meiner

Meinung nach am besten, da du Gerry die deutschen Zeitungen vorlesen musst – er spricht kein Wort Deutsch. " Dann müssen Sie einen Namen haben …"

„Frederick Meyer", schlug ich prompt vor, „aus Pittsburg. Es muss Pittsburg sein: Francis war eine Zeit lang dort, wissen Sie: Er hat mir viel über den Ort geschrieben und ich habe auch Bilder davon gesehen." Es ist die einzige amerikanische Stadt, über die ich etwas weiß.

„Dann soll es Meyer aus Pittsburg sein", lächelte Monica, „aber Sie haben einen schrecklichen englischen Akzent, Des. Ich schätze, wir müssen Gerry sagen, dass Sie vor dem Krieg jahrelang in London als Krankenpfleger gearbeitet haben."

Sie zögerte einen Moment und fügte dann hinzu:

„ Des , ich fürchte, du wirst Gerry sehr anstrengend finden. Er ist furchtbar gereizt und … und sehr gehässig. Du musst also aufpassen, dass du dich nicht verrätst."

Ich hatte den Bruder nur einmal getroffen und ich erinnere mich an ihn als einen gutaussehenden, ziemlich verwöhnten jungen Mann. Er war vollständig in den Staaten von dem Onkel von Long Island aufgewachsen, dessen großes Vermögen er geerbt hatte.

„Hier oben bist du vorerst ganz sicher", fuhr Monica fort. „Du schläfst in dem kleinen Zimmer neben Gerry's und ich werde dort auch deine Mahlzeiten servieren lassen. Nachdem ich vom General erfahren habe, wie die Dinge stehen, werden wir entscheiden, was als nächstes zu tun ist."

„Ich werde bei Meister Gerry sehr vorsichtig sein", sagte ich. „Aber Monica, obwohl er mich nur einmal gesehen hat, kennt er Francis ziemlich gut und wir sind uns ziemlich ähnlich. Glaubst du, er wird mich erkennen?"

„Na, Desmond, es ist Jahre her, dass er dich gesehen hat. Und du bist Francis ohne Schnurrbart nicht sehr ähnlich. Wenn du vorsichtig bist, wird alles gut! Es wird auch nicht mehr lange dauern. Jetzt sind wir' Ich gehe rein. Komm mit."

Als wir eintraten, rief eine gereizte Stimme:

„Bist du das, Monica? Sag mal, soll ich den ganzen Morgen allein gelassen werden?"

„Gerry, Schatz", antwortete Monica sehr freundlich, „ich habe jemanden engagiert, der sich ein wenig um dich kümmert. Komm her, Meyer! Das ist Frederick Meyer, Gerry!"

Ich hätte den hübschen, eher trägen Jugendlichen, den ich in London kennengelernt hatte, nie in dem blassen Mann mit schmerzverzerrten Gesichtszügen wiedererkannt, der mich vom Bett aus stirnrunzelnd anstarrte.

„Wer ist er? Woher hast du ihn? Kann er Deutsch?“

Er warf Monica eine Reihe von Fragen zu, die sie auf ihre freundliche, geduldige Art beantwortete.

Er war offenbar zufrieden, denn als Monica bald aufstand, um uns zu verlassen, warf er mir einen Arm voll deutscher Papiere zu und forderte mich auf, ihm vorzulesen.

Ich hatte keine zehn Minuten bei ihm gesessen, als mir klar wurde, was für ein unmögliches Geschöpf dieser Mann war. Nichts, was ich tun konnte, war richtig. Mal wollte er die Kriegsnachrichten nicht hören, mal war es der Bericht über die Reichstagsdebatte, der ihn langweilte, mal las ich nicht laut genug vor, dann ging ihm meine Stimme auf die Nerven. Schließlich riss er mir das Papier aus der Hand.

„Ich verstehe nicht die Hälfte von dem, was Sie sagen“, rief er mit schrillem Akzent vor Gereiztheit; „Du sagst und murmelst wie ein Engländer. Du sagst, du bist Amerikaner?“

„Ja, Sir“, antwortete ich kleinlaut, „aber ich habe viele Jahre in England gelebt.“

„Nun, es ist gut, dass Sie jetzt nicht da sind. Diese Engländer sind einfach verrückt. Sie werden Deutschland niemals auspeitschen, nicht wenn sie es ein Jahrhundert lang versuchen. Schauen Sie, was dieses Land in diesem Krieg getan hat? Nichts kann Stell dich ihr entgegen! Es ist Organisation, das ist es! Die Deutschen führen die Welt. Nehmen Sie ihre Ärzte! Ich bin in Amerika bei jedem Spezialisten gewesen und habe ihnen Tausende von Dollar gezahlt. Und was haben sie mir gebracht? Nicht einer Sache. Ich komme nach Deutschland, sie berechnen mir ein Viertel der Gebühren, und ich fühle mich bereits wie ein anderer Mann. Bevor ich die Deutschen angreife, die Engländer ...“

So lief er weiter. Ich kannte den Typ gut, den Amerikaner, der von der deutschen Effizienz und Gründlichkeit so hypnotisiert ist, dass er die Kehrseite der Medaille nicht sieht.

Er erschöpfte sich endlich mit dem Thema und forderte mich auf, ihm noch einmal vorzulesen.

„Lesen Sie von der Affäre im Hotel Esplanade gestern Abend“, befahl er.

Ich hatte nach genau diesem Artikel Ausschau gehalten, aber wie Monica gesagt hatte, enthielten die Papiere keinen Hinweis darauf. Ich fragte mich, woher Gerry davon wusste. Monica hätte es ihm nicht gesagt.

„Welche Affäre meinst du?" Ich sagte . „In den Zeitungen steht nichts darüber."

„ Natürlich gibt es das, du Narr. Was nützt es, wenn ich dich beauftrage, mir die Zeitungen vorzulesen, wenn du keine Nachrichten finden kannst, die überall verbreitet sind? Es hat keinen Sinn, mir die Zeitung zu geben ... du weißt ja, ich." Ich kann es nicht lesen! Hier wird Josef es wissen!"

Ein Diener war lautlos mit einigen Kleidungsstücken ins Zimmer gekommen.

Gerry drehte sich zu ihm um.

„Josef, wo hast du die Geschichte gesehen , die du mir erzählt hast, dass ein englischer Spion letzte Nacht einen Mann an der Esplanade angegriffen hat?"

„Der Punkt steht nicht in der Zeitung, Sir. Ich habe das vom Chauffeur des Biedermanns nebenan gehört. Er war selbst im Hotel , während Shentleman Lars' Abend beim Tanzen war . Sie wollen das nicht in die Zeitung schreiben, Herr."

Und der Mann kicherte.

Ich fühlte mich während all dem nicht allzu wohl und war froh, dass man mir sagte, ich solle weiterlesen und verdammt sein.

Ich habe dem jungen Amerikaner den ganzen Morgen vorgelesen. Er verhielt sich genauso wie ein sehr schlecht erzogenes Kind. Er war gereizt, streitsüchtig und manchmal auch beleidigend, und ich hatte einige Schwierigkeiten, die Fassung zu bewahren. Er fiel immer wieder auf meinen englischen Akzent zurück und spottete so beleidigend und so deutlich über das, was er „Ihre englischen Freunde" nannte, dass ich anfing zu glauben, dass hinter seiner Haltung eine Absicht steckte. Aber das war nur ein Teil der Widerspenstigkeit seines Kranken, denn als der Kammerdiener Josef mit dem Frühstückstablett erschien, schien der Amerikaner darauf bedacht zu sein, sein Verhalten wieder gutzumachen .

„Ich fürchte, ich versuche es manchmal etwas, Meyer", sagte er mit einem angenehmen Lächeln. „Aber du bist ein guter Kerl. Geh und iss dein Mittagessen. Du brauchst erst um vier zurückzukommen. Ich schlafe immer nach dem Mittagessen. Hier, nimm eine Zigarre!"

Ich nahm die Zigarre mit aller Demut, wie es sich für meine Rolle gehörte , und folgte dem Kammerdiener in ein Nebenzimmer, wo der Tisch für mich gedeckt wurde. Ich reagiere sehr sensibel auf äußere Einflüsse und empfand instinktiv Misstrauen gegenüber dem Mann Josef. Ich gehe davon aus, dass er sich über mein Eindringen in einen Bereich ärgerte, in dem sein Einfluss vermutlich überragend war und in dem es ihm zweifellos gelungen war, sich eine gute Ernte zu sichern.

Er verließ mich beim Mittagessen und ging weg. Nach einem ausgezeichneten Mittagessen, abgerundet mit erstklassigem Rotwein, genoss ich meine Zigarre bei einem Buch, als Josef wieder auftauchte.

„Die Frau Gräfin wird Sie unten begrüßen!" er sagte.

Monica empfing mich in einem Morgenzimmer (die Wohnung erstreckte sich über zwei Etagen). Sie war sehr aufgeregt und hatte ihre gewohnte Ruhe verloren.

„Des", sagte sie, „von Boden war hier!"

"Also!" Ich antwortete eifrig.

„Ich war nicht sehr erfolgreich", fuhr sie fort. „Ich bin in großer Gefahr, Des, und das ist die Wahrheit. Ich habe den alten General noch nie so gesehen, wie er heute war. Er ist ein schrecklicher Tyrann und Tyrann, aber sogar Sein schlimmster Feind hat ihn nie der Feigheit beschuldigt. Aber, Des, heute war der Mann eingeschüchtert. Er schien um sein Leben zu fürchten, und ich hatte größte Mühe, ihn dazu zu bringen, überhaupt etwas über deine Affäre zu sagen.

„Ich machte eine scherzhafte Anspielung auf die Eskapade letzte Nacht im Hotel und er sagte:

„Der gestrige Tag könnte nicht nur meine Karriere, sondern auch die meines Sohnes ruinieren. Der gestrige Tag ist für mich ein Feind geworden, Madam, ein Mann, den man beleidigen kann, wenn man ihn beleidigt, ruiniert, vielleicht sogar den Tod."

„Du meinst den Kaiser ?' Ich fragte.

"'Der Kaiser !' sagte er. „Oh! Natürlich ist er wütend. Nein, ich habe nicht vom Kaiser gesprochen !"

„Dann wechselte er das Thema und ich brauchte mein ganzes Fingerspitzengefühl, um darauf zurückzukommen. Ich fragte ihn, ob sie den Urheber des Anschlags an der Esplanade gefasst hätten. Er antwortete: Nein, aber es war nur eine Frage der Zeit: der ..." Der Kerl konnte nicht entkommen. Ich sagte, ich gehe davon aus, dass sie eine Belohnung aussetzen und eine Beschreibung des Angreifers im ganzen Land veröffentlichen würden. Er sagte mir, sie würden nichts dergleichen tun.

„„Die Öffentlichkeit wird nichts von der Angelegenheit erfahren', sagte er, ‚und wenn Sie meinen Rat befolgen, Gräfin, werden Sie alles vergessen. Auf jeden Fall schreibt die Prinzessin Radolin zuletzt an alle ihre Gäste auf dem Ball Ich bitte Sie darum, sie dringend zu drängen, nichts über den Vorfall zu sagen. Die Mitarbeiter des Hotels werden den Mund halten. Die Interessen, die auf dem Spiel stehen, verbieten es, in der Öffentlichkeit irgendeinen Versuch zu unternehmen, Licht in die Angelegenheit zu bringen.'

„Das ist alles, was ich aus ihm herausbekommen konnte. Aber ich habe Ihnen noch etwas zu sagen. Der General ging sofort nach dem Mittagessen weg. Kaum war er gegangen , wurde ich ans Telefon gerufen. Dr. Henninger war da: er ist der Chef der politischen Polizei, wissen Sie. Er gab mir den gleichen Rat wie der General, nämlich alles zu vergessen, was letzte Nacht auf der Esplanade passiert ist. Und dann rief mich die Prinzessin Radolin an, um mir dasselbe zu sagen. Sie schien sehr verängstigt: Sie war ziemlich weinerlich. Offensichtlich hatte ihr jemand große Angst gemacht.“

„Monica“, sagte ich, „es ist ganz klar, dass ich nicht hier bleiben kann. Mein liebes Mädchen, wenn man mich in deinem Haus entdeckt, kann man nicht ahnen, welche Probleme dich nicht treffen werden.“

„Wenn es ein Risiko gibt“, antwortete sie, „ist es ein Risiko, das ich einzugehen bereit bin. Du kannst in Berlin nirgendwo hingehen, und wenn du draußen erwischt wirst , finden sie vielleicht heraus, wo du dich versteckt hast, und dann sollten wir es sein.“ Es geht dir genauso schlecht wie zuvor. Nein, du bleibst hier, und vielleicht kann ich dich in ein oder zwei Tagen wegholen. Ich habe mir etwas überlegt.

„Karl hat ein Haus nahe der niederländischen Grenze, Schloss Bellevue heißt es, in der Nähe von Kleve. Es ist ein altes Haus und seit Generationen im Besitz der Familie. Karl nutzt es jedoch nur als Schießstand: Wir hatten großes schießt dort jeden Herbst vor dem Krieg.

„Seit zwei Jahren wird dort nicht mehr geschossen, und der Wildbestand ist überfüllt. Die Regierung appelliert an Leute mit Jagdreservaten, ihr Wild zu töten und auf den Markt zu bringen, also hatte ich einen Ausflug nach Bellevue vereinbart Monat und sprechen Sie mit dem Agenten darüber. Ich dachte, wenn ich Gerry dazu überreden könnte, mit mir zu kommen, könnten Sie ihn begleiten und von dort aus vielleicht über die niederländische Grenze gelangen. Es ist nur etwa fünfzehn Meilen vom Schloss entfernt. Wenn ich schaffe Wenn Gerry sich bewegt, gibt es keinen Grund, warum wir nicht in ein oder zwei Tagen weggehen sollten. In der Zwischenzeit bist du hier ziemlich sicher.

Ich sagte ihr, ich müsse darüber nachdenken: Sie schien zu viel zu riskieren. Aber ich glaube, ich hatte mich bereits entschieden. Ich konnte diesen treuen Freund nicht zerstören.

Dann ging ich wieder nach oben zu Gerry, der genauso schlecht gelaunt war wie zuvor. Sein Mittagessen hatte ihm nicht geschmeckt: Er hatte nicht geschlafen, das Zimmer war nicht heiß genug ... Das waren nur einige der Beschwerden, mit denen er mich überschüttete, sobald ich auftauchte. Er war in seiner schelmischsten und bösartigsten Stimmung. Er schickte mich hin und her, gab mir einen Befehl und zog ihn im selben Atemzug zurück: Meine Selbstgefälligkeit schien ihn zu irritieren, ihn zu ermutigen, mich zu provozieren.

Schließlich kam er auf sein altes leidiges Thema zurück, meinen englischen Akzent.

„Ich schätze, unser guter Amerikaner ist zu heimelig für einen guten englischen Gentleman wie Sie", sagte er, „aber ich glaube, dass Sie genauso gut sprechen werden, wie es Ihnen beigebracht wurde, bevor Sie mit dieser Stadt fertig sind. Ein englischer Akzent ist nicht gesund. " Ich bin derzeit in Berlin, Herr Meyer, und Sie sollten am besten lernen, wie wir alle zu sprechen, wenn Sie weiterhin in diesem Haus bleiben wollen.

„Ich bin im Moment nicht in der Verfassung, mir Sorgen zu machen, und ich habe keine Ahnung, dass die Polizei hier ist, weil einige ihrer verdammten Zivilmänner meinen Diener wie jeder Brite , charnce ‘ und , darnce ‘ sagen gehört haben ..." Vor allem, wenn dieser englische Spion frei herumläuft. Du musst dich übrigens registrieren lassen? Hat meine Schwester das schon gesehen?"

Ich sagte, sie würde sich darum kümmern.

„Ich möchte wissen, ob sie es getan hat. Ich bin ein hilfloser Krüppel und kann nichts für mich erledigen. Hast du ihr deine Papiere gegeben? Ja oder nein?"

Das war eine schlechte Lösung. Mit der ganzen Beharrlichkeit des Kranken bastelte der Mann an seiner neuesten Laune herum.

Also habe ich gelogen. Die Gräfin hätte meine Papiere, sagte ich.

Sofort klingelte er und verlangte nach Monica, und als sie erschien, hatte er sich bereits in einen guten Zustand versetzt.

„Was höre ich da, Monica?" er weinte mit seiner hohen, mürrischen Stimme. „Ist Meyer noch nicht bei der Polizei gemeldet?"

„Ich werde mich morgen früh selbst darum kümmern, Gerry", sagte sie.

„Morgens. Morgens!" schrie er und warf die Hände hoch. „Guter Gott, wie kannst du nur so rücksichtslos sein? Ein Gesetz ist ein Gesetz. Die Papiere des Mannes müssen noch heute eingeschickt werden … sofort."

Monica sah mich ansprechend an.

„Ich fürchte, ich trage die Schuld, Sir", sagte ich. „Tatsache ist, dass mein Pass nicht ganz in Ordnung ist und ich ihn zur Botschaft bringen muss, bevor ich ihn zur Polizei schicke."

Dann sah ich Josef am Bett stehen, ein Tablett in der Hand.

„ Zom Briefe, Sir", sagte er zu Gerry. Ich fragte mich, wie lange er schon im Raum war.

Gerry wischte die Briefe beiseite und brach in einen regelrechten Schreianfall aus. Er würde es im Haus nicht so machen lassen; Er wollte keine unbekannten Ausländer hereinbringen, da die Stadt voller Spione war – vor allem Leute mit englischem Akzent –, seine Nerven hielten es nicht aus: Monica sollte es besser wissen und so weiter und so weiter. Kurz und knapp: Mir wurde befohlen, sofort meinen Reisepass vorzuzeigen. Monica sollte die Botschaft anrufen und sie bitten, sich außerhalb der Bürozeiten darum zu kümmern, und dann sollte Josef mich zur Polizei bringen.

Ich weiß nicht, wie wir aus diesem Raum herausgekommen sind. Es war Monica mit ihrem süßen weiblichen Takt, die es geschafft hat. Ich glaube, der Verrückte verlangte sogar, meinen Pass zu sehen, aber Monica hat mich auch durch diese Falle geführt.

Ich hatte meinen Hut und meinen Mantel unten in der Eingangshalle gelassen. Ich zog meinen Mantel an und ging dann zu Monica ins Morgenzimmer.

Sie wollte viel sagen – ich konnte es in ihren Augen sehen –, aber ich glaube, sie konnte aus meinem Gesicht erkennen, was ich tun würde, also sagte sie nichts.

An der Tür sagte ich laut zugunsten von Josef, der auf der Treppe war:

„Sehr gut, meine Dame. Ich komme gleich von der Botschaft zurück und gehe dann mit Josef zur Polizei."

Im nächsten Moment war ich verloren in Berlin.

# KAPITEL XIII

## ICH FINDE ACHILLES IN SEINEM ZELT

Draußen war es dunkel geworden. Ich hatte den vagen Verdacht, dass das Haus bewacht werden könnte, fand die Bendler -Straße aber völlig ungestört. Es verlief über seine ruhige, aristokratische Länge bis zu dem Gewirr kahler Äste, die die Tiergartenstraße markierten , und nicht einmal ein Hund hätte dem Hobbyspion Angst und Schrecken einjagen können. Sogar in der Tiergartenstraße , wo die jüdischen Millionäre wohnen, herrschte wenig Verkehr und nur wenige Menschen, und ich fühlte mich außerordentlich unromantisch, als ich zügig über die sauberen Gehwege in Richtung Unter den Linden ging.

Wieder einmal stand das ursprüngliche Ziel meiner Reise nach Deutschland klar vor mir. Eine außergewöhnliche Reihe von Abenteuern hatte mich von meinem Kurs abgebracht, aber nie von meinem Ziel. Mir wurde klar, dass ich nie wieder glücklich sein würde, wenn ich Deutschland verlasse, ohne Gewissheit über das Schicksal meines Bruders zu haben. Und nun stand ich an der Schwelle entweder einer großen Entdeckung oder einer überwältigenden Enttäuschung.

Denn die Straße „ In den Zelten" war mein nächstes Ziel. Ich wusste, dass ich mit meiner Interpretation dessen, was ich in meinen Gedanken gerne als die Botschaft von Franziskus bezeichnen würde, möglicherweise völlig auf dem falschen Weg war. Wenn ich es falsch gelesen hätte – wenn es vielleicht überhaupt nicht von ihm wäre –, dann würden alle Hoffnungen, die ich auf diesen wahnsinnigen Vorstoß in das Land des Feindes gesetzt hatte, wie ein Kartenhaus zusammenbrechen. Dann würde es mir tatsächlich schlecht gehen.

Aber ich hatte das Gefühl, dass ich Glück hatte. Bisher hatte ich alle Schwierigkeiten überwunden. Ich würde bis zuletzt auf mein Schicksal vertrauen.

Ich hatte vorsichtshalber den Kragen meines Mantels hochgeschlagen und den Hut tief in die Augen gezogen, aber niemand störte mich. Ich dachte darüber nach, dass nur Klumpfuß und Schmalz in der Lage wären, mich zu erkennen, und dass ich, wenn ich mich von Orten wie Hotels, Restaurants und Bahnhöfen fernhielte, wo Kriminelle immer gefasst zu werden scheinen, möglicherweise weiterhin vergleichsweise Immunität genießen würde. Aber das Problem war die Passfrage. Das hat mich daran erinnert.

Semlins Pass loswerden . Während ich weiterging , zerriss ich es in winzige Stücke und ließ jedes Fragment in gutem Abstand voneinander fallen. Es hat mich einiges gekostet, es zu tun, denn ein Pass ist immer nützlich, wenn er in den Augen der Unwissenden aufblitzt. Aber dieser Pass war gefährlich. Es könnte mich bei einem Mann anzeigen, der mich sonst nicht erkennen würde.

„In den Zelten" zu finden . Ich musste nach dem Weg fragen, einmal bei einem Postboten und einmal bei einem verwundeten Soldaten, der auf Krücken hinkte. Schließlich fand ich sie, eine schmale Straße, die an einer Ecke des großen Platzes vor dem Reichstag abzweigte. Nr. 2 war das zweite Haus auf der rechten Seite.

Ich hatte keinen Plan. Trotzdem ging ich beherzt die Treppe hinauf. Auf jeder Etage gab es nur eine Wohnung. Im dritten Stock blieb ich ziemlich außer Atem vor einer Tür stehen, an der ein kleines Messingschild mit der Aufschrift „Eugen Kore" angebracht war. Ich klingelte dreist.

Ein älterer Diener öffnete die Tür.

„Ist Herr Eugen Kore zu Hause?" Ich fragte.

Der Mann sah mich misstrauisch an.

„Hat der Herr einen Termin?" er sagte.

„Nein", antwortete ich.

„Dann wird der Herr den Herrn nicht empfangen", kam die Antwort, und der Mann machte Anstalten, die Tür zu schließen.

Ich hatte eine Inspiration.

"Ein Moment!" Ich weinte und fügte mit leiser Stimme das Wort „Achilles" hinzu.

Der Diener öffnete mir die Tür weit.

„Warum hast du das nicht gleich gesagt?" er sagte. „Bitte treten Sie ein. Ich werde sehen, ob der Herr Sie empfangen kann."

Er führte mich durch einen Flur in ein Wohnzimmer und ließ mich dort zurück. Der Ort war ein perfektes Museum voller Kunstschätze, alte holländische und italienische Meister an den Wänden, einige prächtige Florentiner Truhen und eine schöne alte Kommode voller antikem Zinn. Auf einem Kaminsims lag eine außergewöhnliche Sammlung alter Schlüssel, jeder mit seinem Etikett. „Schlüssel der Festung Spandau, 1715." „Schlüssel des Hintertors des Pascha-Palastes in Belgrad, 1810", „Hausschlüssel aus Nürnberg, 1567" waren einige der Beschreibungen, die ich las.

Dann sagte eine Stimme hinter mir:

„Ah! Du bewunderst meine kleinen Schätze!"

Als ich mich umdrehte, sah ich einen kleinen, kräftigen Mann mit deutlich jüdischem Aussehen, einem kahlen Kopf, einer dicken Nase, kleinen Knopfaugen und einer breiten Taille.

„Eugen Kore!" er stellte sich mit einer Verbeugung vor.

„Meyer!" Ich antwortete auf deutsche Art und Weise.

„Und was können wir für Herrn ... Meyer tun?" fragte er in öligem Ton und hielt gerade lange genug inne, bevor er den Namen aussprach , den ich nannte, um mir klar zu machen, dass er glaubte, es sei ein Pseudonym.

„Ich glaube, Sie kennen einen Freund von mir, dessen Adresse ich unbedingt finden möchte", sagte ich.

"Ah!" seufzte der kleine Jude, „ein Mann von Angelegenheiten wie ich trifft so viele Leute, dass er begnadigt werden kann ... Wie sagten Sie, wie sein Name war, dieser Freund von Ihnen?"

Ich dachte, ich würde versuchen, die Wirkung des Namens „ Eichenholz " auf dieses rätselhafte Wesen auszuprobieren.

„ Eichenholz ? Eichenholz ?" wiederholte Kore.

„Ich scheine den Namen zu kennen ... er kommt mir bekannt vor ... jetzt lass es mich noch einmal sehen ... Eichenholz , Eichenholz ..."

Während er sprach, schloss er einen der Eichenschränke auf und ein Safe kam zum Vorschein. Er öffnete es, holte ein Hauptbuch hervor und fuhr mit dem Finger über die Namen. Dann klappte er das Buch zu, legte es zurück, schloss den Safe und den Schrank ab und drehte sich wieder zu mir um.

„Ja", sagte er, „ich kenne den Namen."

Seine Zurückhaltung war beunruhigend.

„Kannst du mir sagen, wo ich ihn finden kann?" Ich fragte.

„Ja", war die Antwort.

Ich wurde ein wenig verärgert.

„Na, wo?" Ich habe nachgefragt.

„Das ist alles sehr gut, junger Herr", sagte der Jude. „Du kommst aus dem Nichts hierher, stellst dich als Meyer vor und fragst mich ‚Wer?' und was?' und „Wo?" – Fragen, die, wie Sie wissen, in meinem Geschäft wertvolle Antworten haben können. Wir privaten Ermittler müssen leben, mein lieber Herr, wir müssen essen und trinken wie andere Männer, und dies sind schwere Zeiten, sehr schwere Zeiten . Ich werde Ihnen eine Frage stellen, wenn ich darf. Meyer? Wer ist Meyer? Jeder in diesem Land heißt Meyer!"

Ich lächelte über diese bizarre Rede.

„Dieser Eichenholz ", sagte ich, „... vorausgesetzt, er wäre mein Bruder."

„Er könnte sich selbst gratulieren", sagte Kore und blinzelte mit seinen kleinen Eidechsenaugen.

„Und er hat mir eine Nachricht geschickt, dass ich Sie anrufen solle, um herauszufinden, wo er sich aufhält. Sie scheinen Rätsel zu mögen, Herr Kore ... Ich werde Ihnen eines vorlesen!"

Und ich las ihm die Botschaft von Franziskus vor ... alle bis auf die ersten beiden Zeilen.

Der kleine Jude strahlte vor Freude.

„Ach! Das ist hell!" rief er, „oh, oi, oi, aber er ist schlau, dieser Herr Eichenholz ! Wer hätte das gedacht? Genial, genial!"

„Wie Sie sagen, Herr Kore, die Ermittler müssen leben, und ich bin durchaus bereit, für die von mir benötigten Informationen zu bezahlen ..."

Während ich sprach, zog ich meine Mappe heraus.

„Die Sache ist ganz einfach", antwortete Kore. „Es ist bereits vereinbart. Die Gebühr beträgt fünfhundert Mark. Als ich ihn das letzte Mal sah, sagte mein Mandant zu mir: „Kore", sagte er, „wenn jemand kommen und nach Neuigkeiten von mir fragen sollte, gibst du ihm Bescheid, und er wird es tun." zahle dir fünfhundert Mark.""

"Das Wort?" Ich sagte .

„Das Wort", wiederholte er.

„Sie müssen niederländisches Geld nehmen", sagte ich. „Hier bist du ... berechne es in Gulden ... und ich bezahle!"

Er manipulierte einen Bleistiftstumpf auf einem Schreibblock und ich zahlte ihm sein Geld.

Dann sagte er:

„ Boonekamp !"

„ Boonekamp ?" wiederholte ich dumm.

„Das ist das Wort", kicherte der kleine Jude und lachte über meinen verblüfften Gesichtsausdruck, „und wenn Sie es wissen wollen, ich verstehe es genauso wenig wie Sie."

„Aber ... Boonekamp ", wiederholte ich. „Ist es ein Männername, ein Ort? Es klingt holländisch. Hast du keine Ahnung? ... komm, ich bin bereit zu zahlen."

„Vielleicht ...", begann der Jude.

„Was? Vielleicht was?" Rief ich ungeduldig.

"Möglicherweise...."

„Heraus damit, Mann!" Ich weinte: „Und sag, was du meinst."

„Wenn ich dem Herrn den Dienst erweisen könnte, den ich seinem Bruder erwiesen habe, könnte ich vielleicht Licht ins Dunkel bringen ..."

„Welchen Dienst hast du meinem Bruder erwiesen?" fragte ich hastig. "Ich bin im Dunkeln."

„Hat der Herr vielleicht keine kleinen Schwierigkeiten? ... über seinen Militärdienst, über seine Papiere? Der Herr ist jung und stark ... war er an der Front? War das Leben dort beschwerlich? Hat er sich jemals nach den Süßigkeiten gesehnt? Neidet er nie diejenigen, die medizinisch abgelehnt wurden? Vielleicht die Söhne reicher Männer mit klugen Vätern, die wissen, wie sie bekommen, was sie wollen?"

Seine kleinen Augen bohrten sich wie Bohrer in meine.

Ich begann zu verstehen.

„Und wenn ich es getan hätte?"

„Dann kann der alte Kore nur sagen, dass der Herr im richtigen Geschäft ist, genau wie sein liebenswürdiger Bruder. Wie können wir den Herrn jetzt bedienen? Was sind seine Anforderungen? Es ist ein schwieriges, gefährliches Geschäft. Es kostet Geld, viel Geld, aber es kann arrangiert werden ... es kann arrangiert werden.

„Aber wenn du für mich tust, was du für meinen Bruder getan hast", sagte ich, „verstehe ich nicht, wie das dieses Wort, diesen Hinweis auf seine Adresse erklären soll!"

„Mein lieber Herr, ich tappe genauso im Dunkeln wie Sie selbst über die Bedeutung dieses Wortes. Aber ich kann Ihnen sagen, dass Ihr Bruder dank meiner Intervention in eine Situation geraten ist, in die er durchaus hätte geraten können bin auf dieses Wort gestoßen ..."

"Also?" Sagte ich ungeduldig.

„Nun, wenn wir dem Herrn gehorchen würden, wie wir seinem Bruder gehorchen würden, könnte der Herr dorthin gebracht werden, wo sein

Bruder hingebracht wurde. Der Herr ist jung und klug, er könnte vielleicht einen Hinweis finden ...“

„Hör auf, Rätsel zu reden, um Himmels willen!“ Ich weinte vor Verzweiflung: „Und beantworte meine Fragen klar und deutlich. Erstens: Was hast du für meinen Bruder getan?“

„Ihr Bruder war von der Front desertiert – das ist die schwierigste Branche, mit der wir uns befassen müssen – wir haben ihm eine *Aufenthaltserlaubnis für* fünfzehn Tage und einen Posten an einem sicheren Ort verschafft, wo keine Nachforschungen nach ihm angestellt werden würden.“

"Und dann?" Ich weinte und zitterte vor Neugier.

Der Jude zuckte mit den Schultern und wedelte mit den Händen in der Luft hin und her .

„Dann verschwand er. Ich sah ihn ein paar Tage bevor er ging, und er gab mir die Anweisungen, die ich Ihnen für jeden wiederholt habe, der nach ihm fragen sollte.“

„Aber hat er dir nicht gesagt, wohin er wollte?“

„Er hat mir nicht einmal gesagt, dass er geht, Herr. Er ist einfach verschwunden.“

"Wann war das?"

„Irgendwann in der ersten Juliwoche ... es war die Woche der schlechten Nachrichten aus Frankreich.“

Ich erinnerte mich, dass die Nachricht vom 1. Juli datiert war.

„Ich habe einen guten Satz schwedischer Papiere“, fuhr der Jude fort, „ein sehr angesehener Holzhändler ... mit denen könnte man in den besten Hotels wohnen und niemand sagt ein Wort. Oder ungarische Papiere, eine Partei, die medizinisch abgelehnt wurde ...“ Sehr sicher, aber vielleicht spricht der Herr kein Ungarisch. Das wäre wichtig.“

„Ich bin im selben Fall wie mein Bruder“, sagte ich, „ich muss verschwinden.“

„Kein Deserteur, Herr?“ Der Jude zuckte bei diesem Wort zusammen.

„Ja“, sagte ich. „Warum nicht?“

„Ich traue mich nicht mehr, so ein Geschäft zu machen, mein lieber Herr, ich traue mich wirklich nicht ! Sie machen es zu gefährlich.“

"Komm, komm!" Ich sagte: „Sie haben gerade damit geprahlt, dass Sie alle Schwierigkeiten aus dem Weg räumen könnten. Sie können mir sicher irgendwo einen sehr zufriedenstellenden Pass vorlegen, da bin ich mir sicher!"

„Pass! Kommt nicht in Frage, mein lieber Herr! Wenn einer meiner Pässe einmal schief geht und ich ruiniert bin. Oh nein! Keine Pässe, wenn es um Deserteure geht! Ich mag das Geschäft nicht ... es ist nicht sicher!" Zu Beginn des Krieges ... ah! das war anders! Oi, oi, aber sie flohen vor der Yser und vor Ypern! Oi, oi und vor Verdun! Aber jetzt ist die Polizei wachsamer. Nein! Das ist sie nicht Es lohnt sich! Außerdem würde es dich zu viel Geld kosten."

Ich dachte, der elende Kerl wollte den Preis für mich erhöhen, aber ich habe mich geirrt. Er hatte Angst: Das Geschäft war ihm wirklich zuwider.

Als letzten Versuch, ihn zu überzeugen, versuchte ich einen alten Trick: Ich zeigte ihm mein Geld. Er schwankte sofort, und nach vielen Einwänden, die bis zuletzt protestierten, verließ er das Zimmer. Er kam mit einer Handvoll schmutziger Papiere zurück.

„Ich sollte es nicht tun; ich weiß, ich werde es bereuen; aber Sie haben mich überredet, und ich mochte Herrn Eichenholz , einen edlen Herrn und frei mit seinem Geld – siehe hier, die Papiere eines Kellners, Julius Zimmermann, der aufgerufen wurde bei der Landwehr, aber medizinisch untauglich entlassen, Militärsoldat und *Aufenthaltserlaubnis* für fünfzehn Tage. Diese Papiere sind nur eine Garantie für den Fall, dass Sie auf die Polizei stoßen: Es werden keine Fragen gestellt, wohin ich Sie schicken werde .

„Aber eine Erlaubnis für fünfzehn Tage!" Ich sagte . „Was soll ich am Ende dieser Zeit tun?"

„Überlassen Sie es mir", sagte Kore listig. „Ich werde es für Sie erneuern lassen. Es wird alles gut!"

„Aber inzwischen ... ", widersprach ich.

„Ich habe dich als Kellner bei einem Freund untergebracht, der freundlich zu armen Kerlen wie dir ist. Dein Bruder war bei ihm."

„Aber ich möchte mich frei bewegen können."

„Unmöglich", antwortete der Jude bestimmt. „Sie müssen sich auf Ihre Rolle einlassen und ruhig in Abgeschiedenheit leben, bis die Nachforschungen nach Ihnen nachgelassen haben. Dann können wir sehen, was als nächstes zu tun ist. Da sind Sie, ein guter Satz Papiere und ein sicheres, komfortables Leben in der Ferne." aus den Schützengräben – alles gemütlich und sicher – billig (trotz der Gefahr für mich), weil du ein geistreicher Bursche bist und ich deinen Bruder mochte ... zehntausend Mark!"

Ich atmete wieder. Als wir das Feilschen erreicht hatten, wusste ich, dass die Papiere mir gehören würden. Ich stellte fest, dass ich mit Semlins Geld und meinem eigenen etwa 550 Pfund hatte, aber ich hatte nicht die Absicht, die 500 Pfund sofort auszuzahlen. Also schlug ich den Kerl gnadenlos nieder und sicherte mir schließlich das Grundstück für 3600 Mark, also 180 Pfund.

Aber selbst nachdem ich dem Kerl sein Geld bezahlt hatte, war ich noch nicht fertig mit ihm. Er hatte ein Auge auf seine Vergünstigungen geworfen.

„Deine Kleidung wird niemals genügen", sagte er; „Solch ein Reichtum an Kleidung, so feine Sachen – wir müssen Ihnen andere geben." Er klingelte.

Der alte Diener erschien.

„Ein Kellneranzug – für die Linien -Straße!" er sagte.

Dann führte er mich in ein Schlafzimmer, wo ein abgetragener deutscher Schrottanzug auf einem Sofa ausgebreitet lag. Er zwang mich, ihn anzuziehen, und reichte mir dann einen abgewetzten grünen Mantel und einen fettigen grünen Filzhut.

"Also!" er sagte. „Wenn Sie sich jetzt ein oder zwei Tage lang nicht rasieren, sehen Sie gut aus!" – eine Bemerkung, die zwar ermutigend, aber kaum schmeichelhaft war.

Er gab mir einen Schal, den ich mir um den Hals und den unteren Teil meines Gesichts binden konnte, und mit dem fettigen Hut, den ich mir über die Augen gezogen hatte, und in diesen abgetragenen und eingelaufenen Klamotten sah ich aus wie ein ziemlich schurkischer Mensch, das genaue Gegenteil davon schlanker, gut gekleideter junger Kerl, der die Wohnung vor einer halben Stunde betreten hatte.

„Nun, Julius", sagte Kore humorvoll, „komm, mein Junge, und wir werden gemeinsam nach der guten Situation suchen, die ich für dich gefunden habe."

Vor der Tür stand eine Pferdekutsche, in die wir gemeinsam einstiegen. Der Jude plauderte freundlich, während wir durch die Dunkelheit ratterten. Er lobte mich für meine Geschicklichkeit beim Entschlüsseln der Botschaft von Francis.

„Wie gefällt dir meine Idee?" Er sagte: „‚Achilles in seinem Zelt' ... das ist der Zweck des verborgenen Teils meines Geschäfts – Sie sehen die Parallele, nicht wahr?" Achilles hält sich von der Armee und jungen Männern wie Ihnen fern, die das sanfte Streben nach Frieden dem strengeren Beruf des Krieges vorziehen! Kunden von mir, die eine klassische Ausbildung genossen haben, haben den Humor meines Geräts sehr geschätzt .

Das Taxi setzte uns an der Ecke der Friedrich-Straße, die von einem Ende zum anderen erleuchtet war, und der Linien -Straße ab, einer schmalen, schäbigen Durchgangsstraße voller schmutziger Häuser und schäbiger Geschäfte. Die Straße war zu dieser Stunde bis auf einen gelegentlichen Polizisten so gut wie menschenleer, aber aus Kellern mit Stufen, die von der Straße hinunterführten, erklangen das Klirren automatischer Klaviere und fröhliche Ausbrüche, um zu zeigen, dass die Linien -Straße keineswegs schlief.

Vor einem dieser Kellereingänge blieb der Jude stehen. Am Fuße der steilen Treppe, die von der Straße nach unten führte, befand sich eine verglaste Tür, deren Paneele vor Feuchtigkeit aus der erhitzten Atmosphäre im Inneren glänzten. Kore ging voran, ich folgte ihm.

Eine Übelkeit erregende Welle heißer Luft, vermischt mit starkem Tabakrauch, traf uns, als wir die Tür öffneten. Zuerst konnte ich nichts sehen außer einem sehr dicken Mann, der vor einem riesigen Glaskelch Bier vor einem dichten Rauchvorhang an einem Tisch saß . Dann, als der Dunst vor dem Luftzug wehte, erkannte ich die Umrisse eines langen Raumes mit niedriger Decke, mit kleinen Tischen an beiden Seiten und einer kleinen Bar am Ende, an der eine protzige Frau mit chemisch gefärbtem Haar den Vorsitz führte. Die meisten Tische waren besetzt und es herrschte fast ebenso viel Lärm wie Rauch im Lokal.

Eine Frauenstimme schrie: „Machen Sie die Tür zu, nicht wahr, ich friere!" Ich gehorchte, folgte Kore zu einem Tisch und setzte mich. Ein Mann in Hemdsärmeln, der an der Bar Bier zapfte, verließ seinen Bierausschank, kam quer durch den Raum zu Kore, begrüßte ihn herzlich und fragte ihn, was wir nehmen würden.

Kore stieß mich mit dem Ellbogen an.

„Wir nehmen jeder einen Boonekamp , Haase ", sagte er.

***

# KAPITEL XIV

## CLUBFOOT KOMMT ZU HAASE

Kore zog sich sofort mit dem Mann in Hemdsärmeln, den ich für den Wirt hielt, in ein Nebenzimmer zurück, und kurz darauf winkte mich die flachshaarige Dame an der Bar herbei und forderte mich auf, mich ihnen anzuschließen.

„Das ist Julius Zimmermann, der junge Mann, von dem ich gesprochen habe", sagte der Jude; Dann wendet er sich mir zu:

„Herr Haase ist auf meine Empfehlung bereit, Sie hier als Kellner einzustellen, Julius. Sorgen Sie dafür, dass ich meine Freundlichkeit nicht bereue!"

Hier kicherte der Mann in Hemdsärmeln, ein großer, dicker Kerl mit einem Kugelkopf und einem riesigen Doppelkinn, laut.

„ Kolossal !" er weinte. „Herr Kore liebt seinen Witz! Ausgezeichnet !" Und er wedelte schelmisch mit dem Kopf.

Daraufhin verabschiedete sich Kore und versprach, nachzusehen, wie es mir in ein paar Tagen erging. Der Vermieter öffnete eine niedrige Tür in der Ecke und brachte eine Art großen Schrank zum Vorschein, fensterlos und schrecklich abgestanden und stickig, in dem zwei unappetitlich aussehende Betten standen.

„Du wirst hier bei Otto schlafen", sagte der Wirt. Er zeigte auf eine schmutzige weiße Schürze, die auf einem der Betten lag, und forderte mich auf, Mantel und Jacke auszuziehen und anzuziehen.

„Es gehörte Johann", sagte er, „aber Johann will es nicht mehr haben. Ein guter Junge, Johann, aber unbesonnen. Ich habe immer gesagt, dass er ein schlechtes Ende nehmen wird." Und er lachte laut.

„Sie können jetzt gehen und beim Warten helfen", fuhr er fort. „Otto wird dir zeigen, was zu tun ist!"

Und so fand ich mich innerhalb von vierundzwanzig Stunden abwechselnd als Spion, Krankenpfleger und Kellner wieder.

Ich möchte mich nur ungern mit der Erniedrigung der folgenden Tage befassen. Diese Kellerschenke war ein übler Abgrund der Ungerechtigkeit, und als ich dem Abschaum der Menschheit diente, der sich jeden Abend dort versammelte, hatte ich das Gefühl, tatsächlich in die tiefsten Tiefen gesunken zu sein. Der Ort war eine normale Diebesküche ... was im abscheulichen jiddischen Jargon, dem kriminellen Slang des modernen Deutschlands, eine

„ Kaschemme " genannt wird. Noch nie in meinem Leben habe ich so brutale Gesichter gesehen wie die, die mich jeden Abend durch die Rauchwolke anstarrten, während ich in meiner schäbigen deutschen Kleidung von Tisch zu Tisch schlenderte. In Herrn Haases Bierkeller trafen sich jeden Abend Galgenvögel, Heimdiebe, Zwangsverwalter, Raufbolde, Prostituierte und Harpyien aller Art. Viele der Männer trugen das schmutzige und verblasste Feldgrau der Frontsoldaten, und als ich ihre schmutzigen, schlangenartigen, vom Alkohol entzündeten Gesichter betrachtete, hatte ich das Gefühl, die Seele des belgischen Elends ergründen zu können.

Das Gespräch drehte sich ausschließlich um Verbrechen und Gewalttaten. Die von der Front zurückgekehrten Männer erzählten schadenfroh von Vergewaltigungen und Festen in einsamen belgischen Dörfern oder schwelgten gespenstisch in den Schrecken des Schlachtfeldes, den Hügeln verwesender Leichen, den schrecklichen Verstümmelungen, die sie an den Toten gesehen hatten. Es gab auch Geschichten über „Rache" an „den verräterischen Engländern". Insbesondere eine Geschichte über das Schicksal eines schottischen Sergeanten … „der Hochländer ", wie sie ihn in dieser oft erzählten Geschichte nannten … lässt mich immer noch vor ohnmächtiger Wut zittern, wenn ich daran denke.

Eines Abends fiel mir der Name des Hotel Esplanade ins Ohr. Ich näherte mich dem Tisch und fand zwei auffällig gekleidete Tyrannen und einen heruntergekommenen Düsteren von der Straße vor, die sich voller Bewunderung über meine Heldentat unterhielten.

„Klumpfuß hat damals seinesgleichen gefunden", rief die Frau. „Der dreckige Hund! Aber warum hat dieser englische Spion es nicht geschafft und den Abschaum getötet? Pah !"

Und sie spuckte elegant in das Sägemehl auf dem Boden.

„Ich würde um keinen Preis in die Lage dieses Kerls stecken", murmelte einer der Männer. „Niemand hat Klumpfuß bisher besiegt. Erinnerst du dich an Meinhardt, Franz? Er hat versucht, Klumpfuß zu betrügen, und wir wissen, was mit ihm passiert ist!"

„Sie durchsuchen die ganze Stadt nach diesem Engländer", antwortete der andere Mann. „Vogel, der für Sektion Sieben arbeitet, Sie kennen den Mann, den ich meine, hat es mir erzählt. Sie haben jedes Hotel in Berlin und den Vororten durchsucht, aber sie haben ihn nicht gefunden. Sie haben letzte Nacht eine Razzia bei Bauer in der Favoritenstraße durchgeführt . Der Engländer war nicht da, aber sie haben drei oder vier andere gefunden, nach denen sie gesucht haben – Fritz und einen weiteren Deserteur eingeschlossen. Ich war selbst fast dort!"

Ich habe immer solche Hinweise auf meine Heldentat gehört. Über mich wurde nie außer in Form von Bewunderung gesprochen, aber der Name Klumpfuß – der Stelze – erregte nur Verachtung und Schrecken.

Ich lebte in täglicher Angst vor einer Razzia bei Haase . Ich konnte mir nicht vorstellen, warum dieser Ort trotz all dem Gesindel, das sich jeden Abend dort versammelte, so lange verschwunden war. Es war einer jener Mängel in der deutschen Organisation, die den meisten von uns manchmal Rätsel aufgeben. In der Zwischenzeit war ich machtlos, um zu entkommen. Als erstes hatte Haase mir meine Papiere weggenommen – um sie, wie er erklärte, an die Polizei zu schicken –, aber er gab sie nie zurück, und als ich darum bat, vertröstete er mich mit einer Ausrede .

Ich war praktisch ein Gefangener an diesem Ort. Da ich von morgens bis abends auf den Beinen war, hatte ich tatsächlich kaum Gelegenheit zum Ausgehen; Als ich aber einmal während einer Nachmittagspause das Thema dem Wirt zur Sprache brachte, weigerte er sich schroff, mich aus den Augen zu lassen.

„Die Straße ist gerade nicht gesund für dich. Du wärst eine Gefahr für dich selbst und für uns alle!" er sagte.

Mein Leben in dieser üblen Höhle war eine Last für mich. Die Lebensbedingungen waren unbeschreiblich. Otto, ein blasser und schlecht gelaunter Schwindsüchtiger, musste wie ich in der Dunkelheit der Morgendämmerung aufstehen, wusch sich nie, und seine Gesellschaft in dem stickigen Loch, in dem wir schliefen, war unglaublich anstößig. Er verspottete offen meine frühmorgendlichen Fahrten zu einem engen, stinkenden Hof, wo ich mich über das eiskalte Wasser aus der Pumpe freute. Und das Essen! Erst als ich die dürftige Verpflegung sah – das grobe und oft verdorbene Pferdefleisch, das unappetitliche Kriegsbrot, den Kaffeeersatz und den Rest – wurde mir klar, wie sehr Deutschland unter den Briten litt, wenn auch bisher nur durch seine Armen Blockade. Dieser Gedanke half früher, die Übelkeit zu überwinden, mit der ich mich zum Essen hinsetzte.

häusliche Leben bei Haase war die Hölle auf Erden. Haase selbst war ein betrunkener Tyrann, der jeder Frau, die er traf, Avancen machte und dessen komplizierte Intrigen mit dem weiblichen Teil seiner Kundschaft zu häufigen Szenen mit der blonden Hebe führten, die an der Bar und in seinem Haushalt den Vorsitz führte. Sie und Otto waren es, die sich täglich auf den Weg machten, um in den langen Schlangen Platz zu nehmen, die stundenlang mit Essenskarten vor den Lebensmittelgeschäften warteten.

Diese Fahrten schienen sich auf ihr Temperament auszuwirken, das beim Essen wütend zum Ausdruck kam, wenn Haase sein unvermeidliches Murren über das Essen begann. Da Otto eine böse Freude an diesen

Familienszenen hatte, wurde ich häufig aufgefordert, die Rolle des Friedensstifters zu übernehmen. Mehr als einmal griff ich ein, um Madame vor der Gewalt zu bewahren , die sie durch die Schärfe ihrer Zunge über sich selbst heraufbeschworen hatte. Sie war ein armes, verblasstes Geschöpf, und die Tragödie bestand darin, dass sie in diesen erniedrigten Tyrannen verliebt war. Ich glaube, sie war mir für meine guten Dienste dankbar, denn obwohl sie mich kaum ansprach, war ihr Auftreten immer freundlich.

Diese Tage des trostlosen Elends wären unerträglich gewesen, wenn ich nicht das Wort Boonekamp erklärt hätte , das angeblich den Hinweis auf die Adresse meines Bruders enthielt. An der Wand in dem Kämmerchen, in dem ich schlief, hing eine zerfetzte Werbekarte dieses *Aperitifs* – denn das ist die Zubereitung – und verkündete, er sei „Deutschlands bester Likör". Wenn ich mich nachts auszog, starrte ich oft auf dieses Plakat und fragte mich, welche Verbindung Boonekamp möglicherweise zu meinem Bruder haben könnte. Ich beschloss, die erste Gelegenheit zu nutzen und die Karte selbst zu untersuchen. Eines Morgens, als Otto beim Metzger in der Schlange stand , schlich ich aus dem Keller zu unserem Schlafplatz, zündete meine Kerze an, nahm die Karte heraus und untersuchte sie genau. Es war völlig schlicht, mit roten Buchstaben auf grünem Hintergrund vorne und weißen Buchstaben hinten.

Nagel steckte, sah ich eine Bleistiftschrift an der Wand, an der die Karte gehangen hatte. Mein Herz schien vor Freude über meine Entdeckung stillzustehen. Denn die Schrift stammte von der sauberen, kunstvollen Hand meines Bruders, die Worte waren englisch und, was das Beste war, die Initialen meines Bruders waren angebracht. Folgendes habe ich gelesen:

(Faksimile.) 5.7.16.

„Sie finden mich im Café Regina, Düsseldorf – FO"

Danach hatte ich das Gefühl, dass ich alles ertragen konnte. Die Nachricht weckte Hoffnung, die in meinem Herzen schnell starb. Zumindest am 5. Juli war Francis noch am Leben. Daran klammerte ich mich wie an einem Notanker. Es gab mir Mut für den schwierigsten Teil meiner Erfahrungen in Deutschland, die langen Tage des Wartens in dieser Diebeshöhle. Denn ich wusste, dass ich geduldig sein musste. Ich hoffte, dass ich bald meine Papiere von Haase herausholen oder Kore, wenn er zurückkam, überreden könnte, mich zu besuchen und mir eine Genehmigung zu geben, die mir die Einreise nach Düsseldorf ermöglichen würde. Aber die Gültigkeitsdauer meiner Aufenthaltserlaubnis lief schnell ab und der Jude kam nie.

Haase oder einen der anderen am liebsten nach der Zeit gefragt hätte, die mein Bruder an diesem Ort gedient hatte. Aber ich hatte Angst, auf mich aufmerksam zu machen. Niemand stellte irgendwelche Fragen an mich (Fragen nach persönlichen Vorgeschichten wurden bei Haase nicht erwünscht), und solange ich der unbezahlte, nützliche Arbeiter blieb, hatte ich das Gefühl, dass mein Wunsch nach Unklarheit respektiert würde. Kurzfristige Fragen zu meinen Vorgängern brachten keine Informationen über Franziskus hervor. Das Haase- Establishment schien eine Reihe vager und unklarer Gefolgsleute gehabt zu haben.

Nur über Johann, dessen Schürze ich trug, wurde Otto mitteilsam.

„Ein dummer Kerl!" er definierte. „Hier ging es ihm gut. Haase mochte ihn, die Kunden mochten ihn, vor allem die Damen. Aber er musste sich in Frau Hedwig (die Dame an der Bar) verlieben, dann stritt er sich mit Haase und bedrohte ihn – du weißt schon, ungefähr." Kunden, die ihre Papiere nicht in Ordnung hatten. Als Johann das nächste Mal ausging, verhafteten sie ihn. Und er wurde in Spandau erschossen!"

"Schuss?" rief ich aus. "Warum?"

„Als Deserteur."

„Aber war er ein Deserteur?"

„Ach! war! Aber er hatte die Papiere eines Deserteurs in der Tasche ... seine eigenen waren verschwunden. Ach! Es ist eine schlechte Sache, sich mit Haase zu streiten !"

Danach habe ich Wert darauf gelegt, auf der rechten Seite des Vermieters zu bleiben. Durch meinen unermüdlichen Fleiß gelang es mir sogar, seine widerwillige Zustimmung zu gewinnen, obwohl er immer bereit war, bei der geringsten Gelegenheit in Leidenschaft zu verfallen.

Eines Abends gegen sechs Uhr kam ein junger Mann, den ich unter unseren Stammkunden noch nie gesehen hatte, die Treppe von der Straße herunter und fragte nach Haase , der auf dem Sofa im Innenzimmer schlief. Beim Anblick des Jugendlichen sprang Frau Hedwig von ihrem Platz hinter der Bar und verschwand. Sie kam sofort zurück und führte den jungen Mann, ohne auf mich zu achten, in den Innenraum, wo er etwa eine halbe Stunde blieb. Dann erschien er wieder, begleitet von Frau Hedwig, und ging.

Ich war schockiert über die Veränderung im Aussehen der Frau. Ihr Gesicht war blass, ihre Augen rot vom Weinen, und ihr Blick wanderte immer wieder zur Tür. Es war eine ruhige Tageszeit und der Keller war frei von Kunden.

„Sie sehen schlecht aus, Frau Hedwig", sagte ich. „Schon wieder Ärger mit Haase ?"

Sie sah zu mir auf und schüttelte den Kopf, ihre Augen füllten sich. Eine Träne lief über das Rouge auf ihrer Wange.

„Ich muss sprechen", sagte sie. „Ich kann diese Spannung nicht alleine ertragen. Du bist ein freundlicher junger Mann. Du bist diskret. Julius, es braut sich Ärger für uns zusammen!"

"Wie meinst du das?" Ich fragte. Eine Vorahnung des Bösen stieg in mir auf.

„Kore!" Sie flüsterte.

„Kore?" wiederholte ich. „Was ist mit ihm?"

Sie sah sich ängstlich um.

„Er wurde gestern Morgen entführt", sagte sie.

„Meinst du verhaftet?" Rief ich aus und wollte die erschütternden Neuigkeiten nicht glauben.

„Sie drangen am frühen Morgen in seine Wohnung ein und packten ihn im Bett. Ach! Es ist schrecklich!" Und sie vergrub ihr Gesicht in ihren Händen.

„Aber sicher", fügte ich beruhigend hinzu, wenn auch mit eisiger Angst im Herzen, „es besteht kein Grund zur Verzweiflung. Was ist eine Verhaftung heute mit all diesen Vorschriften ..."

Die Frau hob ihr unter der Farbe bleiches Gesicht zu meinem.

Moabit erschossen ", sagte sie mit leiser Stimme. „Dieser junge Mann hat gerade die Nachricht gebracht." Dann fügte sie atemlos hinzu und ihre Worte strömten in einem Schwall heraus:

„Sie wissen nicht, was das für uns bedeutet. Haase hatte Geschäfte mit diesem Juden. Wenn sie ihn erschossen haben, dann deshalb, weil sie von ihm alles erfahren haben, was sie wissen wollen. Das bedeutet unseren Untergang, das bedeutet, dass Haase es tun wird. " Gehen Sie den gleichen Weg wie der Jude.

„Aber Haase ist hartnäckig, tollkühn. Der Bote hat ihn gewarnt, dass hier jeden Moment eine Razzia zu erwarten sei. Ich habe ihn vergeblich angefleht. Er glaubt, dass Kore sich getrennt hat; er glaubt, dass die Polizei kommen könnte, aber er sagt, sie wagen es Fass ihn nicht an: Er war ihnen zu nützlich, er weiß zu viel. Ach, ich habe Angst! Ich habe Angst!"

Haases Stimme ertönte aus dem inneren Raum.

„Hedwig!" er hat angerufen.

Die Frau trocknete hastig ihre Augen und verschwand durch die Tür.

Die Luft war klar, wenn ich fliehen wollte, aber wohin sollte ich als gejagter Mann ohne Papiere und Reisepass gehen?

Die Nachricht von Kores Verhaftung und Hinrichtung verfolgte mich. Natürlich war der Mann in einem äußerst gefährlichen Beruf tätig und spielte dieses Spiel wahrscheinlich schon seit Jahren. Aber nehmen wir an, sie hätten mich bis zu dem Haus in der Straße namens „In den Zelten" aufgespürt.

Ich durchquerte den Raum und öffnete die Tür zur Straße. Ich hatte seit meiner Ankunft noch nie einen Fuß nach draußen gesetzt, und so hoffnungslos ein Fluchtversuch für mich auch gewesen wäre, dachte ich, ich könnte für den Fall einer Flucht die Umgebung des Bierkellers auskundschaften.

Ich rannte leichtfüßig die Treppe zur Straße hinauf und stieß fast mit einem Mann zusammen, der im Eingang herumlungerte. Wir entschuldigten uns beide, aber er starrte mich eindringlich an, bevor er weiterging. Dann sah ich einen anderen Mann auf der gegenüberliegenden Straßenseite entlangschlendern. Weiter weg, an der Ecke, herumlungerten zwei Männer.

Jeder von ihnen hatte den Blick auf den Kellereingang gerichtet, an dem ich stand.

Ich wusste, dass sie mein Gesicht nicht sehen konnten, denn die Straße war nur schwach beleuchtet und hinter mir war der dunkle Hintergrund der Kellertreppe zu erkennen. Ich nahm meine Nerven zusammen und zündete mir ganz bewusst eine Zigarette an und rauchte sie, als wäre ich von unten heraufgekommen, um frische Luft zu schnappen. Ich wartete eine Weile und ging dann hinunter.

Kaum war ich wieder im Keller, erschien Haase aus dem inneren Raum, gefolgt von der Frau. Er hielt sich aufrecht und seine Augen leuchteten. Ich mochte den Mann nicht, aber ich muss sagen, er sah mutig aus. In seiner Hand trug er meine Papiere.

„Hier, mein Junge", sagte er in einem recht freundlichen Ton, „stecken Sie sie in Ihre Tasche – vielleicht wollen Sie sie heute Abend."

Ich warf einen Blick auf die Papiere, bevor ich seinem Rat folgte.

Er bemerkte meine Aktion und lachte.

„Sie haben dir von Johann erzählt", sagte er. „Keine Angst, Julius, du und ich sind gute Freunde."

Die Papiere stammten tatsächlich von Julius Zimmermann.

Wir aßen gerade an einem der Tische im Wohnzimmer zu Abend – es waren nur wenige Gäste da, da es noch so früh war –, als ein Mann, ein Stammgast bei uns, eilig die Treppe herunterkam. Er ging direkt zu Haase und sprach ihm ins Ohr.

„Pass auf dich auf, Haase ", hörte ich ihn sagen. „Wissen Sie, wer Kore verhaftet und erschossen hat? Es war Klumpfuß. Da steckt mehr dahinter, als wir wissen. Pass auf dich auf und verschwinde! In etwa einer Stunde könnte es zu spät sein."

Dann hastete er davon und ließ mich benommen zurück.

"Von Gott!" sagte der Wirt und schlug mit der großen Faust auf den Tisch, so dass die Gläser klingelten, „sie werden mich nicht anfassen. Nicht der Teufel selbst wird mich zwingen, dieses Haus zu verlassen, bevor sie kommen, wenn sie kommen, dann werden sie es tun!"

Die Frau brach in Tränen aus, während Otto entsetzt mit seinen wässrigen Augen blinzelte. Ich saß da und schaute auf meinen Teller, mein Herz war zu voll für Worte. Es war bitter, so viel gewagt zu haben, so weit zu kommen und dann den Weg scheinbar durch eine unüberwindbare Barriere versperrt zu sehen. Sie waren tatsächlich hinter mir her: Die Erwähnung von Klumpfußs Namen, die schnelle, harte Vergeltung, die Kore widerfahren war, machten das sicher – und ich konnte nichts tun. Dieser Keller war eine Sackgasse, eine normale Falle, und ich wusste, wenn ich mich auch nur einen Fuß vom Haus entfernte , würde ich in die Hände dieser Männer fallen, die auf der Straße still Wache hielten.

Deshalb muss ich so ruhig wie möglich abwarten und abwarten, was der Abend bringen wird. Allmählich füllte sich der Keller, weil Leute hereinströmten, aber viele bekannte Gesichter fehlten, wie mir auffiel. Offensichtlich hatte sich die schlechte Nachricht verbreitet. Einmal kam ein Mann herein, um ein Glas Bier zu trinken, und ging wieder hinaus, wobei er die Tür offen ließ. Als ich es schloss, hörte ich einen gedämpften Ausruf und das Geräusch eines Handgemenges am oberen Ende der Treppe. Es geschah so stillschweigend, dass niemand außer mir unten wusste, was passiert war. Der Vorfall zeigte mir, dass die Uhr gut gepflegt war.

Der Abend verging – endlos, wie es mir vorkam. Ich huschte von der Bar aus , beladen mit Bierkrügen und Schnapsgläsern, unaufhörlich auf und ab. Aber ich ließ es nie versäumen, jedes Mal, wenn es eine Pause bei den Befehlen gab, dafür zu sorgen, dass meine Reise irgendwo in der Nähe der Tür endete. Eine schwache Hoffnung schimmerte in meinem Gehirn.

Bis an mein Lebensende wird mir dieser endlose Abend im Bierkeller in Erinnerung bleiben. Ich kann die Szene immer noch in allen Einzelheiten sehen und weiß, dass ich das Bild mit ins Grab nehmen werde; der lange, niedrige Raum mit seiner geschwärzten Decke, dem grellgelben Gaslicht, dem Rauchschleier, den überfüllten Tischen, Otto, der mit seiner gemeinen und mürrischen Miene hin und her schlurfte, Frau Hedwig, beschäftigt an ihrem Schreibtisch, mit roten Augen, eine ernste Frau Bild des Leids, und Haase , der den Biermotor leitete, still, trotzig, ruhig, aber wachsam, jedes Mal, wenn sich die Tür öffnete.

Als der Schlag schließlich fiel, kam er plötzlich. Ein Trampeln von Füßen auf der Treppe, ein lautes Pfeifen ... dann wurde die Tür aufgerissen, als alle im Keller unter Ausrufen und Flüchen der Männer und schrillen Schreien der Frauen aufsprangen. In der Tür stand Klumpfuß, majestätisch und herrschsüchtig, mit einer Art kleiner Mütze, wie sie Duellschüler tragen, über einem schwarzen Seidentaschentuch, das er sich um den Kopf gebunden hatte. Beim Anblick des Mannes hörte der Trubel augenblicklich auf. Alle waren noch sicher Haase , dessen stierartige Stimme, die nach Stille brüllte, die Stille des Raumes mit der Wucht einer Explosion durchbrach.

Ich saß in meiner Ecke neben der Tür, mit dem Rücken gegen die Mäntel und Hüte gedrückt, die an der Wand hingen. Vor mir schirmte mich ein Fries aus verängstigten Gesichtern vor der Beobachtung ab. Schnell streifte ich meine Schürze ab.

Nachdem Klumpfuß einen flüchtigen Blick durch den Raum geworfen hatte, schritt er seiner Länge nach auf die Bar zu, wo Haase stand, gefolgt von einer Schar von Männern in Zivil und Polizisten. Dann ging ganz plötzlich das Licht aus und tauchte den Ort in Dunkelheit. Sofort herrschte Verwirrung im Raum; Frauen schrien; Eine Stimme, die ich als die von Klumpfuß erkannte, schrie lautstark nach Lichtern ... der Moment war gekommen zu handeln.

Ich schnappte mir einen Hut und einen Mantel aus dem Flur, schlüpfte irgendwie hinein und rannte zur Tür. Im schwachen Licht, das von einer Straßenlaterne draußen auf die Treppe fiel, sah ich einen Mann an der Tür. Anscheinend bewachte er es.

"Zurück!" schrie er, als ich auf ihn zutrat.

Ich ließ in seinen Augen den silbernen Stern aufblitzen, den ich in meiner Hand hielt.

„Der Häuptling will Laternen!" sagte ich leise in sein Ohr.

Er ergriff meine Hand mit dem Abzeichen und hielt sie ins Licht.

„In Ordnung, Kamerad", antwortete er. „Drechsler hat eine Laterne, glaube ich! Du findest ihn draußen!"

Ich stürmte die Treppe hinauf und traf direkt auf eine Gruppe von drei Polizisten.

„Der Häuptling will Drechsler sofort mit der Laterne", rief ich und zeigte meinen Stern. Die drei zerstreuten sich in verschiedene Richtungen und riefen nach Drechsler.

Ich ging schnell weg.

# Kapitel XV

## DER KELLNER IM CAFE REGINA

Ich rechnete damit, dass ich mindestens zwei, höchstens drei Stunden Zeit hatte, um Berlin zu verlassen. Wie schnell Klumpfuß auch handeln mochte, ich rechnete damit, dass er von der Entdeckung meiner Flucht aus Haase bis zur Warnung der Polizei auf den Bahnhöfen, mich festzuhalten, sicherlich anderthalb Stunden brauchen würde . Wenn ich eine falsche Spur legen könnte, könnte ich im schlimmsten Fall diese Gnadenfrist verlängern; Bestenfalls könnte ich ihn völlig in die Irre führen, was mein endgültiges Ziel angeht, das natürlich Düsseldorf ist. Die unbekannte Größe in meinen Berechnungen war die Zeit, die Klumpfuß brauchen würde, um in ganz Deutschland eine Warnung auszusenden, Julius Zimmermann, Kellner und Deserteur, festzunehmen, wo und wann auch immer er festgenommen wurde.

von Haase's erreichte , verliefen Straßenbahnlinien über die Straße. Eine Straßenbahn wartete in südlicher Richtung, wo das Stadtzentrum lag. Ich sprang neben der Fahrerin auf den vorderen Bahnsteig. Vorne ist es ziemlich dunkel und der Schaffner kann Ihr Gesicht nicht sehen, wenn Sie Ihr Fahrgeld durch eine Falle in der Tür bezahlen, die ins Innere der Straßenbahn führt. Ich stieg an der Haltestelle Unter den Linden aus und lief einige Seitenstraßen entlang, bis ich auf ein ruhig wirkendes Café stieß. Dort holte ich mir einen Eisenbahnführer und machte mich daran, meine Pläne noch einmal durchzugehen.

Es war zehn Minuten vor zwölf. Ein Mann in meiner Position würde aller Wahrscheinlichkeit nach die Grenze erreichen. Ich vermutete also, dass Klumpfuß rechnen musste, obwohl er sich, wie ich vermutete, gefragt haben musste, warum ich nicht schon vor langer Zeit versucht hatte, zurück nach England zu fliehen. Düsseldorf lag an der Hauptstraße nach Holland, und es wäre sicherlich klüger, zum Beispiel über den Rhein zu fahren und mit einem Rheindampfer zu meinem Ziel weiterzureisen. Aber in meinem Fall war die Zeit der wichtigste Faktor. Wenn ich sofort – noch in dieser Nacht – nach Düsseldorf aufbreche, könnte ich möglicherweise dort ankommen, bevor die örtlichen Behörden Zeit hatten, die Warnung zu erhalten, nach einem Mann Ausschau zu halten, der meiner Beschreibung entsprach. Wenn ich in Berlin einen wirklich guten falschen Hinweis hinterlassen könnte, wäre es durchaus möglich, dass Clubfoot dem nachgeht, *bevor* er allgemeine Maßnahmen trifft, um meine Verhaftung sicherzustellen, falls dieser Hinweis fehlschlägt. Ich beschloss, dass ich diese Hypothese aufs Spiel setzen muss.

Der Bahnführer zeigte, dass um 0.45 Uhr ein Zug vom Potsdamer Bahnhof – dem großen Endbahnhof mitten in Berlin – nach Düsseldorf abfuhr. Das ließ mir etwa eine Dreiviertelstunde, um meine falsche Spur zu legen und meinen Zug zu erreichen. Meine falsche Spur sollte Klumpfuß in eine völlig unerwartete Richtung führen, entschied ich, denn es ist das Unerwartete, das zuerst die Aufmerksamkeit des aufmerksamen, detektivischen Geistes erregt. Ich müsste auch eine andere Endhaltestelle wählen.

Warum nicht München? Eine Großstadt auf der Landstraße zur fremden Grenze – der Schweiz – mit Behörden, deren lockere Art in Deutschland sprichwörtlich ist. Vom Anhalter aus verlassen Sie Berlin in Richtung München Bahnhof , ein Endbahnhof, der für meinen Zweck gut geeignet war, da er nur wenige Autominuten vom Potsdamer Bahnhof entfernt liegt.

Der Bahnführer zeigte, dass um 12.30 Uhr ein Zug nach München fuhr – ein Schnellzug. Das würde bewundernswert funktionieren. München soll es dann sein.

Zum Glück hatte ich viel Geld. Ich hatte die Vorsichtsmaßnahme getroffen und Kore mein Geld in deutsche Banknoten umtauschen lassen, bevor wir In den Zelten abreisten … allerdings zu einem absurden Wechselkurs. Wie verloren wäre ich ohne Semlins Bündel Notizen gewesen !

Ich bezahlte meinen Kaffee und machte mich wieder auf den Weg. Es war 12.15 Uhr, als ich die Halle des Anhaltischen Bahnhofs betrat.

Ich erinnerte mich an den Trick, den mir der freundliche Führer in Rotterdam beigebracht hatte, und kaufte zunächst ein Bahnsteigticket. Dann suchte ich nach einem Beamten, dem ich meine Identität angemessen einprägen konnte. Plötzlich erspähte ich einen pompös aussehenden Kerl in einer leuchtend blauen Uniform und einer scharlachroten Mütze, eine Art junger Bahnhofsvorsteher, dachte ich.

Ich ging auf ihn zu, lüftete meinen Hut und fragte ihn höflich, ob er mir sagen könne, wann ein Zug nach München abfahre.

„Der Express fährt um 12.30 Uhr", sagte er, „aber nur in der ersten und zweiten Klasse, und Sie müssen den Zuschlag bezahlen. Der Bummelzug fährt erst um 5.49 Uhr."

Ich nahm einen verärgerten Gesichtsausdruck an.

„Ich schätze, ich muss mit dem Express fahren", sagte ich. „Können Sie mir sagen, wo das Buchungsbüro ist?"

Der Beamte deutete auf ein Fach, und ich achtete darauf, so laut zu sprechen, dass er hören konnte, wie ich nach einer Fahrkarte zweiter Klasse (einfach) nach München fragte.

Ich ging nach oben und legte dem Abholer an der Schranke mein München-Ticket vor. Dann eilte ich an den Hauptbahnsteigen vorbei auf die Vorortseite, wo ich mein Bahnsteigticket abgab und wieder auf die Straße hinunterstieg.

Es war gerade zur halben Stunde, als ich den Bahnhof verließ. Kein Taxi zu sehen! Ich eilte, so schnell meine Beine mich trugen, bis ich atemlos und keuchend die Potsdamer Endhaltestelle erreichte. Die Uhr über dem Bahnhof zeigte 12.39 Uhr.

Vor dem Buchungsbüro stand eine lange Schlange, die hauptsächlich aus nach Belgien und an die Front zurückkehrenden Soldaten bestand. Die Haftbefehle des Militärs wurden gegen Tickets ausgetauscht. Ich ärgerte mich über die Verspätung, aber es war tatsächlich dieser Umstand, der mir die Chance gab, mein Ticket nach Düsseldorf zu bekommen, ohne eine Spur zu hinterlassen.

Ein großer, bärtiger Landsturmmann mit freundlichem Gesicht stand am Postfach.

„Ich komme sehr spät zu meinem Zug, mein Freund", sagte ich, „würdest du mir ein Einzelticket der dritten Klasse für Düsseldorf besorgen?" Ich gab ihm einen Zwanzigmarkschein.

„Da hast du recht", antwortete er bereitwillig.

„So", sagte er und reichte mir mein Ticket und eine Handvoll Kleingeld, „und du hast Glück, dass du an den Rhein fährst. Ich komme selbst vom Rhein und werde jetzt wieder die Brücken in Belgien bewachen!" "

Ich dankte ihm und wünschte ihm viel Glück. Hier war zumindest ein Zeuge, der mich wahrscheinlich nicht beunruhigen würde. Und mit dankbarem Herzen stürmte ich zum Bahnsteig und erwischte den Zug.

In Deutschland in der dritten Klasse zu reisen ist kein Hobby, dem man nachgehen kann, wenn man sich den Luxus einer besseren Unterkunft leisten kann. Der reisende Deutsche hat die Angewohnheit, seine Stiefel auszuziehen, wenn er nachts im Zug fährt – und ein Waggon voller Hunnen der unteren Mittelschicht, also unbeschuht, bei der Temperatur, bei der Eisenbahnabteile in Deutschland gewöhnlich gelagert werden, ist eine Umgebung, die ... sorgt weder für Trost noch für Schlaf.

Die Atmosphäre war tatsächlich so unerträglich, dass ich die meiste Nacht auf dem Flur verbrachte. Hier konnte ich die Papiere des Kellners Julius

Zimmermann vernichten ... Ich hatte das Gefühl, in größerer Gefahr zu sein, solange ich sie bei mir hatte ... und konnte mich vergewissern, dass mein kostbares Dokument an seinem gewohnten Platz war – in meiner Mappe. Dann machte ich die Entdeckung, dass mein silbernes Abzeichen verschwunden war, was mich beim ersten Schock vernichtete. Ich konnte mich nicht erinnern, was ich in der Aufregung um meine Flucht aus Haases Haus damit gemacht hatte . Ich erinnere mich, dass ich es in der Hand hatte und es der Polizei oben auf der Treppe zeigte, aber danach war mein Kopf leer. Ich konnte mir nur vorstellen, dass ich es unbewusst in der Hand getragen und es dann unwissentlich fallen gelassen habe. Ich schaute auf die Stelle, an der es an meiner Zahnspange befestigt war: Es war nicht da und ich durchsuchte vergeblich alle meine Taschen danach.

Ich hatte es als Bereitschaftsdienst für den Fall verwendet, dass es auf dem Düsseldorfer Bahnhof zu Störungen kommen sollte. Jetzt war ich wehrlos, wenn ich herausgefordert wurde. Es war ein harter Schlag, aber ich tröstete mich mit dem Gedanken, dass Klumpfuß inzwischen wusste, dass ich dieses Abzeichen hatte ... es würde zweifellos in jeder Beschreibung auftauchen, die über mich verbreitet wurde.

Es war eine äußerst unangenehme Reise. Im Zug befand sich eine Art Gesangsverein, der sieben oder acht Abteile des dritten Klasse-Wagens, in dem ich reiste, besetzte. In den ersten paar Stunden machten sie die Nacht mit Gesangsgesängen, Fängen und Freudengesängen mit einer Lautstärke, die in diesem engen Raum einfach ohrenbetäubend war, für eine schreckliche Nacht. Dann ließ der Lärm nach, als die Sänger einer nach dem anderen einschliefen. Plötzlich herrschte Stille, während der Zug in der Dunkelheit vorwärts raste und mich neuen Gefahren und neuen Abenteuern entgegenführte.

---

Ein Hauch frischer Luft in meinem Gesicht, das Trampeln von Füßen, laute Begrüßungen in gutturalem Deutsch weckten mich schlagartig. Es war heller Tag, und durch mein Abteil, zu dem ich mich in der Nacht, müde vom Stehen, geschlichen hatte, drängten sich die fröhlichen Mitglieder des Gesangsvereins, mit Taschen in den Händen und riesigen Kokarden in den Knopflöchern. Auf dem Bahnsteig befanden sich eine Musikkapelle und ein riesiger Männerchor, der mit lärmender Stimme eine Begrüßungshymne grölte. „Düsseldorf" war der Name, der auf den Bahnhofslampen aufgedruckt war.

Alle Passagiere, mit Ausnahme der Mitglieder des Gesangsvereins, hatten offenbar den Zug verlassen, denn alle Wagentüren standen offen. Ich sprang auf und ließ mich vom Strom der Männer treiben. So rauschte ich aus dem Zug und mitten in die drängelnde Menge aus Musikkapellmeistern, Sängern und Zuschauern auf dem Bahnsteig. Ich blieb bei den Neuankömmlingen, bis die Hymne zu Ende war und wir, von den Düsseldorfern fest *eingehüllt*, durch die Schranke in den Bahnhofshof hinausdrifteten. Dort warteten Bremsen, in die die fröhlichen Chorsänger, Gäste und Gastgeber lärmend kletterten. Aber ich ging geradeaus auf die Straße und konnte kaum merken, dass mich niemand befragt hatte, dass ich endlich ungehindert vor meinem Ziel stand.

Düsseldorf ist eine helle, saubere Stadt mit einem Hauch von gutem Geschmack in ihren öffentlichen Gebäuden, der daran erinnert, dass diese geschäftige Industriestadt trotz des Geldverdienens die Zeit gefunden hat, eine eigene Kunstschule zu gründen. Es war ein herrlicher Morgen mit strahlendem Sonnenschein und einem eifrigen Hauch in der Luft, der von dem schnellen, tiefen Fluss sprach, der die Stadtmauern umspült. Ich genoss die klare, kalte Atmosphäre nach der Fäulnis in der Kneipe und der drückenden Hitze der Reise. Ich jubelte über das Gefühl der Freiheit, das ich empfand, nachdem ich mich wieder einmal den grimmigen Klauen von Klumpfuß entzogen hatte. Vor allem bei dem Gedanken an eine baldige Begegnung mit Franziskus jubelte mir das Herz. In der Stimmung, in der ich mich befand, würde ich jetzt keine Möglichkeit einer Enttäuschung zugeben. Francis und ich würden endlich zusammenkommen.

Kurz darauf gelangte ich auf einen öffentlichen Platz, und vor mir lag ein großes, großes Café, weiß, neu und strahlend, mit großen Glasfenstern und Tischreihen auf einer überdachten Veranda draußen. Es war zweifellos ein „*kolossales*" Etablissement nach bestem Berliner Stil. Damit sich der Name nicht verwechseln ließ, war er überall an der Vorderseite des Lokals in drei Fuß hohen Goldbuchstaben auf Glastafeln angebracht: „Café Regina".

Es war ungefähr neun Uhr morgens und zu dieser frühen Stunde hatte ich das Haus für mich allein. Ich fühlte mich sehr klein, als ich an einem winzigen Tisch saß, mit Tischen auf allen Seiten, die sich sozusagen in die *Ewigkeit* erstreckten, in einem riesigen weißen Raum mit Wandmalereien der krassesten Schule des Impressionismus.

Ich bestellte ein gutes, reichhaltiges Frühstück und vertrieb mir die Zeit, indem ich einen Blick auf die Morgenzeitung warf, die mir der Kellner gebracht hatte.

Mein Blick wanderte an den Säulen entlang, ohne auf das zu achten, was ich las, denn meine Gedanken waren mit Francis beschäftigt. Wann kam er ins Café? Wie lebte er in Düsseldorf?

Plötzlich sah ich einen Namen, den ich kannte ... er stand in den persönlichen Absätzen.

„Generalleutnant Graf von Boden", hieß es in dem Absatz, „Adjutant seiner Majestät des Kaisers, wurde aus gesundheitlichen Gründen auf die Ruhestandsliste gesetzt. General von Boden ist nach Abbazia aufgebrochen , wohin er gehen wird." seinen ständigen Wohnsitz einrichten. Es folgten die üblichen biografischen Anmerkungen.

Tatsächlich war Klumpfuß eine Macht im Land.

Ich frühstückte an einem Tisch neben der offenen Tür und beobachtete das geschäftige Treiben auf dem Platz, wo die Tauben im Sonnenschein kreisten. Ein Kellner stand auf der Veranda und beobachtete müßig die Vögel, die auf den Steinen pickten. Ich war beeindruckt von der tiefen Melancholie, die sich in seinem Gesicht abzeichnete. Seine Wangen waren eingefallen und er hatte einen verkniffenen Ausdruck, den ich bei den meisten Kunden bei Haase beobachtet hatte . Ich führe es auf die unzureichende Ernährung zurück, die heute in den unteren Schichten Deutschlands allgemein verbreitet ist.

Aber zusätzlich zu dem ausgezehrten Aussehen dieses Mannes waren seine Augen hohl, um seinen Mund waren tiefe Falten und er hatte einen hageren Ausdruck, der etwas seltsam Mitleiderregendes an sich hatte. Sein Ausdruck grüblerischer Traurigkeit schien mich anzuziehen, und ich stellte fest, dass mein Blick immer wieder zu seinem Gesicht zurückwanderte.

Und dann, ohne Vorwarnung, wurde mir durch ein geheimnisvolles Flüstern des Blutes klar, dass dies mein Bruder war. Ich weiß nicht, ob es eine vorübergehende Stimmung war, die sich in seinem Gesicht widerspiegelte, oder die wechselnden Lichter und Schatten in seinen Augen, die den Schleier hoben. Ich weiß nur, dass ich trotz dieser von Sorge und Leid gezeichneten Gesichtszüge einen flüchtigen Blick auf den Bruder erhaschte, den ich gesucht hatte.

Ich ließ einen Löffel auf dem Tisch rasseln und rief leise auf die Veranda hinaus.

*„ Kellner! "*

Der Mann drehte sich um.

Ich winkte ihm zu. Er kam an meinen Tisch. Er hat mich nie wiedererkannt, so abgestumpft war er vor Enttäuschung ... mich mit meinem unrasierten, ungepflegten Aussehen und in meinem schlechten Deutsch ... aber er stand schweigend da und wartete auf mein Gebot.

„Francis", sagte ich leise ... und ich sprach auf Deutsch ... „Francis, kennst du mich nicht?"

Er war großartig, stark und einfallsreich in seiner Freude über unser Treffen, wie er es in seinen Monaten des ermüdenden Wartens gewesen war.

Nur sein Mund zitterte ein wenig, als seine Hände sich sofort damit beschäftigten, mein Frühstück wegzuräumen.

„Jawohl!" antwortete er mit völlig emotionsloser Stimme.

Und dann lächelte er und blitzschnell stand der alte Francis vor mir.

„Jetzt kein Wort", sagte er auf Deutsch, während er das Frühstück abräumte. „Heute Nachmittag habe ich frei. Wir treffen uns um Viertel nach zwei an der Flusspromenade an der Schillerstatue und wir gehen spazieren. Bleiben Sie jetzt nicht hier, sondern kommen Sie zurück und essen Sie im Restaurant zu Mittag ... das ist immer so." überfüllt und ziemlich sicher!"

Dann rief er ins Leere:

„Sechsundzwanzig will zahlen!"

So war mein Treffen mit meinem Bruder.

---

# Kapitel XVI

## EINE HANDSCHNALLE AM RHEIN

An diesem Nachmittag gingen Francis und ich am Ufer des schnell fließenden Rheins entlang, bis wir weit außerhalb der Stadt waren. Obwohl ich darauf bedacht war, dass er mir den Teil seines Lebens offenbarte, der unter diesen Leidensfalten in seinem Gesicht verborgen lag, ließ er mich zuerst meine Geschichte erzählen. Also erzählte ich ihm die außergewöhnliche Reihe von Abenteuern, die mich seit der Nacht erlebt hatten, als ich in diesem bösen Hotel in Rotterdam auf die Spur eines großen Geheimnisses geraten war.

Francis hat den Fluss meiner Erzählung kein einziges Mal unterbrochen. Er hörte mit größter Spannung und Interesse zu, aber auch mit wachsender Besorgnis, die sich deutlich auf seinem Gesicht ablesen ließ. Am Ende meiner Geschichte reichte ich ihm schweigend die Hälfte des gestohlenen Briefes, den ich von Clubfoot im Hotel Esplanade beschlagnahmt hatte.

„Behalte es, Francis", sagte ich. „Bei einem respektablen Kellner wie dir ist es sicherer als bei einem gejagten Ausgestoßenen wie mir!"

Mein Bruder lächelte matt, aber sein Gesicht nahm den Ausdruck ernster Besorgnis an, mit dem er meine Geschichte gehört hatte. Er musterte die Zettel genau und steckte sie dann in eine Briefhülle, die er in seiner Gesäßtasche zuknöpfte.

„Das Glück ist eine seltsame Göttin, Des", sagte er und ließ seine müden Augen über den strömenden, gelben Bach schweifen, „und sie war freundlich zu dir, obwohl du, Gott weiß, in all dem eine Männerrolle gespielt hast. Sie." hat etwas in Ihren Besitz gebracht, für das mindestens fünf Männer vergeblich gestorben sind, etwas, das meine Gedanken, schlafend und wachend, seit mehr als einem halben Jahr erfüllt. Was Sie mir erzählt haben, wirft viel Licht auf das Geheimnis, das Ich bin in dieses verfluchte Land gekommen, um Aufklärung zu leisten, aber es vertieft auch die Dunkelheit, die immer noch viele Punkte der Angelegenheit umhüllt.

„Du weißt, dass es in unserem Spiel Probleme gibt, alter Mann, die noch wichtiger sind als das Vertrauen, das es immer zwischen uns beiden gegeben hat. Deshalb habe ich dir in Frankreich so selten geschrieben – ich konnte dir nichts darüber sagen." Meine Arbeit: Das ist eine der Regeln unseres Spiels. Aber jetzt, da Sie selbst in das Gerangel eingebrochen sind, fühle ich, dass wir Partner sind, also werde ich Ihnen alles erzählen, was ich weiß.

„Dann hören Sie mal. Irgendwann zu Beginn des Jahres wurde ein Brief eines Deutschen, der in einem der Lager in England interniert war, von der

Lagerzensur gestoppt. Dieser Deutsche hieß Schulte: Er wurde in einem Haus in verhaftet Dalston am Tag, nachdem wir Deutschland den Krieg erklärt hatten. Dafür gab es einen guten Grund, denn unser Freund Schulte – seinen richtigen Namen kennen wir nicht – war meinem Chef als einer der mutigsten und erfolgreichsten Spione bekannt, die jemals in diesem Land operiert haben die britischen Inseln.

„Deshalb wurde seine Korrespondenz genau beobachtet und eines Tages wurde dieser Brief beschlagnahmt. Er war, glaube ich, völlig harmlos für das Auge, aber der Experte, dem er schließlich vorgelegt wurde, entdeckte bald einen konventionellen Code in den geschwätzigen Phrasen." über das tägliche Leben im Lager. Es handelte sich um eine Mitteilung von Schulte an einen Dritten, die sich auf einen bestimmten Brief bezog, von dem der Verfasser offenbar annahm, dass der Dritte ein erhebliches Interesse an der Beschaffung hatte. Denn er bot an, diesen Brief zu verkaufen Der Dritte erwähnte einen Betrag, der so absurd hoch war, dass er die ernsthafte Aufmerksamkeit unserer Geheimdienstleute erregte. Sobald die Hälfte des genannten Betrags auf das Konto des Verfassers bei einer bestimmten Bank in London eingezahlt worden sei, hieß es in dem Brief weiter, werde der Verfasser ihn weiterleiten die Adresse, an der sich das betreffende Objekt befinden würde."

„Es war eine einfache Sache, Schulte im Gegenzug einen Brief zu schicken, in dem er seinen Bedingungen zustimmte, und die Zahlung wie gewünscht an die von ihm genannte Bank zu überweisen. Seine Antwort darauf wurde ordnungsgemäß gestoppt. Die von ihm angegebene Adresse lautete: das eines Hauses am Stadtrand von Kleve.

„Wir hatten keine Ahnung, was dieser Brief war, aber sein offensichtlicher Wert in den Augen des klugen Herrn Schulte machte es äußerst wünschenswert, dass wir unverzüglich in den Besitz desselben gelangten. Vier von uns wurden für diese gefährliche Mission ausgewählt, nach Deutschland zu gelangen und holte es mit Haken oder Biege aus dem Haus in Cleves, wo es deponiert wurde. Wir vier sollten auf verschiedenen Wegen und mit unterschiedlichen Mitteln nach Deutschland einreisen und in Cleves zusammenlaufen (das ziemlich nahe an der niederländischen Grenze liegt).

„Es würde zu lange dauern, Ihnen von der genauen Organisation zu erzählen, die wir ausgearbeitet haben, um jedes Risiko eines Scheiterns auszuschließen, und von den verschiedenen Schemata, die wir entwickelt haben, um miteinander in Kontakt zu bleiben, obwohl wir getrennt und abwechselnd arbeiten. Es spielt auch keine große Rolle." Wie ich nach Deutschland kam. Tatsache ist, dass ich schon beim ersten Versuch, die Grenze zu überqueren, erkannte, dass eine ungeheuer mächtige Macht gegen mich arbeitete.

„Ich habe es geschafft, mit einem halben Dutzend haarsträubender Fluchtversuche, und ich habe meinen Erfolg allein auf meine Deutschkenntnisse und auf meinen alten Trick der deutschen Nachahmung zurückgeführt. Aber ich spürte überall den Einfluss dieser unsichtbaren Hand, die eine akribische Wachsamkeit erzwang." Es war fast unmöglich, dem zu entkommen. Daher war ich nicht überrascht, als ich erfuhr, dass zwei meiner Gefährten gleich zu Beginn scheiterten.

Mein Bruder senkte die Stimme und sah sich um.

„Wissen Sie, was mit diesen beiden tapferen Kerlen passiert ist?" er sagte. „Jack Tracy wurde tot auf der Eisenbahn aufgefunden: Herbert Arbuthnot wurde erhängt in einem Wald aufgefunden. ‚Selbstmord einer unbekannten Person' nannten es die deutschen Zeitungen jeweils. Aber ich habe die Wahrheit gehört ... egal wie. Sie wurden überfallen und kaltblütig abgeschlachtet.

„Und der dritte Mann, von dem Sie gesprochen haben?" Ich fragte.

„Philip Brewster? Verschwunden, Des ... völlig verschwunden. Ich fürchte, auch er ist nach Westen gegangen, der arme Kerl!"

„Von uns allen vieren war ich der Einzige, der unser Ziel erreichte. Dort war ich leer. Der Brief befand sich nicht in dem angegebenen Versteck. Ich glaube, er war nie dort gewesen, sonst hätten die Hunnen ihn bekommen. Ich fühlte mich ganz." Die Zeit, in der sie nicht genau wussten, wo sich der Brief befand, aber unseren Versuch, ihn zu bekommen, vorhersahen, daher die unaufhörliche Wachsamkeit entlang der Grenze und auch innerhalb der Grenze.

„Sie hätten mich in Cleves beinahe erwischt: Ich bin wie durch ein Wunder entkommen, und das Glück für mich war, dass ich nie etwas anderes als einen Deutschen ausgegeben hatte, nur dass ich den Typus, den ich darstellte, fast von Tag zu Tag veränderte. Also ging ich ." keine Spuren mehr zurück, sonst hätten sie mich längst erwischt.

Die Traurigkeit in der Stimme meines Bruders nahm zu und die Schatten in seinem Gesicht vertieften sich.

„Dann habe ich versucht rauszukommen", fuhr er fort. „Aber es war vom ersten Moment an hoffnungslos. Sie wussten, dass einer von uns noch im Netz war, und schlossen alle Ausgänge. Ich habe zwei Versuche unternommen, die Ziellinie zurück nach Holland zu überqueren, aber beide scheiterten. Beim zweiten Mal musste ich es buchstäblich tun." Ich floh um mein Leben. Ich ging direkt nach Berlin und fühlte, dass eine große Stadt, so weit wie möglich von der Grenze entfernt, das einzig sichere Versteck für mich war, solange der Tumult anhielt.

„Mir ging es auch sehr schlecht, denn ich musste die letzten Ausweispapiere zurücklassen, die ich noch hatte, als ich abhauen musste. Ich landete in Berlin mit dem Wissen, dass kein Dach mich sicher schützen konnte, bis ich ein neues Grundstück bekam." von Papieren.

„Ich wusste von Kore – ich hatte auf meinen Reisen von ihm und seiner Agentur für Drückeberger und Deserteure gehört – und ich ging direkt zu ihm. Er schickte mich zu Haase … das war gegen Ende Juni. Es war, als ich Es war bei Haase , als ich die Nachricht an van Urutius schickte , die Ihnen in die Hände fiel. Das geschah so.

„Ich war ziemlich befreundet mit einem Typen, der häufig bei Haase war , einem Mann, der in der Verpackungsabteilung des Metallwerks in Steglitz angestellt war. Eines Abends erzählte er uns, wie knapp es an Arbeitskräften gäbe und was die Packer verdienten. Ich hatte es satt Da ich in diesem stinkenden Keller eingesperrt war, bot ich, eher aus Spaß, an, in der Verpackungsabteilung mitzuhelfen. Ich dachte, ich könnte eine Chance zur Flucht bekommen, da ich bei Haase keine sah . Zu meiner Überraschung war Haase , der am Tisch saß, von der Idee ziemlich begeistert und sagte, ich könne gehen, wenn ich ihm die Hälfte meines Lohns zahle: Im Bierkeller bekam ich nichts.

„ So wurde ich in Steglitz übernommen , übernachtete bei Haase und half abends im Bierkeller. Eines Tages kam ein Paket für den alten van Urutius zu mir, um es zusammenzustellen, und plötzlich wurde mir klar, dass hier eine Chance bestand eine Nachricht an die Außenwelt senden. Ich hoffte, dass der alte van U., wenn er zum „ Eichenholz " stolperte, sie Ihnen senden würde und dass Sie sie an meinen Chef in London weiterleiten würden.

„Dann hast du erwartet, dass ich hinter dir her bin?" Ich sagte .

„Nein", antwortete Francis prompt, „das habe ich nicht. Aber die Vereinbarung sah vor, dass, wenn keiner von uns vier Männern bis zum 15. Mai im Hauptquartier aufgetaucht war, ein fünfter Mann hereinkommen und sich an einem bestimmten Treffpunkt in der Nähe des Hauptquartiers aufhalten sollte Grenze am 15. Juni. Ich ging am 15. Juni dorthin, aber er tauchte nie auf und obwohl ich ein paar Tage wartete, sah ich kein Zeichen von ihm. Ich machte meinen letzten Versuch rauszukommen und es scheiterte. Als ich also nach Berlin floh, wusste ich, dass ich alle Kommunikationsmöglichkeiten mit der Heimat abgeschnitten hatte. Als letzte Hoffnung habe ich spontan diesen Code abgefertigt und ihn in die Rechnung des alten van U gesteckt.

„Aber warum ‚Achilles' mit einem ‚l'?" Ich fragte.

„Sie wussten alles über Kores Agentur im Hauptquartier, aber ich wagte nicht, Kores Namen zu erwähnen, aus Angst, das Paket könnte geöffnet werden. Deshalb habe ich ‚Achilles' absichtlich mit einem ‚l' geschrieben, um die Aufmerksamkeit auf das Codewort zu lenken dass sie wüssten, wo Neuigkeiten über mich zu finden seien. Es war höllisch klug von dir, das zu entschlüsseln, Des!"

Francis lächelte mich an.

„Ich hatte vor, ruhig in Berlin zu bleiben, täglich zwischen Haase und der Fabrik hin und her zu gehen und ein oder zwei Monate zu warten, für den Fall, dass die Nachricht nach Hause kommt. Aber Kore fing an, Ärger zu machen. Anfang Juli kam er, um mich zu besuchen und deutete an, dass die Erneuerung meiner *Permis de Séjour* Geld kosten würde. Ich bezahlte ihn, aber da wurde mir klar, dass ich absolut in seiner Macht stand und nicht die Absicht hatte, erpresst zu werden. Also nutzte ich seine Gier, um eine Nachricht für ihn zu hinterlassen Der Mann, von dem ich hoffte, dass er hinter mir her sein würde, schrieb diese Zeile an die Wand unter dem Boonekamp- Poster in der schmutzigen Hütte, in der wir schliefen, und kam nach einem Job im Café Regina, von dem ich gehört hatte, hierher.

„Und jetzt, Des, alter Mann", sagte mein Bruder, „du weißt alles, was ich weiß!"

„Und Klumpfuß?"

"Ah!" sagte Francis und schüttelte den Kopf. „Da glaube ich, die Hand zu erkennen, die von Anfang an gegen uns war, aber wer dieser Mann ist und welche Macht er hat, weiß ich, wie Sie, nur aus dem, was er Ihnen selbst erzählt hat." Wie wir aus ihren Kommuniqués wissen, sind die Deutschen klug genug, die Wahrheit zu sagen, wenn es ihnen passt. Ich glaube, dass Klumpfuß Ihnen die Wahrheit gesagt hat, als er an jenem Abend auf der Esplanade über seine Mission sagte.

„Sie und ich wissen jetzt, dass der Kaiser diesen Brief geschrieben hat ... wir wissen auch, dass er an einen einflussreichen englischen Freund Wilhelms II. gerichtet war. Sie haben das Datum gesehen ... Berlin, 31. Juli 1914 ... der Vorabend des Ausbruchs des Weltkrieges. Auch aus dieser Hälfte in meiner Tasche ... und Sie, die beide Hälften des Briefes gesehen haben, werden bestätigen, was ich sage ... Ich kann mir vorstellen, welche Auswirkungen dieser Brief auf die internationale Lage haben würde hätte, wenn es den Mann erreicht hätte, für den es bestimmt war. Aber es kam nicht ... warum, wissen wir nicht. Wir wissen jedoch, dass der Kaiser sehr darauf bedacht ist, seinen Brief wieder in den Besitz zu bekommen ... Sie Sie selbst waren Zeuge seiner Besorgnis und wissen, dass er die Angelegenheit in die Hände des Mannes Klumpfuß gelegt hat.

„Nun", bemerkte ich nachdenklich, „Klumpfuß, wer auch immer er ist, scheint sich alle Mühe gegeben zu haben, meine Eskapaden geheim zu halten …"

„Genau", sagte Francis, „und auch Glück für dich. Sonst hätte Klumpfuß dich an der Grenze anhalten lassen. Aber offensichtlich ist Geheimhaltung ein wesentlicher Teil seiner Anweisungen, und er hat gezeigt, dass er bereit ist, fast alles zu riskieren, anstatt anzurufen." die Hilfe der regulären Polizei."

„Aber sie können diese Dinge immer vertuschen!" Ich habe Einspruch erhoben.

„Von der Öffentlichkeit, ja, aber nicht vom Gericht. Dieser Brief sieht ungewöhnlich nach einem von Williams plötzlichen Impulsen aus … und ich glaube, dass so etwas in Deutschland im Krieg kaum geduldet würde."

„Aber wer ist Klumpfuß?" Ich habe nachgefragt.

Mein Bruder runzelte besorgt die Brauen.

„Des", sagte er, „ich weiß es nicht. Er ist sicherlich kein regulärer Beamter des deutschen Geheimdienstes wie Steinhauer und die anderen. Aber ich *habe* zweimal von einem Deutschen mit Klumpfüßen gehört … beides war düster und mysteriös." In beiden Fällen spielte er eine führende Rolle und beide endeten mit dem gewaltsamen Tod eines unserer Männer.

„Dann Tracy und die anderen...?" Ich fragte.

„Opfer dieses Mannes, Des, ohne jeden Zweifel", antwortete mein Bruder. Er hielt einen Moment nachdenklich inne.

„In unserem Spiel gibt es einen Ehrenkodex , alter Mann", sagte er, „und es gibt viele Männer im deutschen Geheimdienst, die sich daran halten. Wir geben und stecken im harten Alltag viele harte Schläge ein." Die Verfolgung ist schiefgegangen, aber Hinterhalt und Mord sind ausgeschlossen.

Er holte tief Luft und fügte hinzu:

„Aber der Mann, Klumpfuß, spielt das Spiel nicht!"

„Francis", sagte ich, „ich wünschte, ich hätte etwas davon gewusst in der Nacht, als ich ihn an der Esplanade meiner Gnade ausgeliefert hatte. Er wäre nicht mit einem gebrochenen Schädel davongekommen … mit einem Schlag. Das hätte es gegeben." Ein weiterer Schlag für Tracy, einer für Arbuthnot, einer für den anderen Mann … bis die Rechnung beglichen war und ich ihm auf dem Teppich das Gehirn aus dem Leib geprügelt hatte. Aber wenn wir ihn wiedersehen, Francis, … bitte Gott, das werden wir! … es wird keinen Ehrenkodex für ihn geben … wir *werden* ihn kaltblütig erledigen, wie wir eine Ratte töten würden!"

Mein Bruder streckte seine Hand nach mir aus und wir falteten die Hände darauf.

Der Abend brach herein und am anderen Ufer des Flusses begannen Lichter zu funkeln.

Wir standen einen Moment schweigend da, während der Fluss zu unseren Füßen rauschte. Dann drehten wir um und machten uns auf den Weg zurück in Richtung Stadt. Francis hakte sich bei mir ein.

„Und jetzt, Des", sagte er in seiner alten liebevollen Art, „erzähl mir noch etwas über Monica!"

Aus diesem Gespräch keimte in meinem Kopf der einzige Plan, der uns eine Chance zur Flucht zu bieten schien. Ich war durchaus bereit, Francis zu glauben, als er erklärte, dass die Grenze derzeit unpassierbar sei: Wenn die Wachsamkeit vorher erhöht worden wäre, würde sie jetzt, da ich Klumpfuß erneut entgangen war, verdoppelt werden. Wir müssten also einen Unterschlupf finden, wo wir uns verstecken konnten, bis die Aufregung vorüber war.

Sie erinnern sich, dass Monica mir bei meinem letzten Treffen erzählte, dass sie demnächst zum Schloss Bellevue, einer Jagdhütte ihres Mannes, gehen würde, um im Zusammenhang mit dem Regierungsplan, Wild auf den Markt zu bringen, einige Jagden zu organisieren. Wie Sie sich erinnern, hatte Monica angeboten, mich mitzunehmen, und ich hatte eigentlich vorgehabt, sie zu begleiten, wenn Gerry in der Frage meines Passes nicht bedauerlicherweise darauf bestanden hätte.

Ich schlug Francis nun vor, dass wir Monicas Angebot nutzen und uns auf den Weg nach Castle Bellevue machen sollten. Der Ort war für unseren Zweck gut geeignet, da er in der Nähe von Kleve liegt und in seiner unmittelbaren Nachbarschaft der Reichswald liegt , jener große Wald, der sich von Deutschland bis weit nach Holland erstreckt. Während meiner gesamten Wanderung hatte ich diesen Wald als eine Region im Hinterkopf, die Möglichkeiten bieten musste, unbemerkt über die Grenze zu schlüpfen. Nun erfuhr ich von Franz, dass er Monate in der Nähe von Kleve verbracht hatte, und als ich ihm diesen Plan vorstellte, war ich nicht überrascht, dass er den Reichswald ziemlich gut kannte.

„Es wird nicht leicht sein, durch den Wald zu kommen", sagte er zweifelnd, „er wird sehr streng bewacht, aber ich kenne einen Ort, an dem wir ein oder zwei Tage lang ziemlich gemütlich liegen und auf eine Chance warten könnten einen Strich durch die Rechnung. Aber wir haben im Augenblick keine Chance, durchzukommen, unser klumpfüßiger Kumpel wird schon dafür sorgen. Und mir gefällt der Gedanke, nach Bellevue zu gehen, auch nicht besonders: Es wird furchtbar gefährlich für Monica sein!"

„Das glaube ich nicht", sagte ich. „Der ganze Ort wird für diese Dreharbeiten mit Leuten, Gästen, Bediensteten, Treibern und dergleichen überfüllt sein. Wir beide sprechen Deutsch und wir sehen grob genug aus: Wir sollten in der Lage sein, einen Notfallauftrag in der Gegend zu bekommen, ohne in Verlegenheit zu geraten." Zumindest Monica. Ich glaube nicht, dass sie jemals daran denken werden, so nah an dieser Grenze nach uns zu suchen. Die einzig mögliche Spur, die sie nach mir in Berlin finden können, führt nach München. Clubfoot wird bestimmt glauben, dass ich dorthin unterwegs bin Schweizer Grenze.

Kurz und gut: Mein Vorschlag wurde angenommen und wir beschlossen, noch am selben Abend nach Bellevue aufzubrechen. Mein Bruder erklärte, er würde nicht ins Café zurückkehren: Angesichts des gegenwärtigen Männermangels seien solche Desertionen keineswegs ungewöhnlich, und wenn er offiziell kündigen würde, würde dies möglicherweise nur zu peinlichen Erklärungen führen.

Also schlenderten wir in der zunehmenden Dunkelheit zurück in die Stadt, kauften eine Rheinkarte und ein paar Rucksäcke und legten in einem großen Kaufhaus einen kleinen Vorrat an Proviant an, Kekse, Pralinen, etwas Hartwurst und zwei kleine Fläschchen Rum . Dann brachte mich Francis in ein kleines Restaurant, in dem er bekannt war, und stellte mich dem freundlichen Besitzer vor, einem sehr fröhlichen alten Rheinländer, als seinen Bruder, der gerade aus dem Krankenhaus entlassen wurde. Ich denke, ich habe meinem Land einen guten Dienst erwiesen, indem ich einen höchst erschütternden Bericht über die schreckliche Effizienz der britischen Armee an der Somme gegeben habe!

Dann aßen wir zu Abend und konsultierten während des Essens die Karte.

„Laut Karte", sagte ich, „sollte Bellevue etwa fünfzig Meilen von hier entfernt sein. Meine Idee ist, dass wir nur nachts laufen und tagsüber liegen sollten, da ein Zimmer ohne Papiere für mich nicht in Frage kommt." Ich denke, wir sollten uns vom Rhein fernhalten, nicht wahr? Sonst kommen wir durch Wesel, das eine Festung ist und daher für uns beide teuflisch ungesund ist.

Francis nickte mit vollem Mund.

„Gegenwärtig können wir mit etwa zwölf Stunden Dunkelheit rechnen", fuhr ich fort, „wenn wir also einen Spielraum für den kleinen Umweg, den wir machen werden, für Pausen und für das Verirren lassen, denke ich, dass wir in der Lage sein sollten, Castle Bellevue zu erreichen." in der dritten Nacht von jetzt an. Wenn das Wetter hält, wird es nicht so schlimm sein, aber wenn es regnet, wird es höllisch! Haben Sie jetzt irgendwelche Vorschläge?"

Mein Bruder stimmte zu, wie er es auch mit allem getan hatte, was ich seit unserem Treffen vorgeschlagen hatte. Der arme Kerl, er hatte eine harte Zeit hinter sich: Er schien froh zu sein, dass ihm die Leitung der Dinge für eine Weile aus der Hand genommen wurde.

Abends um halb sieben standen wir mit dem Rucksack auf dem Rücken am Ortsrand, wo die Straße nach Crefeld abzweigt . In der Tasche des Mantels, den ich bei Haase geklaut hatte, fand ich eine voll geladene automatische Pistole (die meisten unserer Kunden im Bierkeller waren bewaffnet).

„Du hast das Dokument, Francis", sagte ich. „Das solltest du besser auch haben!" und ich reichte ihm die Waffe.

Francis winkte ab.

„Behalten Sie es", sagte er grimmig, „es kann Ihnen als Passersatz dienen."

Also steckte ich die Waffe zurück in meine Tasche.

Ein kalter Regentropfen fiel auf mein Gesicht.

"Meine Güte!" Ich weinte: „Es fängt an zu regnen!"

Und so machten wir uns auf den Weg.

---

Es war ein Albtraum-Tramp. Der Regen hörte nie auf. Tagsüber lagen wir in eisigem Elend, bis auf die Knochen durchgefroren in unseren durchnässten Kleidern, in einem feuchten Graben oder nassen Unterholz, mit schmerzenden Knochen und blasigen Füßen, aus Angst, entdeckt zu werden, aber noch mehr aus Angst vor dem Anbruch der Nacht und der Wiederaufnahme unseres Lebens Marsch. Dennoch hielten wir wie Spartaner an unserem Programm fest , und gegen acht Uhr am dritten Abend, als wir mühsam die Straße entlang humpelten, die von Cleves nach Calcar führt, wurden wir mit dem Anblick eines langen, massiven Gebäudes mit Türmchen an den Ecken belohnt. abseits der Autobahn hinter einer hohen Backsteinmauer stehen.

„Bellevue!" sagte ich mit dem Zeigefinger zu Francis.

Wir verließen die Straße, kletterten auf eine Holzpalisade und marschierten über die Felder mit der Idee, von hinten in den Park zu gelangen. Wir kamen an einigen schwarzen und stillen Wirtschaftsgebäuden vorbei, gingen durch ein Tor und in eine Koppel, auf deren anderer Seite die

Mauer verlief, die den Ort umgab. Irgendwo hinter der Mauer loderte ein Feuer. Wir konnten das aufspringende Licht der Flammen und den treibenden Rauch sehen. Im selben Moment hörten wir Stimmen, laute Stimmen, die auf Deutsch stritten.

Wir krochen über die Koppel zur Mauer, ich gab Francis den Rücken und er richtete sich auf die Spitze und blickte hinüber. Einen Augenblick später sprang er leichtfüßig herab, einen Finger an die Lippen.

„Soldaten um ein Feuer", flüsterte er. „Hier müssen Truppen einquartiert sein. Komm schon ... wir gehen noch weiter!"

Wir liefen sanft an der Mauer entlang, bis sie nach rechts abbog, und folgten ihr. Bald kamen wir zu einem kleinen Eisentor in der Mauer. Es stand offen.

Wir hörten. Der Klang der Stimmen war hier schwächer. Wir sahen immer noch das Spiegelbild der Flammen am Himmel. Ansonsten gab es kein Zeichen oder Geräusch von menschlichem Leben.

Das Tor führte in einen Ziergarten mit dem Schloss am anderen Ende. Alle Fenster waren im Dunkeln. Wir legten einen Gartenweg an, der zum Haus führte. Es brachte uns vor eine Glastür. Ich drehte den Griff und er gab meinem Griff nach.

Ich flüsterte Francis zu:

„Bleib, wo du bist! Und wenn du mich schreien hörst, flieg um dein Leben!"

Denn, dachte ich, der Ort könnte voller Truppen sein. Wenn es ein Risiko gäbe, wäre es für mich besser, es einzugehen, da Francis mit seinen Ausweispapieren eine bessere Chance hatte als ich, das Dokument in Sicherheit zu bringen.

Ich öffnete die Glastür und befand mich in einer Lobby mit einer Tür auf der rechten Seite.

Ich habe noch einmal zugehört. Alles war still. Vorsichtig öffnete ich die Tür und schaute hinein. Während ich das tat, wurde der Ort plötzlich von Licht durchflutet und eine Stimme – eine Stimme, die ich oft in meinen Träumen gehört hatte – rief gebieterisch:

„Bleib wo du bist und strecke deine Hände über deinen Kopf!"

Klumpfuß stand da, eine Pistole in seiner großen Hand auf mich gerichtet.

„Grundt !" Ich schrie, aber ich rührte mich nicht.

Und Klumpfuß lachte.

# Kapitel XVII

## FRANCIS greift die Erzählung auf

Ich sah, wie die Lichter im Raum aufleuchteten. Ich hörte Desmond rufen: „ Grundt ;" Sofort warf ich mich flach auf mein Gesicht in das Blumenbeet, damit Desmonds Schrei die Soldaten nicht wegen des Feuers alarmiert hätte. Aber niemand kam; Die Gärten blieben dunkel und feucht und still, und ich hörte kein Geräusch aus dem Raum, in dem ich wusste, dass mein Bruder in den Fängen dieses Mannes war.

Desmonds Schrei riss mich zusammen. Es schien mich aus der Lethargie aufzuwecken, in die ich während all dieser Monate voller Gefahr und Enttäuschung versunken war. Es hat mich ins Leben gerufen. Wenn ich ihn retten wollte, durfte kein Moment verloren gehen. Ich wusste, Klumpfuß würde schnell handeln. Das muss ich auch. Aber zuerst muss ich herausfinden, wie die Situation war, welche Bedeutung die Anwesenheit von Klumpfuß in Monicas Haus und die Bedeutung dieser Soldaten im Park hatten. Und vor allem: War Monica selbst im Schloss?

Etwa hundert Meter bevor wir das Schloss erreichten, war mir an der Straße ein kleiner Estaminplatz aufgefallen. Vielleicht kann ich dort zumindest etwas mitnehmen. Dementsprechend schlich ich durch den Garten, kletterte erneut über die Mauer und erreichte sicher die Straße.

Das Wirtshaus war voller Menschen, brutal dreinschauender Bauern, die guten Alkohol tranken, Viehtreibern und dergleichen. Ich stand an der Bar auf und bestellte einen doppelten Noggin *Korn* – einen rohen Schnaps, der in dieser Gegend aus Kartoffeln hergestellt wird und sehr stark, aber zumindest rein ist. Ein Mann in Cordhosen und Leggings trank an der Bar, ein schroffer Typ, der sich bereitwillig auf ein Gespräch einließ. Eine beiläufige Frage von mir nach den Spielbedingungen entlockte ihm die Information, dass er Unterwart im Schloss sei. Es sei eine arbeitsreiche Zeit für sie gewesen, erzählte er mir, da vier große Shootings geplant seien. Der erste sollte am nächsten Tag stattfinden. Es gab viele Vögel, und er meinte, die Gäste der Frau Gräfin sollten zufrieden sein.

Ich fragte ihn, ob im Schloss eine große Party stattfinden würde. Nein, sagte er mir, nur ein Herr außer dem Offizier sei dort einquartiert, aber am nächsten Tag kämen viele Leute zum Schießen vorbei, die Beamten aus Kleve und Goch , der Oberrichter aus Kleve und eine Reihe von Bauern aus der Umgebung um.

„Ich gehe davon aus, dass Sie die im Schloss einquartierten Soldaten als Treiber nützlich finden werden", erkundigte ich mich zielstrebig.

Der Mann stimmte widerwillig zu. Wildhüter sind erstklassige Nörgler. Aber es gab nicht viele Soldaten. Er seinerseits konnte ganz darauf verzichten. Sie seien schreckliche Wilderer in diesem Ort, erklärte er. Aber was sie ohne sie für Treiber tun würden, wusste er nicht ... es fehlte ihnen sehr an Treibern ... das war eine Tatsache.

„Ich bleibe in Cleves", sagte ich, „und bin arbeitslos. Ich bin nicht mehr lange im Krankenhaus, und sie haben mich aus der Armee entlassen. Es würde mir nichts ausmachen, ein paar Mark als Schläger zu verdienen.", und ich würde den Sport gerne sehen. Ich habe mich früher am Rhein, wo ich herkomme, ein bisschen geschossen."

Der Mann zuckte mit den Schultern und schüttelte den Kopf. „Das geht mich nichts an, die Schläger zusammenzutrommeln", antwortete er. „Außerdem werde ich den Oberwildhüter hinter mir haben, wenn ich Fremde hereinbringe ...."

Ich bestellte noch einen Drink für uns beide und gewann den Mann ohne große Schwierigkeiten für mich. Er steckte meinen Fünf- Mark -Schein ein und kündigte an, dass er es schaffen würde ... Die Frau Gräfin sollte an diesem Abend nach dem Abendessen im Schloss einige Männer sehen, die sich als Treiber angeboten hatten. Er würde mich mitnehmen.

Eine halbe Stunde später stand ich als einer von einer Gruppe struppiger und heruntergekommener Bauern in einem großen Steinhof vor dem Haupteingang des Schlosses. Der Oberwildhüter musterte uns mit seinem Blick und forderte uns auf, ihm zu folgen. Er führte uns durch ein gewölbtes Tor durch eine massive Tür in eine kleine Lobby, die offenbar in die große Halle des Schlosses eingebaut worden war, denn sie öffnete sich direkt in diese hinein.

Wir befanden uns in einer prächtigen alten feudalen Halle mit Eichenholzverkleidung und Eichenbalken, in der in der Dämmerung, die im oberen Teil des riesigen Platzes herrschte, Reihen staubiger Banner gerade noch sichtbar waren. Die moderne Generation hatte darauf verzichtet, den schönen alten Raum mit elektrischem Licht zu entweihen, und massive silberne Kerzenleuchter warfen ein sanftes Licht auf den Tisch am anderen Ende des Saals, wo das Abendessen offenbar gerade zu Ende war.

Am Tisch saßen drei Personen, an der Spitze eine Frau, von der ich, noch bevor ich die Einzelheiten, die ich gerade dargelegt hatte, verstanden hatte, wusste, dass sie Monica war, obwohl sie mir den Rücken zuwandte. Auf der einen Seite des Tisches stand ein großer, schwerer Mann, den ich als Klumpfuß erkannte, auf der anderen Seite ein blasser Bursche in Offiziersuniform mit nur einem Arm ... Schmalz, zweifellos.

Eine Dienerin sagte etwas zu Monica, die mit einer Geste ihre Begleiter um Erlaubnis bat, den Tisch verließ und durch den Flur kam. Zu meiner Überraschung war sie in tiefstes Schwarz gekleidet und hatte Leinenmanschetten. Ihr Gesicht war blass und ernst, und in ihren Augen lag ein Ausdruck von Angst und Leid, der mir das Herz zerriss.

Ich hatte mich auf den letzten Platz der Reihe geschoben, in der uns der Oberwart aufgestellt hatte. Monica sprach ein oder zwei Worte zu jedem der Männer, die nacheinander mit leisen Ehrerbietungen davonschlurften . Als sie vor mir stehen blieb, wusste ich, dass sie mich erkannt hatte – ich spürte es eher, denn sie machte kein Zeichen –, obwohl die Zeit, die ich in Deutschland verbracht hatte, mein Aussehen verändert hatte, wage ich zu behaupten, und ich musste ziemlich grob ausgesehen haben mein Drei-Tage-Bart und meine schmutzige Kleidung.

"Ah!" „Du bist der Mann, von dem Heinrich gesprochen hat“, sagte sie mit all ihrer Mattigkeit *de grande dame* . „Du bist gerade aus dem Krankenhaus gekommen, glaube ich?“

„Bitte Frau Gräfin um Verzeihung“, murmelte ich in dem dicken rheinischen Patois, das ich in Bonn gelernt hatte, „Ich habe beim Herrn Graf in Galizien gedient, und ich dachte, vielleicht wäre die Frau Gräfin ...“

Sie hielt mich mit einer Geste auf.

„Herr Doktor !“ rief sie zum Esstisch.

Von Jove! Dieses Mädchen hatte Mut: Ihr Mut war großartig.

Klumpfuß kam herbeigestolpert, alle lächelten nach dem Essen und rauchten eine lange Zigarre, die köstlich roch.

„Frau Gräfin ?“ fragte er und warf mir einen Blick zu.

„Dies ist ein Mann, der unter meinem Mann in Galizien gedient hat. Er ist krank und arbeitslos und möchte, dass ich ihm helfe. Ich würde ihn daher gerne in meinem Wohnzimmer sehen, wenn Sie mir erlauben. ..."

„Aber, Frau Gräfin , auf jeden Fall. Es war doch sicher nicht nötig ...“

„Johann!“ Monica rief den Diener, den ich zuvor gesehen hatte: „Bring diesen Mann ins Wohnzimmer!“

Der Diener führte sie durch den Flur in eine gemütlich eingerichtete Bibliothek mit einem zierlichen Schreibtisch und hübschen Chintzvorhängen. Monica folgte ihr und setzte sich an den Schreibtisch.

„Jetzt sagen Sie mir, was Sie sagen möchten ...“, begann sie auf Deutsch, als der Diener den Raum verließ, aber kaum war er gegangen , stand sie auf und ergriff meine Hände.

"Francis!" Sie flüsterte unter lautem Schluchzen auf Englisch: „Oh, Francis! Was haben sie dir angetan, dass du so aussiehst?"

Ich umklammerte ihr Handgelenk fest.

„Frau Gräfin ", sagte ich auf Deutsch, immer noch in diesem abscheulichen Patois, „Sie müssen ruhig sein." Und ich flüsterte ihr auf Englisch ins Ohr:

„Monica, sei mutig! Und rede Deutsch, was auch immer du tust."

Sie erlangte sofort ihre Selbstbeherrschung zurück.

„Ich verstehe", antwortete sie und setzte sich wieder an ihren Schreibtisch; „Es ist umsichtiger."

Und die restliche Zeit sprachen wir auf Deutsch.

„Desmond?" Ich fragte.

„Eingesperrt in Grundts Schlafzimmer", antwortete sie. „Ich traf sie, wie sie ihn durch den Korridor schoben – es war schrecklich! Grundt ließ ihn nicht aus den Augen. Oh, es war Wahnsinn, gekommen zu sein. Wenn ich dich nur hätte warnen können!"

„Was macht Grundt hier?" Ich fragte. „Und diese Soldaten und dieser Offizier?"

„Meine Liebe", antwortete sie und in einem plötzlichen Stimmungsumschwung blitzten ihre Augen verschmitzt auf, „Ich bin in Sicherungsverwahrung!"

„Aber, Monica…"

„Hören Sie! Gerry und sein Spionagediener haben Ärger gemacht. Als Des an diesem Abend wegging und nicht zurückkam, bestand Gerry darauf, dass wir die Polizei benachrichtigen sollten. Er machte eine schreckliche Szene, dann mischte sich der Kammerdiener ein und Aus dem, was er sagte, wusste ich, dass er Böses meinte. Ich wagte nicht, Gerry die Wahrheit anzuvertrauen, also ließ ich ihn eine Nachricht an die Polizei schicken. Sie kamen vorbei, stellten viele Fragen und gingen wieder weg, also dachte ich, wir Ich hatte das letzte Mal davon gehört und bin hergekommen. Gerry wollte nicht kommen. Er ist nach Baden-Baden gefahren, um eine neue Kur zu machen.

„Vor etwa einer Woche kam der Oberrichter von Cleves, ein alter Freund von uns, mit dem Auto vorbei und platzte nach langem Reden heraus, dass ich mich als verhaftet betrachten solle und dass ein Offizier und eine Abteilung Männer von uns seien Goch kam herüber, um das Haus zu bewachen. Der Richter hätte mir alles gesagt, was ich wissen wollte, aber er wusste nichts: Er führte einfach seine Befehle aus. Dann kamen der Leutnant und seine Männer, und seitdem bin ich ein Gefangener im Haus und auf dem Gelände. Ich hatte schreckliche Angst um Des, bis Grundt vor zwei Nächten plötzlich eintraf und ich sofort an seinem Gesicht sah, dass Des immer noch auf freiem Fuß war. Aber, Francis, dieser Klumpfuß-Mann kam hierher, um Des zu fangen. .. und er ist einfach in die Falle getappt."

„Und Desmond?" Ich fragte. „Was wird Klumpfuß mit ihm unternehmen?"

„Er war ungefähr eine Stunde mit Des in seinem Zimmer, und ich hörte, wie er Schmalz sagte, er würde es nach dem Abendessen noch einmal versuchen. Oh, Francis, ich habe Angst vor diesem Mann ... er hat mir kein Wort davon gesagt." Ich kenne Desmond – kein Wort darüber, dass ich Des in Berlin beherbergt habe ... aber er weiß alles und beobachtet mich die ganze Zeit."

Ich warf einen Blick durch die offene Tür in den Flur. Die Kerzen brannten noch immer auf dem Esstisch, wo Klumpfuß und der Offizier saßen und sich leise unterhielten.

„Ich bin schon lange genug hier", sagte ich. „Aber bevor ich gehe, möchte ich, dass du ein oder zwei Fragen beantwortest, Monica. Wirst du?"

„Ja, Francis", sagte sie und blickte mich an.

„Wann ist morgen das Shooting?"

"Um zehn Uhr."

„ Gehen Grundt und Schmalz?"

"Ja."

"Du auch?"

"Ja."

„Könnten Sie bis 12.30 Uhr zum Haus zurückkehren?"

„Nicht allein. Einer von ihnen ist immer bei mir im Freien."

„Könnten Sie mich damals irgendwo draußen alleine treffen?"

„Es gibt einen Steinbruch außerhalb eines Dorfes namens Quellenburg ... er liegt am Rande unseres Schutzgebiets ... direkt an der Straße. Bis zwölf sollten wir dort sein. Wenn es nötig ist, werde ich versuchen, etwas zu geben sie schlüpfen und verstecken sich dort in einer der Höhlen. Wenn du dann kamst, konnte ich herauskommen, wenn du pfiffst .

„Gut. Das wird hervorragend funktionieren. Wir werden es so arrangieren. Nun noch eine Frage ... wie viele Soldaten haben Sie hier?"

"Sechzehn."

„Werden sie alle schlagen?"

„Oh nein! Nur zehn. Die anderen sechs und der Sergeant bleiben zurück."

„Haben Sie hier ein Auto?"

„Nein, aber Grundt hat einen."

„Wie viele Bedienstete werden morgen im Haus sein?"

„Nur Johann, der Butler und die Mägde ... eine Köchin und zwei Mädchen."

„Können Sie es schaffen, dass Johann morgen früh zwischen 10 und 12.30 Uhr aus dem Haus ist?"

„Ja, ich kann ihn mit einer Nachricht nach Cleves schicken."

„Die Dienstmädchen auch?"

„Ja, die Mägde auch."

„Gut. Wirst du jetzt noch eine Sache tun – die schwierigste von allen? Ich möchte, dass du Desmond eine Nachricht schickst. Kannst du das arrangieren?"

„Sagen Sie mir, was Ihre Nachricht ist, und ich kann Ihnen vielleicht antworten."

„Ich möchte, dass Sie ihm sagen, dass er es um jeden Preis schaffen muss, Grundt davon abzuhalten, morgen zu diesem Shooting zu gehen ... auf jeden Fall zwischen zehn und zwölf. Er muss es schaffen, Grundt glauben zu lassen, dass er es ihm sagen wird." wo Grundt vielleicht findet, was er sucht ... aber er muss ihn während dieser Stunden in Atem halten.

"Und danach?"

„Es wird kein Danach geben", sagte ich.

„Ich werde dafür sorgen, dass Des deine Nachricht bekommt", antwortete Monica, „denn ich werde sie selbst entgegennehmen."

„Nein, Monica", sagte ich, „ich will nicht..."

„Francis", ... sie sprach fast flüsternd ... „mein Leben in diesem Land ist vorbei" ... und sie berührte das Unkraut ihrer Witwe ... „Karl wurde vor drei Wochen in Predeal getötet ..." .. Du weißt genauso gut wie ich, dass ich genauso in diese Angelegenheit verwickelt bin wie du und Des ... und ich werde das Risiko teilen, wenn du mich nur mitnimmst ... das heißt, wenn du ... „Sie geriet ins Stocken.

Ich hörte die Stühle in der Ecke des Saals kratzen, wo die Dinnerparty gerade endete.

„Die Frau Gräfin muss nur befehlen“, sagte ich. „Die Frau Gräfin weiß, dass ich schon seit Jahren warte...“

Klumpfuß ging auf die offene Tür zu.

Ich hätte nie erwartet, die Frau Gräfin so liebenswürdig zu finden .

Klumpfuß stand auf der Schwelle und lauschte meiner zögernden Rede.

„Du kannst deine Sachen mitbringen, wenn du morgen kommst ...“, sagte Monica. „Der Wärter wird Ihnen sagen, wann Sie hier sein müssen.“

Dann entließ sie mich, aber als ich ging , hörte ich sie sagen:

„Herr Doktor ! Kann ich mit Ihnen sprechen?“

# Kapitel XVIII

## Ich fahre mit der Geschichte fort

Ich befand mich im Billardzimmer des Schlosses, einem staubigen Ort, der offensichtlich wenig genutzt wurde, denn es roch nach Feuchtigkeit. Allerdings brannte im Kamin ein Feuer, und auf einem Tisch in der Ecke, der mit Papieren übersät war, stand ein Versandkarton.

Klumpfuß trug einen Smoking, und während er lachte, hob sich die weiße Hemdbluse, während seine tiefe Brust bebte. Einen Moment lang dachte ich jedoch kaum an ihn oder den hässlich aussehenden Browning, den er in seiner Faust hielt. Ich lauschte auf Geräusche, die Francis' Anwesenheit im Garten verraten könnten. Aber alles blieb still wie das Grab.

Klumpfuß, immer noch hörbar kichernd, kam auf mich zu. Ich dachte, er würde mich erschießen, er kam so direkt und so schnell, aber er kam nur hinter mich, schloss die Tür und trieb mich dabei weiter in den Raum.

Die Tür, durch die er eingetreten war, stand offen. Ohne mich aus den Augen zu lassen oder seine Waffe vom Ziel abzulenken, rief er:

"Schmalz!"

Ein leichter Schritt erklang, und der einarmige Leutnant stolperte ins Zimmer. Als er mich sah, blieb er stehen. Dann begann er sanft mit kleinen Schritten um mich herum zu kreisen und murmelte vor sich hin: „So! So!"

„Guten Abend, Dr. Semlin !" sagte er auf Englisch. „Sagen Sie, ich freue mich riesig, Sie zu sehen! Nun, Okewood , lieber alter Junge, hier sind wir wieder. Was? Herr Julius Zimmermann ..." und er brach ins Deutsche ein", *freute er sich mich !"*

Ich hätte ihn auf der Stelle töten können, obwohl er verstümmelt war, allein schon wegen seiner fließenden Beherrschung der amerikanischen und englischen Sprache.

„Suche ihn, Schmalz!" befahl Klumpfuß knapp.

Schmalz fuhr mit den Fingern seines einen Arms über meine Taschen und schleuderte meine Mappe auf dem Billardtisch in Richtung Klumpfuß, und die anderen Gegenstände, als sie zum Vorschein kamen ... meine Pistole, Uhr, Zigarettenetui und so weiter ... weiter zu einer Lederlounge an der Wand. Bei seiner Suche streifte er mich mit seinem abgetrennten Stumpf ... pfui, es war schrecklich!

Klumpfuß hatte sich die Mappe geschnappt und sie hastig untersucht. Er schüttelte den Inhalt auf dem Billardtisch aus und untersuchte ihn sorgfältig.

"Nicht dort!" er sagte. „Führe ihn nach oben und wir ziehen ihn aus",
befahl er; „Und lass unseren klugen jungen Freund nicht vergessen, dass ich
mit meinem kleinen Spielzeug hinter ihm stehe!"

Schmalz packte mich am Kragen, grub seine Fingerknöchel gehässig in
meinen Nacken und trieb mich aus dem Zimmer ... fast in die Arme von
Monica.

Sie schrie, drehte sich um und floh den Gang hinunter. Klumpfuß lachte
laut, aber ich dachte traurig darüber nach, dass selbst meine eigene Mutter
mich in meiner gegenwärtigen traurigen Lage, ungewaschen und unrasiert,
in schmutzigen Kleidern, herumgeschleppt wie ein gewöhnlicher
Taschendieb, nicht einmal erkannt hätte.

Im Schlafzimmer, in das sie mich schleppten, kam es zu einer
erniedrigenden Szene, bei der die beiden Männer mich bis auf die Haut
auszogen und jedes einzelne Kleidungsstück, das ich besaß, mit den Füßen
begruben. Körperlich und geistig kauerte ich in meiner Nacktheit vor den
unheilvollen Blicken dieser beiden finsteren Krüppel. Von all meinen
Erfahrungen in Deutschland ist dies für mich immer noch fast meine
schlimmste Tortur.

Natürlich fanden sie nichts, so sehr sie auch suchten, und plötzlich warfen
sie meine Kleider zurück nach mir und forderten mich auf, mich wieder
anzuziehen, „denn du und ich, junger Mann", sagte Klumpfuß mit seinem
glitzernden Lächeln, „müssen es tun." Reden Sie ein wenig miteinander!"

Als ich wieder angezogen war –

„Du kannst uns verlassen, Schmalz!" befahl Klumpfuß, „und schicken Sie
den Sergeant hoch, wenn ich klingele: Er soll sich um diesen kniffligen
Engländer kümmern, während wir mit unserer charmanten Gastgeberin zu
Abend essen."

Schmalz ging hinaus und ließ uns in Ruhe. Klumpfuß zündete sich eine
Zigarre an. Er rauchte ein paar Minuten lang schweigend. Ich sagte nichts,
denn eigentlich gab es für mich nichts zu sagen. Sie hatten ihr wertvolles
Dokument nicht erhalten und es war unwahrscheinlich, dass sie es jetzt
jemals wiederbekommen würden. Ich fürchtete sehr, dass Francis in seiner
Loyalität einen Versuch unternehmen könnte, mich zu retten, aber ich
hoffte, dass er, was auch immer er tun würde, zuerst daran denken würde,
das Dokument an einem sicheren Ort aufzubewahren. Ich hatte mich mehr
oder weniger mit meinem Schicksal abgefunden. Ich befand mich nun
ordnungsgemäß in ihren Händen, und ob sie das Dokument erhielten oder
nicht, mein Schicksal war besiegelt.

„Ich möchte Ihnen das Kompliment machen, Ihnen zu sagen, mein lieber Kapitän Okewood ", bemerkte Klumpfuß mit seiner weltgewandten Stimme, die mir immer das Blut in den Adern gefrieren ließ, „dass ich noch nie zuvor in meiner Karriere so viel über eine einzelne Person nachgedacht habe . in den verschiedenen Fällen, die ich behandelt habe, genauso wie bei Ihnen. Als Einzelperson sind Sie ein dürftiges Ding: Es ist vielmehr Ihr bemerkenswertes Glück, das mich als eine Art Philosoph interessiert ... Ich versichere Ihnen, dass es mich bewirken wird Ich habe ernsthafte Bedenken, das Instrument zu sein, um Ihren wirklich außergewöhnlichen Glücksfall zu durchtrennen. Es macht mir nichts aus, Ihnen im Gespräch von Mann zu Mann zu sagen, dass ich mir noch nicht ganz entschieden habe, was ich mit Ihnen machen soll, jetzt wo ich es habe Du!"

Ich zuckte mit den Schultern.

„Du hast mich, gewiss", antwortete ich, „aber du würdest viel lieber haben, was ich nicht habe."

„Lasst uns nicht vergessen, uns immer mit kleinen Gnaden zufrieden zu geben", antwortete der andere und lächelte mit dem Glanz seiner goldenen Zähne, ... „das ist eine meiner Lieblingsmaximen . Wie Sie wirklich bemerken, würde ich die . auf jeden Fall vorziehen. ... das Juwel zur unendlich weniger kostbaren und ... interessanten ... Schatulle. Aber was ich habe, das halte ich. Und ich habe dich ... und auch deinen Komplizen.

„Ich habe keinen Komplizen", bestritt ich entschieden.

„Sicherlich vergessen Sie unsere gnädige Gastgeberin, unsere bezauberndste Gräfin? Ist es nicht dem Interesse zu verdanken, das sie für Ihre Sicherheit zu zeigen geruhte, dass ich hierher gekommen bin? Wäre dieser Umstand nicht gewesen, hätte ich es kaum gewagt, in ihre Witwenschaft einzudringen ...."

„Ihre Witwerschaft?" rief ich aus.

Klumpfuß lächelte erneut.

„Sie können den Zeitungen auf Ihrem ... Rückzug nicht gefolgt sein, mein lieber Kapitän Okewood ", antwortete er, „sonst hätten Sie sicherlich die traurige Nachricht gelesen, dass Graf Rachwitz , Adjutant des Feldmarschalls von Mackensen , durch eine Granate getötet wurde." das fiel in das Brigadehauptquartier, wo er in Predeal zu Mittag aß. Ah ja", seufzte er, „unsere schöne Gräfin ist jetzt eine Witwe, allein ..." Er hielt inne und fügte dann hinzu: „... und ungeschützt!" "

Ich verstand seine Anspielung und wurde vor Angst erstarrt. Nun, Monica war genauso in diese Affäre verwickelt wie ich. Bestimmt würden sie es nicht wagen, sie anzufassen ...

Klumpfuß beugte sich vor und tippte mir aufs Knie.

„Du wirst vernünftig sein, Okewood ", sagte er vertraulich. „Sie haben verloren. Sie können sich nicht selbst retten. Ihr Leben war verwirkt, sobald Sie die Schwelle der Privatgemächer seiner Majestät überschritten haben … aber Sie können *sie retten* ."

Ich schüttelte seine riesige Hand von meinem Bein.

„Du wirst mich nicht bluffen", antwortete ich grob. „Sie wagen es nicht , die Gräfin Rachwitz anzurühren , eine amerikanische Dame, Nichte eines amerikanischen Botschafters, eingeheiratet in eine Ihrer führenden Familien … Nein, Herr Doktor , Sie müssen etwas anderes versuchen."

„Wissen Sie, warum Schmalz hier ist?" fragte er geduldig: „Und diese Soldaten? … Sie müssen durch die Absperrung gegangen sein, um hierher zu kommen. Ihre kleine Freundin befindet sich in vorbeugender Haft. Sie würde im Gefängnis sein (sie weiß es nicht), aber Seine Majestät wäre es gewesen nicht bereit, der Familie Rachwitz in ihrer großen Not diesen Affront zuzufügen ."

"Die Gräfin „ Rachwitz hat überhaupt nichts mit mir zu tun", … eher eine dumme Lüge, dachte ich mir zu spät, als ich in ihrem Haus war.

Aber Klumpfuß blieb völlig unbeeindruckt.

„Ich werde Sie ins Vertrauen ziehen, mein lieber Herr", sagte er, „um zu zeigen, dass ich weiß, dass Sie die Unwahrheit sagen. Die Gräfin hingegen ist, um einen vulgären Ausdruck zu verwenden, bis zum Äußersten dabei Dank der erstaunlichen Dummheit der Berliner Polizei wurde ich nicht über Ihren kurzen Aufenthalt in der Bendlerstraße informiert , selbst nachdem sie von dem in der Angelegenheit Ihres überstürzten Fluges kranken amerikanischen Herrn hinzugezogen wurden, als er um Ihren Reisepass gebeten wurde Ordnung bringen. Aber wir Deutschen gehen systematisch vor, wir sind gewissenhaft, und ich machte mich daran, jeden möglichen Ort abzusuchen, der euch Unterschlupf bieten könnte.

„Im Laufe meiner Nachforschungen stieß ich auf unseren gemeinsamen Freund, Herrn Kore. Eine Durchsicht seiner sehr geschäftsmäßigen Geschäftsbücher ergab, dass er am Tag nach Ihrem Verschwinden von der Esplanade 3.600 Mark von einem gewissen E. 2 erhalten hatte. .. alle Namen in seinen Büchern waren verschlüsselt. Unter dem Einfluss meiner gewinnenden Persönlichkeit erzählte mir Herr Kore alles, was er wusste; ich setzte meine Nachforschungen fort und entdeckte dann, was die blöde Polizei versäumt hatte, mir zu sagen, nämlich das zu dem Datum Es handelte sich um einen angeblichen Amerikaner, der eilig aus der Wohnung der Gräfin Rachwitz in der Bendlerstraße geflohen war . Ein bewundernswerter

Kerl ... Max oder Otto oder irgendein Name in der Art ... jedenfalls war er Kammerdiener von Madames krankem Bruder Ich war in der Lage, alle Lücken zu schließen, und so war ich in der Lage, ein sehr überzeugendes Argument gegen Ihre wohlmeinende, aber äußerst schlecht beratene Gastgeberin vorzubringen. Zu diesem Zeitpunkt hatte die Dame Berlin verlassen, um sich auf diesen bezaubernden Sitz der alten Welt zu begeben, und ich Ich habe umgehend Maßnahmen ergriffen, um sie vorbeugend festzunehmen, während ich *Sie* aufgespürt habe.

„Sie sind wieder entkommen. Sogar Justus nickt, wissen Sie, mein lieber Kapitän Okewood , und ich gebe ehrlich zu, dass ich das silberne Abzeichen übersehen habe, das Sie bei sich hatten. Ich muss Ihnen auch ein Kompliment für Ihre Geschicklichkeit aussprechen, mit der Sie uns diese falsche Spur nach München hinterlassen haben . Es hat mich so sehr überrascht, dass ich einen Abgesandten losgeschickt habe, um Sie in dieser entzückenden Hauptstadt zu jagen, aber ich persönlich habe ein gewisses *Gespür* für diese Dinge, und ich dachte, Sie würden früher oder später nach Bellevue kommen. Das werden Sie Geben Sie zu, dass ich einen gewissen Scharfsinn bewiesen habe?"

„Mit all dem Gerede verschwendest du Zeit", sagte ich mürrisch.

Klumpfuß hob abfällig die Hand.

„Ich bin stolz auf meine Arbeit", bemerkte er halb entschuldigend. Dann fügte er hinzu:

„Sie dürfen nicht vergessen, dass Ihre hübsche Gräfin keine Amerikanerin ist. Sie ist eine Deutsche. Sie ist auch eine Witwe. Sie kennen vielleicht nicht die Beziehungen, die zwischen ihr und ihrem verstorbenen Ehemann bestanden, aber ich versichere Ihnen, dass sie keine waren So herzlich, dass die Familie Rachwitz ungebührlich um ihren Verlust trauern würde. Glauben Sie, dass wir uns einen Dreck um all die amerikanischen Botschafter scheren, die jemals die Staaten verlassen haben? Mein lieber Herr, ich stelle fest, dass Sie immer noch bedauerlicherweise keine Ahnung von der Revolution haben, die der Krieg in die Welt bringt Beziehungen. Im Krieg, wenn es um das nationale Interesse geht, ist der Einzelne nichts. Wenn er oder sie entfernt werden muss, pusten Sie! Sie löschen den Täter aus. Danach können Sie jederzeit zahlen oder sich entschuldigen oder tun, was erforderlich ist.

Ich hörte schweigend zu; Ich hatte angesichts dieser tödlichen Logik, der Logik des stärkeren Mannes, keine Verteidigung anzubieten.

Klumpfuß zog ein Papier aus seiner Tasche.

"Lies das!" sagte er und warf es mir zu. „Es ist die Vorladung für die Gräfin Rachwitz soll vor einem Kriegsgericht erscheinen. Datum leer, sehen

Sie. Du brauchst es nicht zu zerreißen ... Ich habe mehrere leere Formulare übrig ... auch eines für dich!"

Ich spürte, wie mein Mut nachließ und mein Herz zu Wasser wurde. Schweigend gab ich ihm sein Papier zurück. Plötzlich drang das Dröhnen eines Gongs in die Stille des Raumes. Klumpfuß stand auf und klingelte.

„Hier ist mein Angebot, Okewood !" er sagte. „Sie werden diesen Brief mir und der Gräfin in seiner Vollständigkeit zurückgeben Rachwitz soll freigelassen werden, sofern sie dieses Land verlässt und nicht zurückkehrt. Das ist mein letztes Wort! Nehmen Sie sich die Nacht zum Schlafen darauf! Ich werde morgen früh kommen, um meine Antwort einzuholen.

Ein Feldwebel in Feldgrau mit Gewehr und aufgepflanztem Bajonett stand im Türrahmen.

„Ich mache Sie für diesen Mann verantwortlich, Sergeant", sagte Klumpfuß, „bis ich in etwa einer Stunde zurückkomme. Für ihn wird Essen heraufgeschickt, und Sie werden persönlich sicherstellen, dass ihm weder dadurch noch durch irgendetwas anderes eine Nachricht übermittelt wird." bedeutet."

---

Ich hatte mich gewaschen, ich hatte meine Kleidung gebürstet, ich hatte gegessen und ich saß schweigend am Tisch, in der völligsten Niedergeschlagenheit, glaube ich, in die ein Mensch verfallen kann. Ich war von der Enttäuschung des Abends so erschüttert, dass ich glaube, ich habe überhaupt nicht viel über mein eigenes Schicksal nachgedacht. Aber meine Gedanken waren mit Monica beschäftigt. Mein Leben gehörte mir, und ich wusste, dass ich ein Pfandrecht an dem meines Bruders hatte, wenn dadurch unsere Mission bis zum Ende durchgeführt werden konnte. Aber hatte ich das Recht, Monica zu opfern?

Und dann geschah das Unerwartete. Die Tür öffnete sich und sie kam herein, Schmalz hinter ihr. Er entließ den Sergeant mit einem mahnenden Wort, um sicherzustellen , dass die Wachen rund um das Haus wachsam waren, folgte dem Mann hinaus und ließ Monica und mich in Ruhe.

Mit einer hübschen Geste stoppte das Mädchen den Schwall von Selbstvorwürfen, der mir über die Lippen stieg. Sie war blass, aber sie hielt ihren Kopf so hoch wie immer.

„Schmalz hat mir fünf Minuten allein mit dir gegeben, Des", sagte sie, „um dich um mein Leben zu bitten, damit du dein Vertrauen missbrauchst. Nein, sprich nicht ... es gibt keine Zeit, die du mit Worten verschwenden kannst." . Ich habe eine Nachricht von Francis für Sie ... Ja, ich habe ihn noch heute Nacht hier gesehen ... Er sagt, Sie müssen es um jeden Preis schaffen, Grundt davon abzuhalten, um zehn Uhr zum Shooting zu gehen - morgen, und ihn von zehn bis zwölf bei dir festzuhalten. Das ist alles, was ich darüber weiß ... Aber Francis hat etwas geplant, und du und ich müssen ihm vertrauen. Jetzt hör zu ... ich werde es erzählen Klumpfuß, ich habe dich angefleht und dass du Anzeichen von Schwäche zeigst. Sag heute Abend nichts, geh mit ihm auf Zeit, wenn er morgens für seine Antwort kommt, und schicke ihn dann um Viertel vor zehn, wenn er das Haus verlässt Haus mit den anderen. Den Rest überlasse ich dir. Gute Nacht, Des, und Kopf hoch!"...

„Aber Monica", rief ich, „was ist mit dir?"

Unter ihrer Blässe wurde sie köstlich rot.

„Des", antwortete sie glücklich, „wir sind jetzt Verbündete, wir drei. Wenn alles gut geht, komme ich mit dir und Francis!"

Damit war sie weg. Ein paar Minuten später kamen ein paar Soldaten mit Schmalz und brachten mich nach unten in einen dunklen Keller, wo ich für die Nacht eingesperrt wurde.

---

Ich träumte von der Front ... wieder schnupperte ich die altbekannten Gerüche, den Duft frischer Erde, den stinkenden Geruch des Todes; Wieder hörte ich außerhalb des Grabens das leise Klappern von Werkzeugen und das leise Flüstern unserer Verkabelungsgruppe. Wieder sah ich, wie die Lichter in den Himmel aufstiegen und in ihrem Glanz die Trostlosigkeit des Schlachtfelds offenbarten. Jemand schüttelte mich an der Schulter. Es war mein Diener, der kam, um mich zu wecken ... Ich muss eingeschlafen sein. War es schon so früh fertig? Ich setzte mich auf, rieb mir die Augen und erwachte mit der Qual eines anderen Tages.

Der Sergeant stand an der Kellertür, eingerahmt vom hellen Morgenlicht.

„Du sollst nach oben kommen!" er sagte.

Er brachte mich ins Billardzimmer, wo Klumpfuß, glatt und gewaschen und rasiert, im Sonnenschein am Schreibtisch saß, Briefe öffnete und Kaffee nippte. Eine Uhr an einer Halterung über seinem Kopf zeigte auf acht.

„Ich glaube, Sie möchten mit mir sprechen", sagte er nachlässig und ließ seinen Blick über einen Brief in seiner Hand schweifen.

„Sie müssen mir etwas mehr Zeit geben, Herr Doktor ", sagte ich. „Ich war letzte Nacht erschöpft und konnte die Dinge nicht in ihrem richtigen Licht betrachten. Wenn Sie mir noch ein paar Stunden ersparen könnten ..."

Ich legte einen Anflug von Flehen in meine Stimme, der ihn sofort beeindruckte.

„Ich bin nicht unvernünftig, mein lieber Kapitän Okewood ", antwortete er, „aber Sie werden verstehen, dass mit mir nicht zu spaßen ist, also gebe ich Ihnen eine faire Warnung. Ich gebe Ihnen Zeit, bis …"

„Es ist jetzt acht Uhr", unterbrach ich. „Ich sag dir was, gib mir bis zehn. Reicht das?"

Klumpfuß nickte zustimmend.

„Bringen Sie diesen Mann nach oben in mein Schlafzimmer", befahl er dem Sergeant. „Bleiben Sie bei ihm, während er frühstückt, und bringen Sie ihn um zehn Uhr hierher zurück. Und sagen Sie Schmidt, er soll mein Auto an der Tür stehen lassen: Er braucht nicht zu warten, denn er soll schlagen: Ich werde selbst dorthin fahren." schießen."

Ich kann mich nicht wirklich daran erinnern, was danach geschah. Ich schluckte etwas Frühstück herunter, hatte aber keine Ahnung, was ich aß, und der Sergeant, der ein Musterbeispiel für preußische Disziplin war, lehnte es mit einem mürrischen Stirnrunzeln ab, mit mir ins Gespräch zu kommen. Meine Moral war sehr schlecht: Wenn ich an diesen Morgen zurückblicke, denke ich, dass ich ziemlich nahe am Zusammenbruch gewesen sein muss.

Während ich da saß und wartete, hörte ich, wie das Haus in Aufruhr war und sich auf den Dreh vorbereitete. Man hörte Stimmen, schwere Stiefel in der Halle, Räder und Pferde draußen im Hof. Dann verstummten die Geräusche und alles war still. Kurz darauf, die Uhr zeigte auf zehn, begleitete mich der Sergeant wieder nach unten ins Billardzimmer.

Grundt saß immer noch da. Eine heiße Welle der Wut trieb mir das Blut in die Wangen, als ich ihn ansah, fett und weich und so triumphierend über seinen Sieg. Sein Anblick gab mir jedoch die Stärkung, die ich brauchte. Meine Nerven waren schwer erschüttert, aber ich war fest entschlossen, dass es dieser letzten Belastung gewachsen sein musste, diesen ungehobelten Fisch zwei Stunden lang zu spielen. Danach … wenn nichts passiert ist …

Klumpfuß schickte den Sergeant weg.

„Ich kann mich jetzt selbst um ihn kümmern", sagte er in einem unbeschwerten Ton, der seine Überzeugung vom Erfolg verriet. Also salutierte der Sergeant und verließ den Raum. Seine Schritte hallten durch die Gänge wie die bleiernen Füße des Schicksals, unerbittlich und unerbittlich.

# KAPITEL XIX

## WIR HABEN EINE RECHNUNG MIT CLUBFOOT

Ich schaute Klumpfuß an.

Ich muss ihn mit Vorsicht und auch mit Methode spielen.

Nur wenn ich nach einem äußerst präzisen System handelte, konnte ich hoffen, ihn zwei Stunden lang in diesem Raum festzuhalten. Ich hatte vier Punkte, mit denen ich mit ihm streiten konnte, und würde jedem von ihnen eine halbe Stunde widmen, indem ich die Uhr an der Halterung über seinem Kopf betrachtete. Wenn ich ihn nur von seinem Sieg überzeugen könnte, könnte ich hoffen, dass er nicht herausfindet, dass ich mit ihm spiele ... aber zwei Stunden sind eine lange Zeit ... es wäre fast so weit.

Ein Punkt zu meinen Gunsten ... mein Verhalten gab ihm von Anfang an die Gewissheit, dass er Erfolg haben würde. An meinem Tonfall der Demut war nichts Falsches, denn in Wahrheit war ich der Verzweiflung sehr nahe. Ich unternahm diesen letzten Versuch auf Geheiß meines Bruders, aber ich empfand es als eine verlassene Hoffnung: Tief in meinem Herzen wusste ich, dass ich am Ende war.

Also ging ich direkt zur Sache und sagte Klumpfuß, dass ich geschlagen sei und er seine Zeitung bekommen solle. Es gab jedoch Schwierigkeiten bei der Umsetzung der Vereinbarung auf beiden Seiten. Wir hatten uns gegenseitig getäuscht. Welche gegenseitigen Garantien könnten wir austauschen, um jedem von uns die Gewissheit eines fairen Spiels zu geben?

Klumpfuß hat diesen Punkt auf charakteristische Weise geklärt. Er beteuerte ausführlich seinen guten Willen, aber der Kern seiner Bemerkungen war, dass er die Karten in der Hand hatte und dass ihm folglich vertraut werden musste, während ich die Bürgschaft abgab.

Während wir diesen Punkt besprachen, schlug die Uhr die halbe Stunde.

Ich habe das Gespräch auf Monica gelenkt. „Ich mache mir überhaupt keine Sorgen um mich selbst", sagte ich, „aber ich muss mir sicher sein, dass ihr nichts Schlimmes widerfahren wird." Darauf antwortete Klumpfuß, dass ich mich beruhigen könnte: Sobald das Dokument in seinen Händen wäre, würde er ihre Freilassung anordnen: Ich sollte dort sein und könnte es vielleicht selbst erledigen.

Welche Garantie gäbe es, fragte ich, dass sie nicht festgenommen würde, bevor sie die Grenze erreichte?

Klumpfuß wurde etwas unruhig. Mit Blick auf die Uhr, aber mit ruhiger Stimme, beteuerte er erneut, dass sein Wort die einzige Garantie sei, die er bieten könne.

Wir haben das auch besprochen. Ich weiß, dass ich ernst und nervös war, und ich glaube, es hat ihm Spaß gemacht, mit mir zu spielen. Ich sagte ihm offen, dass sein Ruf seine Beteuerungen von Treu und Glauben Lügen strafte. Daraufhin lachte er und gab zynisch zu, dass dies durchaus der Fall sei.

„Trotzdem bin ich es, der die Garantie gibt", sagte er in einem Ton, der keinen Widerspruch duldete.

Die Uhr schlug elf.

Noch eine Stunde!

„Komm, Okewood ", fügte er gutmütig hinzu, „wir verschwenden Zeit. Bis jetzt hast du den ganzen Sport gehabt, weißt du. Du willst nicht, dass ich den ersten Drehtag dieses Jahres verpasse. Wo Hast du diesen Brief von uns bekommen?

Er war ein außergewöhnlicher Mann. Wenn man hörte, wie er mich ansprach, hätte man nie gedacht, dass er mich in den Tod schicken würde. Er schien dieses Detail vergessen zu haben. Es bedeutete ihm wahrscheinlich so wenig, dass er es hatte.

Ich wandte mich meinem dritten Punkt zu. Er habe es mir sehr schwer gemacht, sagte ich, aber ich sei der Besiegte und müsse nachgeben. Das Problem bestand darin, dass das Dokument noch in zwei Teilen bestand und keine Hälfte hier war.

„Du gibst an, wo die Hälften versteckt sind", sagte Klumpfuß prompt. „Ich werde dich zu den Verstecken begleiten und du wirst sie mir übergeben."

„Aber sie sind noch lange nicht hier", antwortete ich.

„Wo sind sie dann?" antwortete Klumpfuß ungeduldig. „Komm, ich warte und es wird spät!"

„Es wird mehrere Tage dauern, beide Portionen wiederzubekommen", murmelte ich unwillig.

„Das spielt keine Rolle", erwiderte der andere; „Es besteht keine besondere Eile ... jetzt!"

Und er lächelte grimmig.

Ich wagte es nicht, den Blick zur Uhr zu heben, denn ich spürte den Blick des Deutschen auf mir. Ein intuitiver Instinkt sagte mir, dass sein Misstrauen durch meine Zurückhaltung geweckt worden war. Ich war fast am Ende meiner Kräfte.

Würde die Uhr nie schlagen?

„Ich sage es Ihnen ganz offen, Herr Doktor ", sagte ich mit vor Angst zitternder Stimme, „ich kann die Gräfin nicht ungeschützt zurücklassen, während wir gemeinsam zu den Verstecken des Dokuments reisen. Ich bin ihrer Sicherheit nur dann sicher, wenn sie es ist." in meiner Nähe...."

Klumpfuß blickte mich mit zusammengezogenen Brauen an.

„Was schlagen Sie dann vor?" sagte er sehr streng.

„Du gehst und holst die beiden Hälften an den von mir angegebenen Stellen zurück", stammelte ich, „und ... und ..."

Ein leises Surren und das silberne Glockenspiel erklangen zweimal.

Noch eine halbe Stunde!

Wie still war das Haus! Ich konnte die Uhr ticken hören – nein, dieses Pochen musste mein Herz sein. Mein Verstand ließ nach, mein Kopf war leer, meine Kehle war trocken vor Angst.

„Ich habe anderthalb Stunden mit dir verschwendet, junger Mann", sagte Klumpfuß plötzlich, „und es ist Zeit, dass dieses Gespräch zu Ende geht. Ich warne dich noch einmal, dass man mit mir nicht leichtfertig umgehen darf. Die Situation ist Ganz klar: Es liegt an Ihnen, ob die Gräfin Rachwitz kommt frei oder wird heute Nachmittag in Cleves vor ein Kriegsgericht gestellt und heute Abend erschossen. Ihr Vorschlag ist absurd. Ich werde vernünftig zu dir sein. Wir werden beide hier bleiben. Ich werde telegrafieren, dass die beiden Teile des Briefes an den von Ihnen angegebenen Orten abgeholt werden, und sobald ich den gesamten Brief in meinen Händen halte, wird die Gräfin an die Grenze getrieben. Ich erlaube ihrem Butler, sie zu begleiten, und er kann zurückkommen und Ihnen versichern, dass sie in Sicherheit ist.

Er streckte seine Hand aus und zog einen Block Telegrafenformulare zu sich heran.

„Wo sollen wir die beiden Hälften finden?" er sagte.

„Einer ist in Holland", murmelte ich.

Er blickte schnell auf.

„Wenn du es wagst, mich falsch zu spielen ..."

Er brach ab, als er mein Gesicht sah.

Der Raum drehte sich mit mir. Meine Hände fühlten sich kalt an wie Eis. Ich kämpfte um die Beherrschung meiner selbst, aber ich spürte, wie mein Körper schwankte.

"Ah!" rief Klumpfuß nachdenklich aus, „das wäre Semlins Hälfte … Ich hätte es wissen können … Nun, egal, Schmalz kann mein Auto nehmen und es abholen. Er kann morgen zurück sein. Wo soll er hin?" ?"

„Die andere Hälfte ist in Berlin", sagte ich verzweifelt. Für mich klang meine Stimme, als würde eine dritte Person sprechen.

„Das ist einfacher", antwortete Klumpfuß. „Jetzt zehn Minuten vor zwölf … wenn ich sofort telegrafiere, sollte die Hälfte bis Mitternacht hier sein … Ich werde die Nachricht sofort abgeben …"

Er sah zu mir auf, den Bleistift in der Hand.

Es war das Ende. Bis an die Grenzen meiner Kräfte hatte ich Franziskus die Treue gehalten, doch nun war mein Widerstand gebrochen. Er hatte mich im Stich gelassen … nicht ich, sondern vielmehr Monica … Ich konnte sie jetzt nicht retten. Wie in einem Albtraumfilm zogen die geschäftigen Stunden der vergangenen Wochen an meinen Augen vorbei, eine drängelnde Prozession von Gestalten – Semlin mit seinen blauen Lippen und seinem fahlen Gesicht, Schratt mit ihren juwelenbesetzten Händen, der Jude Kore, Haase mit seinem Kugelkopf, Francis , traurig sinnierend auf der Veranda des Cafés … und Monica, ganz in Weiß, als ich sie an diesem Abend auf der Esplanade sah … meine Gedanken kehrten immer zu ihr zurück, einer weißen und bemitleidenswerten Gestalt in irgendeinem staubigen Hof bei Lampenlicht mit Blick auf … Reihe ausgerichteter Gewehre….

"Ich warte!"

Klumpfußs Stimme durchbrach schrill die Stille.

Soll ich ihm jetzt die Wahrheit sagen?

Es war drei Minuten vor der vollen Stunde.

„Komm! Die beiden Adressen!"

Ich würde bis zuletzt treu bleiben.

„Herr Doktor !" Ich geriet ins Stocken.

Er ließ den Bleistift auf den Tisch fallen und sprang auf. Er packte mich am Revers meines Mantels und schüttelte mich mit eisernem Griff.

„Die Adressen, du Hund!" er sagte.

Die Uhr surrte leise. Es klopfte an der Tür.

"Komm herein!" brüllte Klumpfuß und nahm seinen Platz wieder ein.

Die Uhr schlug zwölf.

Ein Offizier trat energisch ein und salutierte.

Es war Francis! ... Francis, frisch rasiert, sein Schnurrbart ordentlich gestutzt, ein Monokel im Auge, in einem wunderschön taillierten grauen Militärmantel, eine weißbehandschuhte Hand zum Gruß an seinen Helm erhoben.

„Hauptmann von Salzmann!" ... er stellte sich vor, klapperte mit den Absätzen und verneigte sich vor Klumpfuß, der ihn wütend ansah und angesichts der Unterbrechung die Stirn runzelte. Er sprach mit der knappen, prägnanten Stimme eines typischen preußischen Offiziers. „Ich suche Herrn Leutnant Schmalz", sagte er.

„Er ist nicht da", antwortete Klumpfuß mit mürrischer Stimme. „Er ist draußen und ich bin beschäftigt ... Ich möchte nicht gestört werden."

Goch herübergeschickt, um die Wache hier zu inspizieren. Aber ich finde keine Wache ... Es ist kein Mann an diesem Ort.

Wütend hievte Klumpfuß seine unhandliche Masse von seinem Stuhl.

„Gott im Himmel!" er weinte wild. „Es ist unglaublich, dass ich niemals in Ruhe gelassen werden kann. Was zum Teufel hat der Wachmann mit mir zu tun? Verstehen Sie, dass ich nichts mit dem Wachmann zu tun habe! Irgendwo ist ein Sergeant ... verfluche ihn für einen fauler Schurke ... ich rufe an ..."

Er beendete den Satz nie. Als er meinem Bruder den Rücken zuwandte, um die Glocke in der Wand zu erreichen, sprang Francis von hinten auf ihn los, packte seinen Stierhals mit eisernem Griff und rammte gleichzeitig sein Knie in die weite Fläche seines Rückens.

Der riesige Deutsche stürzte überraschend nach hinten, mein Bruder auf ihm.

Es ging so schnell, dass ich für einen Moment sprachlos war.

„Schnell, Des, die Tür!" Mein Bruder schnappte nach Luft. "Schließen Sie die Tür!"

Der große Deutsche brüllte wie ein Stier und stürzte sich wild unter die Finger meines Bruders, sein Klumpfuß schlug donnernd auf den Parkettboden. Bei seinem Sturz war der linke Arm von Klumpfuß unter ihm abgeknickt und wurde nun durch sein großes Gewicht auf den Boden gedrückt. Mit seinem freien rechten Arm versuchte er heftig, die Finger meines Bruders abzuschütteln, während Francis darum kämpfte, die Kehle des Mannes zu packen und ihn zum Schweigen zu bringen.

Ich rannte zur Tür. Der Schlüssel steckte darin und ich drehte ihn im Handumdrehen um. Als ich mich umdrehte, um meinem Bruder zu Hilfe zu kommen, erblickte mein Blick den Kolben meiner Pistole, der dort lag, wo Schmalz ihn am Abend zuvor unter meinem Mantel auf die Lederlounge geworfen hatte.

Ich schnappte mir die Waffe, ließ mich neben meinen Bruder fallen und drückte Klumpfußs rechten Arm zu Boden. Ich hielt ihm die Pistole ins Gesicht.

„Hör auf mit dem Lärm!" Ich befahl.

Der Deutsche gehorchte.

„Durchsuch ihn besser, Francis", sagte ich zu meinem Bruder. „Wahrscheinlich hat er irgendwo einen Browning bei sich."

Francis durchsuchte die Taschen des Mannes, streckte die Hand aus und legte jeden Artikel, der zum Vorschein kam, auf den Schreibtisch über ihm. Aus einer inneren Brusttasche holte er die Browning hervor. Er warf einen Blick darauf: Das Magazin war voll und es befand sich eine Patrone im Verschluss.

„Sollten wir ihn nicht besser fesseln?" sagte Francis zu mir.

"Nein ich sagte. Ich kniete immer noch auf dem Arm des Deutschen. Er schien erschöpft zu sein. Sein Kopf war zurück auf den Boden gefallen.

„Lass mich hoch, verfluche dich!" er würgte.

"NEIN!" Ich sagte es noch einmal und Francis drehte sich um und sah mich an.

Jeder von uns wusste, was im anderen vorging, mein Bruder und ich. Wir dachten an einen Händedruck, den wir am Rheinufer ausgetauscht hatten.

Ich wollte gerade etwas sagen, aber Francis hielt mich zurück. Er zitterte am ganzen Körper. Ich konnte fühlen, wie sein Ellbogen zitterte, als er meinen berührte.

„Nein, Des, bitte …", flehte er, „lass mich … das ist meine Show …"

Dann sprach er mit einer Stimme, die vor unterdrückter Leidenschaft vibrierte, schnell zu Klumpfuß.

„Sieh mich gut an, Grundt ", sagte er streng. „Du kennst mich nicht, oder? Ich bin Francis Okewood , der Bruder des Mannes, der dich in deinen Sturz geführt hat. Du kennst mich nicht, aber du kanntest einige meiner Freunde, glaube ich. Jack Tracy? Do Erinnerst du dich an ihn? Und an Herbert Arbuthnot? Ach, du kanntest ihn auch. Und an Philip Brewster? Du erinnerst dich auch an ihn, oder? Du brauchst dich nicht zu fragen, was mit dem armen Philip passiert ist!"

Der Mann auf dem Boden antwortete nichts, aber ich sah, wie die Farbe ganz langsam aus seinen Wangen verblasste.

Mein Bruder sprach wieder.

„Nach diesem Brief waren wir zu viert, wie Sie wussten, Grundt , und drei von uns sind tot. Aber Sie haben mich nie erwischt. Ich war der vierte Mann, die unbekannte Größe in all Ihren aufwändigen Berechnungen ... und das scheint auch der Fall zu sein." Ich habe dir die Abrechnung verdorben ... Ich und dieser Bruder von mir ... ein Amateur im Spiel, Grundt !

Klumpfuß schwieg immer noch, aber ich bemerkte, wie eine Schweißperle auf seiner Stirn zitterte, dann über seine aschgrauen Wangen lief und auf den Boden tropfte.

Francis fuhr mit derselben tiefen, unerbittlichen Stimme fort.

„Ich hätte nie gedacht, dass ich mir die Hände schmutzig machen müsste, indem ich die Welt von einem Mann wie dir befreie, Grundt , aber es ist so weit gekommen und du musst sterben. Ich hätte dich heißblütig getötet, als ich reinkam, aber." für Jack und Herbert und die anderen ... um ihretwillen musstest du wissen, wer dein Henker ist."

Mein Bruder hob die Pistole. Während er das tat, richtete sich der Mann auf dem Boden mit enormer Kraftanstrengung auf die Knie auf und schleuderte mich kopfüber. Dann ertönte ein heißer Flammenstoß dicht an meiner Wange, als ich auf dem Boden lag, ein ohrenbetäubender Knall, ein dumpfer Schlag und ein widerliches Gurgeln.

Etwas zuckte ein wenig auf dem Boden und blieb dann stehen.

Wir standen gemeinsam auf.

„Des", sagte mein Bruder unsicher, „es kommt mir eher wie Mord vor."

„Nein, Francis", flüsterte ich zurück, „es war Gerechtigkeit!"

# KAPITEL XX

## KARLS DER GRÖSSE FAHRT

Die Zeiger der Uhr zeigten auf Viertel nach zwölf. Komisch, wie mein Blick immer wieder auf diese Uhr fiel! Im Raum roch es nach warmem Schießpulver, und die Herbstsonne, die schwach durch das Fenster drang, fing die blauen Ränder eines kleinen Rauchschleiers ein, der träge in der Luft neben dem Schreibtisch in der Ecke hing. Wie nah war der Raum! Und wie schien mich dieses Zifferblatt anzustarren! Mir wurde sehr schlecht....

Herr! Was für ein Entwurf! Ein eisiger Luftstoß wehte mir ins Gesicht. Der Raum schwankte immer noch hin und her ...

Ich saß auf dem Vordersitz eines Autos neben Francis, der fuhr. Wir flogen geradezu eine breite und leere Straße entlang, während die hohen Pappeln, von denen sie gesäumt war, in der verschwindenden Landschaft verschwanden, als wir vorbeisausten. Der Untergrund war furchtbar und das Auto schwankte hin und her, während wir dahinrasten. Aber Francis hatte sie gut im Griff. Er saß am Steuer, sehr kühl und bedächtig und sehr ernst, immer noch in seiner Offiziersuniform, und in seinen Augen lag ein kalter Glanz, der mir verriet, dass er auf höchstem Niveau war.

Wir verlangsamten die Geschwindigkeit etwas, um eine Rechtsabzweigung in eine Seitenstraße zu bewältigen. Wir schienen diese Kurve auf zwei Rädern zu nehmen. Ein dünner Kirchturm ragte aus den Bäumen in der Mitte der Häusergruppe hervor, der wir uns so wütend näherten. Das Dorf war so gut wie verlassen: Alle schienen beim Mittagessen drinnen zu sein, aber Francis wurde langsamer und rannte in bescheidenem Tempo die schmutzige Straße entlang. Das Dorf fuhr vorbei, er trat aufs Gaspedal und das Auto sprang noch einmal vorwärts.

Das Land war flach wie ein Pfannkuchen, aber bald fielen die Felder etwas von der Straße ab, mit hier und da Felsbrocken und Ginsterbüschen. Im nächsten Moment verlangsamten wir die Geschwindigkeit. Wir kamen auf einem unebenen Weg an, der von der Straße abzweigte und in einem Gewirr aus verkrüppelten Bäumen und Gestrüpp verschwand, das auf der gelben Fläche einer Sandgrube wuchs.

Francis bedeutete mir auszusteigen, sprang dann selbst zu Boden und ließ den Motor aufheulen. Sein Gesicht war grau und ernst.

"Bleib hier!" flüsterte er mir zu. „Sie haben Ihre Pistole? Gut. Wenn jemand versucht, Sie zu stören, schießen Sie!" Er stürzte in das Gewirr und wurde verschluckt. Ich hörte einen Pfiff und einen Pfiff als Antwort, und eine Minute später erschien er erneut und half Monica durch das dichte Unterholz.

Monica sah in ihrem dunkelgrünen Schießanzug und ihrem Schal so hübsch aus wie ein Bild. Sie war so aufgeregt wie ein Kind beim ersten Spiel.

"Einen Wagen!" rief sie aus. „Oh, Francis, ich setze mich neben dich!"

Mein Bruder warf einen Blick auf seine Uhr.

„Zwanzig vor eins!" er murmelte. Sein Gesicht hatte einen gehetzten Ausdruck. Monica sah es und es ernüchterte sie.

Sie stiegen vorne ein und ich setzte mich in die Karosserie.

„Halten Sie daran fest!" sagte Francis und reichte mir eine Ledertasche. Ich habe es auf den ersten Blick erkannt. Es war Klumpfußs Versandkarton. Francis war in allem gründlich.

Wieder einmal stürmten wir über die einsamen Landstraßen. Wir haben kaum eine Menschenseele gesehen. Es gab nur wenige Häuser, und abgesehen von einem gelegentlichen Graubart, der auf den nassen Feldern hackte, oder einer alten Frau, die die Straße entlang humpelte, schien die Landschaft tot zu sein. In der kalten Luft lief der Motor hervorragend und Francis holte jede PS-Leistung aus ihm heraus.

Wir rasten weiter, der Wind in unseren Ohren, die kalte Luft in unseren Gesichtern, bis wir uns dabei befanden, durch eine Allee aus alten Bäumen zu rasen, die pfeilgerade mitten in den Wald führte. Es war so still wie im Grab: Die Luft war feucht und kalt, und die Bäume tropften traurig in die tiefen Furchen der Straße.

Wir sausten an vielen Spuren vorbei, die in die Tiefen des Waldes führten, aber erst als das Auto etwa fünf Kilometer der Hauptstraße verschlungen hatte, bremste Francis ab. Er konsultierte eine Karte, die er aus seiner Tasche zog, und blickte dann mit gerunzelter Stirn auf seine Uhr.

„Ich hatte gehofft, mit dem Auto in den Wald zu fahren", sagte er, „aber die Straßen sind so weich, dass wir keinen Meter weit kommen. Trotzdem können wir es nur versuchen."

Wir gingen wieder ganz langsam vorwärts, bis ein Weg nach links abzweigte. Es war schlecht umgepflügt und die Spurrillen waren bis zu 30 cm tief. Monica und ich stiegen aus, um das Auto leichter zu machen, und Francis fuhr sie hinein. Aber er hatte noch keine fünf Meter zurückgelegt, als das Auto bis zu den Achsen feststeckte.

„Wir müssen es verlassen", sagte er und sprang heraus. „Es ist zehn Minuten vor zwei ... wir haben keine Sekunde zu verlieren."

Er zog eine Stoffmütze aus der Tasche seines Militärmantels, dann zog er den Mantel aus und zeigte darunter seine gewöhnliche Kleidung und sehr glänzende schwarze Feldstiefel, die ihm bis zu den Knien reichten. Er steckte seinen Helm in den Mantel, rollte ihn zusammen, steckte ihn sich unter den Arm und setzte dann seine Mütze auf.

„Jetzt", sagte er, „wir müssen fliehen, Monica, fürchte ich: Wir müssen unsere Deckung erreichen, solange es noch hell ist, sonst kann ich sie nicht finden und es wird dort dunkel sein." Wir werden in etwa zwei Stunden den Wald erreichen. Bist du bereit?"

Wir verließen die Strecke und gingen in den Wald. Es gab nicht viel Unterholz und die Bäume waren nicht sehr dicht gepflanzt, so dass unser Weg nicht behindert wurde. Wir joggten über einen Teppich aus nassen Blättern, stolperten über die Wurzeln der Bäume, zerrissen unsere Kleidung an den Brombeersträuchern und ließen Regentropfen von den Zweigen der Kiefern oder Tannen niederprasseln, die wir auf unserem stürmischen Weg streiften. Mal sprang ein Eichhörnchen auf seinen Baum, mal flitzte ein Kaninchen in sein Loch zurück, mal stürzte ein weichäugiges Reh ins Gebüsch, als wir uns näherten. Der Ort war so still, dass es mir Selbstvertrauen gab. Von einem Menschen war jetzt, da wir die Spuren seiner Karren auf den Gleisen entfernt hatten, keine Spur mehr zu sehen, und in der Gegenwart der stattlichen, stillen Bäume begann ich zu spüren, dass ich endlich vor der Bedrohung, die da gehangen hatte, sicher war über mich schon so lange.

Wir ruhten uns oft aus, atemlos und keuchend, eine Hand zur Seite gelegt. Monica war ein Wunder an Ausdauer. Ihre Stiefel waren durchnässt, ihr Rock bis zur Taille nass, ihr Gesicht war zerkratzt und ihr Haar fiel aus, aber sie beklagte sich nie. Francis schien unermüdlich zu sein und war immer derjenige, der uns den Weg weist, wenn wir neu anfangen.

Es war anstrengend, denn bei jedem Schritt versanken unsere Füße tief im Laub. Der Wald war hügelig mit tiefen Mulden und steilen Ufern, was uns einiges abverlangte. Es wurde schnell klar, dass wir das Tempo nicht mithalten konnten. Monica war sichtlich müde und ich hatte genug; Auch Francis schien fertig zu sein. Wir gingen langsamer spazieren. Wir kämpften uns mühsam diese steilen Böschungen hinauf, als Francis, der an der Spitze stand, seine Hand hob.

„Der Ritt Karls des Großen!" flüsterte er, als wir heraufkamen. Wir schauten von der Spitze des Ufers hinunter und sahen unter uns eine breite Waldlichtung, überdacht von den dicken Ästen der alten Bäume, die über uns zusammentrafen, und die einen Hang hinaufführte, der immer schmaler wurde, bis zu einem Pfad, der sich zwischen den Bäumen verlor Schatten, die schnell auf den Wald fielen.

Francis kletterte das Ufer hinunter und wir folgten ihm. Unten auf der Lichtung unter dem hohen Dach aus Ästen herrschte Dämmerung, und unsere Füße raschelten leise, als wir über die Blätter unter unseren Füßen traten. Es war ein gespenstischer Ort, und Monica umklammerte meinen Arm, als wir schnell hinter Francis herliefen, der mit schnellen Schritten voranschritt und drohte, von den Schatten des Herbstabends verschluckt zu werden. Er führte uns den Hang hinauf und den schmalen Pfad entlang. Ein Weg schlug davon ab und er nahm ihn. Es führte uns in einen dichteren Teil des Waldes, als wir bisher erreicht hatten, wo große Felsbrocken aus den tropfenden Büschen ragten und Brombeersträucher so dicht wuchsen, dass sie stellenweise den Weg verdeckten.

Der Wald stieg wieder an, und vor uns befand sich ein steiles Ufer, dessen Seiten mit großen Steinen und einem Gewirr aus Brombeersträuchern und Unterholz übersät waren. Francis bückte sich zwischen zwei Felsbrocken am Fuße des Abhangs, dann drehte er sich um, winkte uns, ihm zu folgen, und verschwand. Monica ging hinter ihm her und ich kam als Letzte. Wir befanden uns in einer Art schmalem Eingang, der zwischen den Felsen aus der Erde gegraben war und zu einer breiten Kammer führte, die offenbar unter einigen der Felsbrocken gegraben worden war, denn als ich meine Hand ausstreckte, stellte ich fest, dass das Dach vorhanden war fühlt sich steinig und feucht an.

Francis und Monica standen in diesem Raum, als ich herunterkam. Als ich eintrat, wusste ich sofort, warum sie so still standen. Ein Lichtschimmer kam vom anderen Ende der Höhle und ein seltsames Geräusch, eine Art ersticktes Schluchzen, drang an unsere Ohren.

Ich kroch im Dunkeln in Richtung Licht. Meine ausgestreckten Hände stießen auf eine niedrige Öffnung. Ich bückte mich und kroch um einen Felsen herum und sah eine weitere Kammer, die von einer flackernden Kerze beleuchtet wurde, die mit ihrem Wachs an der Erdwand befestigt war. Auf dem Boden lag ein Mann und schluchzte, als würde ihm das Herz brechen. Er trug eine Art Militärmantel mit einem gelben Streifen am Rücken.

" PST !" Ich rief ihm zu und zog meine Pistole aus meiner Tasche. Dabei berührte Francis hinter mir meinen Arm, um mich wissen zu lassen, dass er da war.

" PST !" Ich rief noch einmal lauter.

Mit einem plötzlichen, erschrockenen Satz schwang sich der Mann auf die Knie. Als er meine Pistole sah, riss er seine Hände über seinen Kopf. Schmutzig und unrasiert, mit Tränen im Gesicht, wirkte er wie ein trauriger und tragischer Mensch.

„ Kamerad ! Kamerad !" murmelte er dumm zu mir. „Napoo! Kaput! Englander!"

Ich blickte den Fremden an und konnte meinen Ohren kaum trauen. Dieser Grabenjargon an dieser Stelle!

"Bist Du Engländer?" Ich fragte ihn.

Als er meine Stimme hörte , blickte er wild um sich.

„Ja, ich bin Engländer, zur ", antwortete er mit einem kräftigen West-Country-Grat, „Gott steh mir bei!" Und ohne auf mich und meine Pistole zu achten, bedeckte er sein Gesicht mit den Händen und brach erneut in einen wilden Schluchzer aus, wobei er sich vor Kummer hin und her wiegte .

„Geh zurück zu Monica!" Ich flüsterte Francis zu. „Ich werde mich um diesen Kerl kümmern!"

Es gelang mir sofort, ihn zu beruhigen. Gewohnheit ist ein hartnäckiger Herrscher, und obwohl wir groteske Gestalten waren, brachte das „ zur ", das er an mich gerichtet hatte, den Offizier in mir zum Vorschein. Ich redete mit ihm, wie ich es mit einem meiner eigenen Männer getan hätte, und schließlich beruhigte er sich und blickte zu mir auf.

Er war noch ein Junge – das konnte ich an der klaren Haut und dem Glanz seiner Augen erkennen –, aber sein Gesicht war blass und ausgezehrt, und auf den ersten Blick sah er aus wie ein Mann von vierzig Jahren. Unter seinem Mantel, der aus Deutschland stammte, trug er schmutzige Lumpen, die einst eine Khaki-Uniform gewesen waren, wie der Schnitt – und nichts anderes – verriet.

Er erzählte mir seine einfache Geschichte mit seinem sanften Somersetshire-Akzent, einfach die schlichte Geschichte des Schicksals, das Tausende unserer Landsleute seit Kriegsbeginn ereilt hat. Sein Name war Maggs , Sapper Ebenezer Maggs , von den Royal Engineers, und er wurde im August 1914 in der Nähe von Mons gefangen genommen, als er mit einer Gruppe eine Linie auslegte. Mit einem langen Zug britischer Gefangener – „ von denen war es furchtbar schlimm, ähm , im Sterben, wie man sagen könnte" – war er in eine Stadt abgeführt und durch Straßen voller höhnischer deutscher Soldaten zum Bahnhof geführt worden. In Viehtransportern hatten sie, die Gesunden, die Verwundeten, die Sterbenden und die Toten zusammengepfercht, ohne Nahrung und Wasser, ihre Reise nach Deutschland angetreten, mit feindseligen Massen an jeder Station, sobald die Grenze vorbei war, brutalen Männern und kreischenden Frauen dem nicht einmal die Sterbenden heilig waren.

Es war eine schreckliche Geschichte, die durch den einfachen, schmucklosen Stil des Bauernsohnes aus dem West Country nichts von ihrem Schrecken eingebüßt hat. Er gehörte zu der zerlumpten, abgemagerten Schar britischer Kriegsgefangener, die den ersten langen Winter im Hungerlager Friedrichsfeld bei Wesel zitternd durchgestanden hatten. Zwei Jahre lang hatte er das schmutzige Essen, die Vernachlässigung und die harte Behandlung ertragen, dann hatte ihm ein einfallsreicher belgischer Freund, den er John nannte, der in glücklicheren Tagen ein Schmuggelware an dieser Grenze war, ihm einen Weg zur Flucht gezeigt. Fünf Tage zuvor hatten sie das Lager verlassen und sich getrennt. Sie einigten sich darauf, sich beim Karlsritt im Wald zu treffen und gemeinsam zu versuchen, die Grenze zu erzwingen. „John" war nie gekommen. Vierundzwanzig Stunden lang hatte Maggs vergeblich gewartet, dann hatte ihn sein Mut verlassen und er war in dieses Loch seiner Trauer gekrochen.

Ich holte Francis und Monica ab. Maggs schrumpfte zurück, als sie eintraten.

„Ich bin für keine Dame geeignet, meine Güte " , flüsterte er mir zu, „ich bin so stämmig und schön, wie ich bin ... Wir konnten in diesem Lager sowieso nicht sauber bleiben! "

In seiner Stimme lag die ganze Abscheu des guten Soldaten vor Schmutz.

„Schon gut, Maggs ", antwortete ich beruhigend, „sie wird es verstehen!"

Wir setzten uns im Licht der Kerze von Sapper Maggs auf den Boden und Francis und ich überprüften unsere Situation. Die Höhle, in der wir uns befanden ... ein altes Schmugglerversteck ... war der Ort, an dem Francis während seiner verschiedenen Versuche, über die Grenze zu gelangen, mehrere Tage verbracht hatte. Die Grenzlinie war nur etwa eine Viertelmeile entfernt und verlief mitten durch den Wald. Im Wald gab es keine stromführenden Zäune, wie sie die Deutschen an der Grenze zwischen Holland und Belgien errichtet hatten. Die Grenze wurde von Patrouillen bewacht. Bei diesen Patrouillen waren alle zweihundert Meter vier Männer entlang der Linie durch den Wald stationiert, so dass zwei Männer, paarweise patrouillierend, jeweils hundert Meter zurücklegten.

Mittlerweile war es halb fünf Uhr abends. Wir waren uns beide einig, dass wir unbedingt noch in dieser Nacht den Versuch wagen sollten, die Grenze zu überschreiten. Francis stieß mich an und zeigte mit seinen Augen auf den Pionier.

„ Maggs ", sagte ich, „uns geht es allen schlecht, aber unser Fall ist verzweifelter als deiner. Mehr als das werde ich dir nicht sagen: Wenn wir erwischt werden, einer von uns dreien, werden wir erschossen.", und jedem, der mit uns erwischt wird, wird es genauso ergehen. Wenn du meinen Rat befolgst, wirst du uns verlassen und alleine losziehen: Das Schlimmste, was dir passieren kann, ist, in dein Lager zurückgeschickt zu werden. Du wirst bestraft, wenn du weggelaufen bist weg, aber du wirst dein Leben nicht verlieren!"

Sapper Maggs schüttelte seinen gelben Kopf.

„Ich bleibe", antwortete er unbeirrt; „Es ist bequemer – zum Beispiel für uns vier, zusammen alt zu werden, und es ist ein besserer Schutz für die Dame. Ich glaube nicht. " Ich hatte keine Angst vor Gers ! Ich werde mitkommen, ihr Offiziere und die Dame, wenn es euch nichts ausmacht, zur !"

So war es geklärt und wir vier einigten uns darauf, unsere Kräfte zu bündeln. Bevor wir uns auf den Weg machten, wollte Francis noch eine Erkundungstour machen . Ich dachte, er hätte an diesem Tag mehr getan, als er konnte, und sagte es auch. Aber Francis bestand darauf.

„Ich kenne mich mit verbundenen Augen im Wald aus, alter Mann", sagte er, „für mich ist es weitaus sicherer als für dich. Ich hinterlasse dir die Karte und markiere die Route, der du folgen sollst, damit du die finden kannst falls mir etwas zustoßen sollte. Wenn ich bis Mitternacht nicht zurück bin, sollten Sie auf keinen Fall länger warten, sondern es selbst versuchen."

Mein Bruder gab mir das Dokument zurück und ging auf der Karte die Route durch, der wir folgen sollten. Dann deponierte er sein Bündel in der Höhle und erklärte sich bereit.

„Und vergiss die Kiste des alten Klumpfuß nicht", sagte er zum Abschied.

Monica brachte ihn zum Eingang unserer Zuflucht. Als sie zurückkam, tupfte sie sich mit ihrem Taschentuch die Augen. Um sie abzulenken, befragte ich sie zu den Ereignissen, die zu meiner Rettung geführt hatten, und sie erzählte mir , wie sie auf Francis' Bitte hin alle Diener unter verschiedenen Vorwänden aus dem Schloss geholt hatte. Es war Franziskus, der die als Wache verbliebenen Soldaten losgeworden war.

„Sie erinnern sich an den Kapitän-von -Köpenick- Trick", sagte sie. „Nun, Francis hat es auf den Sergeant und diese sechs Männer ausgespielt. Er hat in Cleves geschlafen, sich beim Friseur zurechtschneiden lassen, die Feldstiefel gekauft, die er trägt, und den Helm und den Mantel von den Haken im Haus gestohlen Durchgang in Schmidts Café, wohin die Offiziere nach der Morgenparade immer gehen, um Bier zu trinken. Dann fuhr er zum Schloss hinaus – er wusste, dass der Ort verlassen sein würde, sobald die Schießerei begonnen hatte – und erzählte dem Sergeant, zu dem er von Goch geschickt worden sei Inspizieren Sie den Wachmann. Ich finde ihn einfach großartig! Er inspizierte die Männer und beschimpfte jeden auf und ab und schickte den Sergeant auf die Koppel mit dem Befehl, sie zwei Stunden lang auszubilden. Francis erzählte mir alles darüber, als wir vorbeikamen . Er sagt, dass er Ihren Bluff niemals aufdecken wird, wenn Sie eine Uniform ergattern und einen Deutschen genug belästigen können. Können Sie ihn besiegen?"

Die Stunden zogen sich mühsam hin. Wir hatten nichts zu essen, und Maggs , der vor vierundzwanzig Stunden den letzten Rest seiner Vorräte aufgegessen hatte – der britische Soldat ist ein schlechter Hamsterer –, konsumierte bald die letzten meiner Zigaretten. Es war nach zehn Uhr, als ich draußen einen Schritt hörte. Im nächsten Moment kam Francis herein, bleich und atemlos.

„Sie schlagen für uns den Wald nieder", keuchte er. „Der Ort ist voller Männer. Ich musste den ganzen Weg hin und zurück kriechen und bin bis auf die Haut durchnässt."

Ich zeigte auf Monica, die tief und fest schlief, und er senkte die Stimme.

„Des", sagte er, „ich habe so lange gehofft, wie ich es gewagt habe, aber jetzt glaube ich, dass das Spiel vorbei ist. Sie schlagen in einem großen Kreis den Wald nieder , Soldaten, Polizisten und Zöllner. Wenn wir sofort aufbrechen." Wir können die Grenze erreichen, bevor sie hier ankommen, aber was nützt das ... jede Patrouille ist auf der Suche nach uns ... der Wald scheint von Fackeln erleuchtet zu sein.

„Wir müssen es versuchen, Francis", sagte ich. „Wir haben keine Chance, wenn wir hier bleiben!"

„Ich denke, du hast recht", antwortete er. „Nun, hier ist der Plan. Es gibt eine tiefe Schlucht, die direkt über die Grenze verläuft. Ich habe eine Stunde darin verbracht. Sie haben auf dieser Seite der Linie eine Bretterbrücke über den Gipfel gebaut, und die Patrouille kommt ungefähr an die Schlucht heran alle drei Minuten. Es ist praktisch unmöglich, in drei Minuten in dieser Schlucht außer Sicht und Ton zu kommen, aber ..."

„Es sei denn, wir könnten die Aufmerksamkeit der Patrouille ablenken !" sagte Sapper Maggs .

Doch Francis ignorierte die Unterbrechung.

„... Wir können es wenigstens versuchen. Komm schon, wir müssen anfangen! Gott sei Dank gibt es keinen Mond; es ist so dunkel wie der Teufel draußen!"

Wir weckten Monica und tappten aus der Höhle in den schwarzen, triefenden Wald. Irgendwo in der Ferne rötete ein schwacher Glanz den Himmel. Von Zeit zu Zeit glaubte ich, einen Schrei zu hören, aber er klang weit weg.

Wir krochen heimlich vorwärts, Francis voran, dann Monica, Maggs und ich als Letzte. Innerhalb weniger Minuten waren wir völlig durchnässt und unsere Hände, blau und tot vor Kälte, waren zerkratzt und zerrissen. Unser Fortschritt war unendlich langsam. Alle paar Meter hob Francis die Hand und wir blieben stehen.

Schließlich erreichten wir die düstere Lichtung, auf der, wie Franziskus uns erzählt hatte, der Volksglaube zufolge in der Nacht des Hubertus noch immer das Gespenst Karls des Großen im Galopp mit seinen gespenstischen Anhängern der Verfolgungsjagd zu sehen war . Das Rascheln der Blätter erklang in unseren Ohren; Sofort lagen wir alle bäuchlings hinter einer Bank.

Eine Gruppe Männer kam geschwungen die Lichtung entlang. Einer von ihnen sang ein altes deutsches Soldatenlied:

„Die Vöglein Ich bin Walde Sie singen so schön In der Heimat, in der Heimat, Da gibt's ein Wiedersehen .

„Die Hilfspatrouille ! " Ich flüsterte Francis zu, sobald sie vorbei waren.

„Die anderen Leute, die sie ablösen, werden in einer Minute hierher zurück sein. Wir müssen schnell rüberkommen." Mein Bruder stand aufrecht und schlich auf Zehenspitzen über Charlemagne's Ride, und wir folgten ihm.

Wir müssen eine Stunde lang gekrochen sein, bevor wir die Schlucht erreichten. Es war ein tiefer, schmaler Graben mit steilen Seiten, voller Unterholz und Brombeersträucher. Jetzt konnten wir, wie es schien, deutlich die Stimmen der Männer um uns herum hören, und rechts, links und vorn erhaschten wir hin und wieder flüchtige Blicke auf rote Flammen durch die Bäume. Wir konnten nur im Schneckentempo voranschreiten, damit uns das ständige Rascheln unserer Schritte nicht verriet. So rückte jeder der Reihe nach ein paar Schritte vor; dann machten wir alle eine Pause, und dann ging der nächste weiter. Wir konnten nicht mehr kriechen; dafür war das Unterholz zu dicht; wir mussten gebeugt nach vorne gehen.

Wir waren schon eine ganze halbe Stunde so vorangekommen, als Francis, der wie immer vorne war, uns winkte, uns hinzulegen. Wir lagen alle regungslos zwischen den Brombeersträuchern.

Dann sagte eine Stimme irgendwo über uns auf Deutsch:

„Und ich werde hier einen Mann an der Planke haben, Sergeant: Er kann die Schlucht beobachten."

Eine andere Stimme antwortete:

„Sehr gut, Herr Leutnant , aber dann brauchen die Patrouillen rechts und links nicht jedes Mal die Planke zu überqueren, sie können umdrehen, wenn sie zum Schluchtwächter kommen."

Die Stimmen verstummten in einem Murmeln. Ich reckte meinen Hals nach oben. Es war so dunkel, dass ich nichts sehen konnte außer dem Blätterwerk der Zweige vor dem Nachthimmel. Ich flüsterte Francis zu, der direkt vor mir stand:

„Es sei denn, wir machen uns jetzt auf den Weg dorthin, dann hört der Mann uns rauschen!"

Francis hielt einen Finger hoch. Über uns hörte ich schwere Schritte am Ufer entlang.

"Zu spät!" flüsterte mein Bruder zurück. „Hören Sie die Patrouillen?"

Rechts und links hallten Schritte durch das Unterholz.

„Kalte Arbeit!" sagte eine Stimme.

"Bitter!" kam die Antwort direkt über unseren Köpfen.

„Irgendwas gesehen?"

"Nichts!"

Das Rascheln begann rechts erneut und verklang.

„Sie nähern sich links!" Diesmal eine andere Stimme.

„Hast du was gehört?" von der Stimme über uns.

"Kein Ding!"

Das Rascheln brach links erneut aus und verlor sich allmählich in der Ferne.

Schweigen.

Ich spürte einen heißen Atem in meinem Ohr. Sapper Maggs stand an meiner Seite.

„Gibt es da oben einen Kerl, der auf uns aufpasst?" er flüsterte.

Ich nickte.

„Wenn wir seine Aufmerksamkeit abwehren könnten , dann könnte er vorbeischlüpfen, wenn die Patrouillen das nächste Mal vorbei sind , nicht wahr ?"

Wieder nickte ich.

dich wäre es schlimmer als für mich, vorausgesetzt , du wärst Ca-Art, das hat doch der andere Offizier gesagt, nicht wahr ?"

Und noch einmal nickte ich.

Das heiße Flüstern kam wieder.

„Ich werde uns auf den Weg machen , bis die Patrouillen vorbei sind . Wenn ich schreie , ruft ihr, und die anderen, lauft. Einunddreißig, dreiundvierzig Sapper Maggs , RE, aus Chewton Mendip … das ist Ich… vielleicht gibst du uns doch ein bisschen Zeit, um dem Lager zu schreiben.

Ich streckte meine Hand in die Dunkelheit aus, um ihn aufzuhalten. Er war gegangen.

Ich beugte mich vor und flüsterte Francis zu:

„Wenn du einen Ruf hörst, rennen wir los!"

Ich spürte, wie er mich überrascht ansah – es war zu dunkel, um sein Gesicht zu sehen.

"Rechts!" flüsterte er zurück.

Nun hörten wir links Stimmen und sahen zwischen den Bäumen rot leuchtende Fackeln. Von rechts und hinten erklangen Antwortrufe.

Wieder trafen sich die Patrouillen an der Planke über unseren Köpfen, und wieder raschelten ihre Schritte im Laub.

Das Stimmengemurmel kam näher. Wir konnten den brennenden Harz der Fackeln leicht riechen.

Dann zerriss ein wilder Schrei den Wald. Die Stimme über uns rief „Halt!" aber das Echo ging im ohrenbetäubenden Knall eines Gewehrs unter.

Francis packte Monica am Handgelenk und zerrte sie nach vorne. Wir stürzten und stürzten durch das Gewirr der Schlucht. Wir hörten einen zweiten und einen dritten Schuss, Kommandos wurden gerufen, das rote Leuchten vertiefte sich am Himmel …

Monica brach ganz plötzlich zu meinen Füßen zusammen. Sie gab keinen Laut von sich, sondern fiel auf den Boden, ihr Gesicht war weiß wie Papier. Wortlos hoben wir sie hoch und gingen weiter, stolpernd, keuchend, hustend, unsere Kleidung zerrissen und zerrissen, das Blut sickerte aus den tiefen Kratzern in unseren Gesichtern und Händen.

Schließlich ließen unsere Kräfte nach. Wir legten Monica in die Schlucht und zogen das Unterholz über sie, dann krochen wir erschöpft und geschlagen unter das Brombeergestrüpp.

Die Morgendämmerung warf gerade zitronengelbe Streifen über den Himmel, als ein Hund schnüffelnd in unser Versteck sprang. Francis und Monica schliefen.

Ein Mann stand oben in der Schlucht und blickte auf uns herab. Er trug eine Waffe über der Schulter.

„Hatten Sie einen Unfall?" sagte er freundlich.

Er sprach Niederländisch.

# KAPITEL XXI

## RED TABS ERKLÄRT

Von den Hügeln von Argyllshire hat sich der Winter in der Nacht über uns herabgestohlen. Er hat seinen weißen Mantel hinter sich gelassen, und er breitet sich nun von den höchsten Berggipfeln bis zu den sanft plätschernden Fluten an den schwarzen Rändern des Sees aus. Doch während ich dasitze und die letzten Worte zu diesem einfachen Bericht über eine merkwürdige Episode in meinem Leben schreibe, löst sich die winterliche Szene vor meinen Augen auf und ich sehe wieder die Morgendämmerung im Wald ... Francis und Monica, die sozusagen Seite an Seite schlafen die Babys im Wald, halb mit Blättern bedeckt, der eifrige, keuchende Retriever und ich selbst, die arme, zerlumpte Vogelscheuche, die mit offenem Mund den Holländer anstarrt, dessen freundliche Nachfrage mir gerade die wundersame Wahrheit offenbart hat ... dass wir auf der anderen Seite der Welt in Sicherheit sind Grenze.

Was für eine unverhältnismäßige Sicht man auf Ereignisse hat, bei denen man der Hauptakteur ist! Die großen Probleme verschwinden, die kleinen Dinge treten in den Vordergrund. Wenn ich an diesen Morgen zurückdenke, kann ich mich an keine übertriebenen Freudenbekundungen bei unserer Entbindung, an keine Hysterie oder an Heldentaten erinnern. Aber ich finde eine duftende Erinnerung an ein herrliches heißes Bad und ein episches Frühstück im Haus dieses freundlichen Holländers, gefolgt von einem stürmischen Ausbruch der Gastfreundschaft bei unserer Ankunft im Haus von van Urutius , das nicht mehr als zehn Meilen vom Rand entfernt war von der Wald.

Madame van Urutius kümmerte sich um Monica, die sofort zu Bett geschickt wurde, während Francis und ich direkt nach Rotterdam weiterfuhren, wo wir im britischen Konsulat ein Interview hatten, mit dem Ergebnis, dass wir am nächsten Tag den Dampfer nach England nehmen konnten Tag.

Aufgrund verschiedener Telegramme, die Francis aus Rotterdam verschickte, wartete bei unserer Ankunft am nächsten Abend in der Fenchurch Street ein Auto auf uns. Darin fuhren wir zu einem Interview mit dem Chef meines Bruders. Francis bestand darauf, dass ich den in unserem Besitz befindlichen Teil des Dokuments persönlich übergeben sollte.

„Du hast es in die Hände bekommen, Des", sagte er, „und es ist nur fair, dass du die volle Anerkennung erhältst. Als Ergebnis meiner Reise muss ich Klumpfußs Versandkarton vorzeigen. Es ist nur schade, dass wir es nicht hätten bekommen können." die andere Hälfte aus der Garderobe in Rotterdam.

Wir wurden direkt zum Chef geführt. Ich war ziemlich verblüfft über die lockere Ruhe, mit der er uns empfing.

„Wie geht es dir, Okewood?" sagte er und nickte Francis zu. „Das ist dein Bruder? Wie geht es dir?"

Er reichte mir die Hand und schwieg. Es entstand eine deutliche Pause. Ich fühlte mich deutlich verlegen, holte meine Mappe hervor, holte die drei Zettel heraus und legte sie vor dem Chef auf den Schreibtisch.

„Ich habe dir etwas mitgebracht", sagte ich lahm.

Er nahm die Zettel und betrachtete sie einen Moment lang. Dann nahm er eine Pappmappe vom Schreibtisch vor sich, öffnete sie und zeigte die andere Hälfte des Briefes des Kaisers, das Fragment, von dem ich geglaubt hatte, es liege in einer Tasche am Rotterdamer Bahnhof. Er legte die beiden Fragmente nebeneinander. Sie passten genau. Dann schloss er die Mappe, trug sie durch den Raum zu einem Safe und schloss ihn ein. Als er zurückkam, streckte er uns seine beiden Hände entgegen und reichte mir die rechte, Francis die linke.

„Das hast du sehr gut gemacht", sagte er. „Gute Jungs! Gute Jungs!"

„Aber diese andere Hälfte ...", begann ich.

„Dein Freund Ashcroft ist keineswegs so dumm, wie er aussieht", kicherte der Häuptling. „Er hat eine kluge Tat getan. Er hat mir Ihre beiden Briefe gebracht. Ich habe mich um den Rest gekümmert. Als also das Telegramm Ihres Bruders aus Rotterdam ankam, habe ich die andere Hälfte des Briefes aus dem Safe geholt; ich dachte, das wäre so bereit für dich, siehst du!"

„Aber woher wussten Sie, dass wir den restlichen Teil des Briefes hatten?" Ich fragte.

Der Chef lachte erneut.

„Meine jungen Männer telegrafieren keine Autos, die sie am Bahnhof abholen, wenn sie versagt haben", antwortete er. „Jetzt erzähl mir alles darüber!"

Also erzählte ich ihm von Anfang an meine ganze Geschichte.

Als ich fertig war, sagte er:

„Sie scheinen eine sehr gute natürliche Veranlagung für unser Spiel zu haben, Okewood . Es scheint schade, diese für die Regimentsarbeit zu verschwenden …“

Ich brach hastig ein.

„Ich habe noch ein paar Wochen Krankheitsurlaub vor mir“, sagte ich, „und danach freute ich mich darauf, wieder an die Front zu gehen, um mich auszuruhen. So etwas ist zu aufregend für mich!“

„Na gut“, antwortete der Häuptling, „das werden wir später sehen. In der Zwischenzeit werden wir nicht vergessen, was Sie getan haben … und ich werde dafür sorgen, dass es anderswo nicht vergessen wird.“

Daraufhin haben wir ihn verlassen. Erst draußen fiel mir ein, dass er mir nichts von dem erzählt hatte, was ich unbedingt über die Entstehung und das Verschwinden des Briefes des Kaisers wissen wollte.

Es war mein alter Freund Red Tabs, den ich bei einem unserer vielen Besuche bei mysteriösen, aber offensichtlich wichtigen Beamten traf, der mir endlich die vielen unklaren Punkte in meinem Abenteuer aufklärte. Als er mich sah, brach er in Gelächter aus.

„ Meine Güte“, grinste er, „du scheinst in der Lage zu sein, auf einen Hinweis zu reagieren, nicht wahr?“

Dann erzählte er mir die Geschichte vom Brief des Kaisers.

„Es besteht keine Notwendigkeit, über den Inhalt dieses erstaunlichen Briefes zu sprechen“, begann er, „denn Sie kennen ihn wahrscheinlich besser als ich. Das Datum allein reicht aus … 31. Juli 1914 … es erklärt a Sehr viel. Der letzte Tag im Juli war der Moment, in dem der Frieden Europas buchstäblich ins Wanken geriet. Sie kennen die eigensinnige, launische Natur des Kaisers , seine Gier nach Ruhm und militärischem Ruhm, seine krankhafte Angst vor dem Unbekannten. In diesem schicksalhaften In der letzten Juliwoche war er zwischen gegnerischen Kräften hin- und hergerissen. Auf der einen Seite stand die gesamte preußische Militärpartei, angeführt vom Kronprinzen und dem unmittelbaren Gefolge des Kaisers, auf der anderen Seite der Wohlstand, den jahrelange Frieden gebracht hatten Er musste sich entscheiden zwischen seinem eigenen Größenwahn und seinem Verlangen nach militärischen Lorbeeren einerseits und dem Platz in der Geschichte als Friedensfürst, den er in seinen sanfteren Momenten so oft angestrebt hat sehnte sich.

„Der Kaiser ist ein Mann voller Launen. Er setzte sich hin und schrieb diesen Brief in einem Anfall von Verzweiflung und Unentschlossenheit, als ihm die Vision des Friedens gerechter vorkam als das Gespenst des Krieges. Gott weiß, welche heftige Emotion ihn dazu trieb, dieses Außergewöhnliche zu schreiben." Er appellierte an seinen englischen Freund, ein Appell, der, wenn er veröffentlicht würde, ihn des schwersten Verrats an seinem Verbündeten überführen würde, aber er schrieb den Brief und schickte ihn sofort nach London. Er nutzte nicht den regulären Kurierdienst, sondern schickte den Brief von einem Mann seiner Wahl, der die besondere Anweisung hatte, den Brief persönlich dem deutschen Botschafter Fürst Lichnowski zu übergeben . Lichnowski sollte das Schreiben dem Empfänger persönlich übergeben.

„Sobald der Brief verschwunden war, schien der Kaiser erkannt zu haben, was er getan hatte, und seine Tat bereut zu haben. Versuche, den Boten aufzuhalten, bevor er die Küste erreichte, scheinen gescheitert zu sein. Das wissen wir jedenfalls." Den ganzen 31. Juli bis 1. August über wurde Lichnowski in London mit Depeschen bombardiert, in denen er aufgefordert wurde, den Boten mit dem Brief sofort nach seiner Ankunft in der Botschaft nach Berlin zurückzuschicken.

„Der Kurier kam nie bis zur Carlton House Terrace. Jemand von der Kriegspartei am Berliner Hof bekam Wind von dem schicksalhaften Brief und schickte eine Nachricht an jemanden in der deutschen Botschaft in London – die preußischen Huren waren dort durch Kühlmann und … gut vertreten." andere seiner Art – um den Brief abzufangen.

„Der Brief wurde abgefangen. Wie und von wem das geschah, haben wir nie herausgefunden, aber Lichnowski hat diesen Brief nie gesehen. Auch der Kurier verließ London nicht. Offenbar ging er, den kaiserlichen Brief immer noch im Besitz, zu einem Haus in Dalston , wo er am Tag nach unserer Kriegserklärung an Deutschland verhaftet wurde.

„Dieser Kurier hieß Schulte. Wir wussten damals nicht, dass er im Auftrag des Kaisers reiste , aber wir kannten ihn sehr gut als einen der kühnsten und erfolgreichsten Spione, die Deutschland jemals in diesem Land eingesetzt hatte." Einer unserer Leute holte ihn ganz zufällig bei seiner Ankunft in London ab und begleitete ihn nach Dalston, wo wir ihm bei Kriegsausbruch sofort die Fersen legten.

„Schulte wurde interniert. Sie haben gehört, wie einer seiner Briefe, der von der Lagerzensur gestoppt wurde, uns auf die Spur des abgefangenen Briefes brachte, und Sie kennen die Schritte, die wir unternommen haben, um in den Besitz des Dokuments zu gelangen. Aber wir wurden in die Irre geführt. . nicht durch Schulte, sondern durch den Verrat eines Mannes, dem er sich anvertraute, des Dolmetschers im Internierungslager.

„Diesem Mann vertraute Schulte den berühmten Brief an, indem er ihn aufforderte, ihn auf einem unterirdischen Weg an eine bestimmte Adresse in Cleves zu schicken, und ihm als Gegenleistung eine Provision von 25

Prozent auf den für den Brief zu zahlenden Preis versprach Der Dolmetscher nahm den Brief entgegen, tat aber nicht, was ihm aufgetragen worden war. Im Gegenteil, er schrieb an den Vermittler, mit dem Schulte im Briefwechsel gestanden hatte (wahrscheinlich Clubfoot), und teilte mit, dass er wisse, wo sich der Brief befinde und vorbereitet sei Um es zu verkaufen, müsste nur der Käufer nach England kommen und es abholen.

„Nun, um es kurz zu machen: Der Dolmetscher machte einen Deal mit den Hunnen, und dieser Dr. Semlin wurde von Washington, wo er für Bernstorff gearbeitet hatte, nach England geschickt, um den Brief an der von ihm angegebenen Adresse in London abzuholen In der Zwischenzeit hatten wir den Dolmetscher, der wie Schulte zeitlebens im Spionagegeschäft tätig war, erwischt und ihn verhaftet.

„Wir wissen, was Semlin vorfand, als er London erreichte. Der schlaue Dolmetscher hatte den Brief in zwei Teile zerschnitten, um sich seines Geldes zu vergewissern, und hatte zweifellos vor, den anderen Teil auszuhändigen, sobald der Preis bezahlt worden war. Aber als Semlin in London ankam, war der Dolmetscher schon überlastet und Semlin musste berichten, dass er nur die Hälfte des Briefes bekommen hatte. Den Rest wissen Sie ... wie Grundt geschickt wurde, wie er in dieses Land kam und den anderen Teil zurückholte . Fragen Sie mich nicht, wie er das gemacht hat: Ich weiß es nicht, und wir haben nicht einmal herausgefunden, wo der Dolmetscher die zweite Hälfte deponiert hat oder wie Grundt ihr Versteck entdeckt hat. Aber er hat seine Mission erfüllt und ist damit davongekommen die Ware. Den Rest der Geschichte kennen Sie besser als ich!"

„Aber Klumpfuß", fragte ich, „wer ist er?"

„Es gibt viele, die diese Frage gestellt haben", antwortete Red Tabs ernst, „und einige haben nicht lange auf ihre Antwort gewartet. Der Mann war nur sehr wenigen mit Namen und Ruf bekannt, noch weniger vom Sehen, aber ich bezweifle, dass es überhaupt einen gibt." Der Mensch seiner Zeit übte im Verborgenen größere Macht aus als er. Offiziell war er nichts, er existierte nicht; aber an den dunklen Orten, wo seine Wege gelegt waren, wachte er und plante und spionierte für seinen Herrn, das Werkzeug der Imperialer Zorn, da er das Instrument der imperialen Rache war.

„Ein Mann wie der Kaiser", fuhr mein Freund fort, „obwohl er ein Monarch ist, hat er von Natur aus viele Feinde und macht sich noch viel mehr. Oberhaupt der Armee, Oberhaupt der Marine, Oberhaupt der Kirche, Oberhaupt des Staates – unbestritten, autokratisches Oberhaupt – er wird auf Schritt und Tritt mit persönlichen Problemen konfrontiert, die mit politischen Fragen verwoben und verflochten sind. In dieser Sphäre, in der das Persönliche auf das Politische aufgepfropft ist, herrschte Klumpfuß unumstritten ... hier und in einer anderen Sphäre, wo German William ist nicht nur Monarch, sondern auch ein ganz gewöhnlicher Mann.

„Es gibt Phasen im Leben eines jeden Menschen, Okewood , die kaum das Licht der Welt ertragen. In einer Autokratie sind solche Phasen jedoch im Allgemeinen untrennbar mit politischen Fragen verbunden. An diesen dunklen Orten blühte Klumpfuß auf ... er und seine." Männer ... „die G-Gang" nannten wir sie, nach dem Buchstaben „G" (für *Garde* oder *Wächter*) auf ihren Geheimdienstabzeichen.

„Klumpfuß war niemandem gegenüber verantwortlich, außer dem Kaiser allein. Seine Arbeit war von so heikler, so vertraulicher Natur, dass er nur seinem kaiserlichen Herrn über seine Dienste Rechenschaft ablegte. Es gab niemanden, der ihn zurückhalten und kontrollieren konnte." außer diesem neurotischen, launischen Krüppel, der immer für Schmeicheleien offen ist ..."

Red Tabs dachte eine Minute nach und fuhr dann fort.

„Niemand darf die Verbrechen, die Klumpfuß begangen hat, die Schande, die er auf seinem Konto hatte, katalogisieren", sagte er. Nicht einmal der Kaiser selbst, wage ich zu behaupten, weiß, wie seine Befehle an diesen Schurken ausgeführt wurden – Befehle erklangen oft genug, ich schwöre, in einem Anfall von Gereiztheit, einem Anflug von Leidenschaft, und vergaßen den nächsten Moment in der Aufregung einer neuen Sensation.

„Ich kenne ein wenig von Clubfoots Geschichte, von zerstörten unschuldigen Leben, von ruinierten Karrieren, von plötzlichem Verschwinden, von gewaltsamen Todesfällen. Als Sie und Ihr Bruder es der Stelze vorgelegt haben , Okewood , haben Sie eine seit langem ausstehende Rechnung beglichen, die wir gegen ihn hatten, Aber Sie haben seinen Hunnenbrüdern auch einen Signaldienst erwiesen.

Ich dachte an die Kommentare, die ich von den Kunden bei Haase's zu Clubfoot gehört hatte , und hatte das Gefühl, dass Red Tabs wieder einmal den richtigen Nagel auf den Kopf getroffen hatte.

"Übrigens?" sagte Red Tabs, als ich aufstand, um zu gehen, „Möchtest du Klumpfußs Grabinschrift sehen? Ich habe sie für dich aufbewahrt." Er reichte mir eine deutsche Zeitung – das *Berliner Tageblatt* , glaube ich – mit einem mit Rotstift markierten Absatz. Ich lese:

„Mit Bedauern müssen wir Ihnen mitteilen, dass Dr. Adolf Grundt , ein Oberschulinspektor, plötzlich an einem Schlaganfall gestorben ist. Der Verstorbene war viele Jahre lang eng mit einer Reihe von Wohltätigkeitsorganisationen verbunden, die unter der Schirmherrschaft des Kaisers standen . Seine Majestät konsultierte häufig Dr. Grundt über die

Verteilung der jährlich aus dem Geheimen Geldbeutel für wohltätige Zwecke bereitgestellten Beträge."

„Ein ziemlich gutes Beispiel preußischen Zynismus?" lachte Red Tabs. Aber ich behielt meinen Kopf ... das Spiel war zu tief für mich.

Jede Woche wird ein Korb voller guter Dinge an 3143 Sapper Ebenezer Maggs , britischer Kriegsgefangener, Gefangenenlager , Friedrichsfeld , versandt bei Wesel. Ich stehe mit seinen Leuten in Verbindung, und seit seiner Flucht aus dem Lager haben sie keine Nachricht von ihm erhalten. Sie werden es mir sofort sagen, wenn sie es hören, aber ich bin unruhig und besorgt um ihn.

Ich wage nicht zu schreiben, damit ich ihn nicht gefährde. Aus dem gleichen Grund wage ich auch keine offizielle Untersuchung zu seiner Sicherheit. Wenn er diese Schüsse im Dunkeln überlebt, wird er mit Sicherheit bestraft, und in diesem Fall würde ihm das Privileg entzogen, Briefe zu schreiben oder zu empfangen ...

Mendip erhalte ich keine Nachricht . Fast täglich frage ich mich, ob der tapfere Junge diese Nacht überlebt hat, um in das Elend des Hungerlagers zurückzukehren, oder ob seine tapfere Seele aus der Dunkelheit des Waldes frei aufgestiegen ist und ihre endgültige Befreiung von den Leiden dieser Welt erlangt hat. .. Arme Sapper Maggs !

Francis und Monica verbringen ihre Flitterwochen an der Riviera. Ich bin mir sicher, dass Gerry sich geweigert hätte, an der Hochzeit teilzunehmen, nur dass er nicht gefragt wurde. Nach Ablauf seines Urlaubs erhält Francis ein Quartier beim Geheimdienst in Frankreich.

Ich habe meinen Schritt auf den Tag zurückversetzt, als ich nach Deutschland ging. Francis wurde gesagt, dass bei den Neujahrsfeierlichkeiten etwas auf ihn und mich zukommt .

Ich mache mir keine großen Sorgen. Am Heiligabend gehe ich wieder an die Front.

DAS ENDE

# DIE RÜCKKEHR DES KLUBSFUSSES

**Von Valentine Williams.**

Okewood vom Secret Service einen Urlaub in einer kleinen zentralamerikanischen Republik verbringt, erfährt er von einem sterbenden Strandgänger von einem verborgenen Schatz.

Mit der Hilfe eines Millionärs macht er sich auf den Weg nach Cock Island im Pazifik. Zu seinem Erstaunen stellt er fest, dass der Mann mit dem Klumpfuß, den er für tot gehalten hatte, ihm zuvorgekommen ist. Für Okewood ist klar , dass sein alter Feind ebenfalls auf der Suche nach dem verborgenen Gold ist, und es folgt eine spannende Abenteuersequenz, in der die hübsche Nichte des Millionärs eine herausragende Rolle spielt.

Okewood hat die Chiffre, und der Mann mit dem Klumpfuß beschließt, sie zu sichern, denn ohne diese Chiffre ist es unmöglich, das Versteck des Schatzes zu entdecken; Aber es gibt etwas, das der Mann mit dem Klumpfuß nicht weiß, Okewood hingegen schon.

www.ingramcontent.com/pod-product-compliance
Lightning Source LLC
LaVergne TN
LVHW042104190726
843493LV00006B/1344